Geografía del corazón
Lugares emblemáticos en la poesía
de Carlos Clementson

José Luis Molina

Geografía del corazón

Lugares emblemáticos en la poesía
de Carlos Clementson

UCOPress
Editorial Universidad de Córdoba

Geografía del corazón. Lugares emblemáticos en la poesía de Carlos Clementson.– Córdoba: UCOPress. Editorial Universidad de Córdoba / Diputación de Córdoba, 2025
Colección Voces Literarias, 5
17 x 24 cm, 248 pp., il. color
THEMA: DSC, 5TD-ES-A
Autor: José Luis Molina

Geografía del corazón. Lugares emblemáticos
en la poesía de Carlos Clementson

© José Luis Molina

© Edita: UCOPress. Editorial Universidad de Córdoba, 2025
Campus Universitario de Rabanales
Ctra. Nacional IV, Km 396. 14071 Córdoba (España)
Tel.: (+34) 957 212 165
https://ucopress.uco.es • ucopress@uco.es

© Edita: Diputación de Córdoba - Ediciones y Publicaciones
Plaza de Colón · 14071 Córdoba
www.dipucordoba.es

ISBN: 978-84-9927-891-9
e-ISBN: 978-84-9927-892-6
DL: CO 1291-2025

Esta editorial es miembro de la UNE, lo que garantiza la difusión y comercialización de sus publicaciones a nivel nacional e internacional.

Impresión: Imprenta Provincial. Diputación de Córdoba

Impreso en papel ecológico

Impreso en España · Printed in Spain

Índice

Carlos Clementson Cerezo (archivo personal)

Lugar de encuentro autor – lector

De estas citas que no he eliminado, insertadas en el escrito en su inicio como *divertimento*, por eso las uso, mientras comenzaba a redactar lo que después sería el libro que tienes, respetado lector, en la mano, se extraen objetivos —en VERSALES— para el escritor que piensa qué es lo que le gustaría al lector hallar en el libro, sobre todo el que desconoce la poesía de Carlos Clementson Cerezo. En su redacción definitiva, las he censurado casi todas, menos las siguientes que considero significativas:

> Las creaciones diletantes se sustraen por sí mismas a toda crítica. De todo ello se sigue que LA PRIMERA Y PRINCIPAL TAREA DE LA CRÍTICA CONSISTE EN DESCUBRIR LA CALIDAD, mediante la cual una creación puede tener o aspirar al derecho a la crítica dentro de las diferentes ramas de la producción. (Melchinger, 1971: 73)

> A pesar, porque así se concibió, de que ESTE LIBRO es «uno de los libros eruditos que acostumbra confeccionar cierta gente», también «ES UNA especie de APOLOGÍA ANTOLÓGICA que constituye, antes que nada, la vida selectiva DE UN POETA, PARA QUIEN LA INSPIRACIÓN CREADORA ADQUIERE UN LUGAR PRIMERO». (Dubner, 1980: 9)

> La tarea y potencial GRANDEZA DE LOS MORTALES RADICA EN SU HABILIDAD EN PRODUCIR COSAS —trabajos, actos y palabras— que merezcan ser, y al menos en cierto grado lo sean, IMPERECEDERAS, con el fin de que, a través de dichas cosas, los mortales encuentren su lugar EN UN COSMOS DONDE TODO ES INMORTAL A EXCEPCIÓN DE ELLOS MISMOS. (Arendt, 2009⁵: 31)

> ... EL ANTÓLOGO no es un mero coleccionista de textos, sino quien LEE, desde una posición crítica, UNA SERIE DE TEXTOS, que son elegidos e individualizados de entre lo diverso, PARA ALOJARLOS EN UNA forma nueva que llamamos ANTO-

logía, donde múltiples textos son vistos en su conjunto como un único texto. (Vera, 2005: 2)

La antropología, como «fenómeno cultural transdisciplinario, propone un cruce entre ciencias sociales y literatura» que origina «la existencia, en esta textualidad de frontera, de un género emergente dotado de una metalengua propia, la cual evidencia sus contornos expresivos e identidad textual». (Alvarado Borgoño, 2014: 135-162)

La metaliteratura es literatura sobre literatura. Es un discurso autorreferencial que se manifiesta de varias formas. En algunos casos, el autor interrumpe el argumento o se mete dentro de él para aclarar algo, hacer juicios de la obra misma y de su elaboración, tratar temas relacionados al género y las técnicas narrativas o hablar de la literatura en general. En otros casos, es un personaje quien aborda estas cuestiones. El texto se vuelve autoconsciente y difumina la barrera entre la ficción y la realidad. (Savoia, 2016)

«Si pensamos en Carlos Clementson, es palpable que estamos ante un poeta, el fulgor de cuya obra no se acompasa a la equidad de su recepción. Es autor de una obra que, al modo del bardo atemporal, domina el verso como herramienta de precisión […]. Los libros de Clementson, pulcros y numerosos, sí comportan desvelo, tesón, conocimiento, fervor, respeto, sensibilidad, elegancia». (Dietz, 2021)

A la hora de sentirme autor, me place señalar citas con las que me identifico, producto de mis lecturas preparatorias al acto en sí de escribir o «ensayar», en el sentido de probar la calidad, porque son muchos los matices que me sugieren y hasta indican el camino —método: μέτοδος— e incluso algo más que el propio camino, para considerarme después satisfecho por el trabajo realizado. Algunos de mis amigos literarios y personales coinciden en que mi afición a las citas me priva de calidad en el texto, opinión de la que discrepo porque añaden consideraciones que, de otro modo, se me habrían "escapado" en mi acto de creación. Solo puedo decir en mi disculpa que así me enseñaron a hacerlo en mis lejanos años universitarios, pero lo tendré en cuenta.

Intencionalidad y objetivos

> No hay beatitud más grande
> para un hijo de Córdoba que un permanente oasis.
> (Carlos Clementson. *Córdoba, ciudad de destino.* 2013: 85).

Me parece correcto, en un libro de estas características —metaliteratura, crítica y antología—, el objetivo general planteado: transmitir un mensaje que posee una finalidad persuasiva, esto es, busca producir un efecto sobre el receptor para que modifique, sin obviarla, una actitud tradicional frente a la poesía de Carlos Clementson Cerezo al proponerse aspectos que van a abandonar el modo preceptivo de enfocar la poesía, abriéndose de esta a otras maneras de articular su sentido, ampliando así el contenido generalmente intimista y simbólico de esta poesía considerada como discurso artístico de carácter sociocultural, pero al mismo tiempo autobiográfico. No sé si innovaciones al uso o modo de ubicar el escrito, no tanto en la posmodernidad (Ramírez Gómez, 1990: 215-220), sino desde ella misma. Y es el momento de hacerlo porque aparentemente está casi abandonando el poeta, en parte, su modo tradicional de crear e introduciéndose, como innovación, en la brevedad conceptista del háiku. Aunque en ello también señala no solo su maestría, sino que parece un modo de experimentación poética.

Es conveniente recordar ahora al comienzo la opinión de Luis Beltrán para desentrañar las estéticas de la poesía, porque aconseja hacer dos esfuerzos singulares que recordamos: a) en el género poético no hay por qué ver un lenguaje especial «cuasi divino» que lo caracterice; y yo añado: hace falta un lenguaje adecuado al tema que se trata; b) es necesario «reconstruir el proceso histórico de la gran evolución de los géneros poéticos para vislumbrar el sentido de esa gran evolución».

Realizadas o conocidas esas operaciones, origen y evolución de los géneros poéticos, se deduce que Carlos Clementson Cerezo ha renunciado «a la percepción material de la belleza exterior —habitualmente la belleza femenina— como fuente de lenguaje poético», y a un ideal dogmático, y optado por la fuente de belleza que lo caracteriza. No denominaría a esa nueva forma de ver la belleza "narcisismo", en cuanto a tendencia exhibicionista del poeta, pero sí en cuanto a la aparición de la imagen del autor en el pasado propio, como cree Beltrán (2004: 188-194) y como veremos en este libro que deseo profuso en reflexiones metaliterarias como ayuda, comprobables con ejemplificaciones autorales del propio poeta cordobés, cuyas raíces juveniles y estudiantiles se arraigaron en Lorca (Murcia), lugar de parte de su familia, los Arderíus. Como todas, son opiniones que el lector debe confrontar.

MESTER DE BARRO

A Juan Polo

Sueño y fango, la tierra, masa amorfa
palpitante de turbios humores en clausura.
Denso caos de niebla –frente o ala–
en promesa de altura pugnando hacia la gracia
o irrumpiendo a la luz que un orbe ordena,
y, canónica, forja una armonía
y resuelve en un cuerpo adolescente,
en un torso de aurora o un ala ingrávida
la esbeltez de la forma, línea pura.

Así el orden se cumple y de tus manos
–canta un pájaro leve entre las ramas,
deslumbrado al albor del primer día–
brota el ritmo y la música del mundo.

(CCC. De *El color y la forma*, 1996: 30)

Una primera lectura de la obra poética de Carlos Clementson deja en el lector otra primera impresión que la encaja en unos parámetros que sobresalen de la misma y son los que permanecen en el subconsciente, que encasillan, sin querer, al poeta, a un poeta en este caso que tiene otros matices, sin contar su faceta de traductor y ensayista, otros enfoques que permiten interpretaciones varias del poeta admirado.

Como traductor, aporta su sensibilidad a la obra de otro de la que, por la traducción, se puede considerar como autor de ese mismo poema en otra lengua. Traduce lenguas románicas, entre las que incluye las hispanas, gallego y catalán, es decir, portugués, italiano y francés de diversas épocas, así como del inglés, porque pertenece su conocimiento a su esmerada educación, dada su ascendencia inglesa por línea paterna.

Como ensayista (Molina, 2024), completa factores que no pueden desarrollarse en la poesía doctrinalmente, como su pensamiento religioso, relacionado con la duda unamuniana (Ferrater Mora, 2007: 86-121), o como pensamiento artístico que se plasma en los retablos ornamentales, cuyo origen se halla en la arquitectura renacentista, que se construía para llamar la atención sobre la simbología de la fachada, que solo pretende transmitir ideología: la belleza iconológica produce la *captatio spectatoris vel lectoris*, y de ahí a la admiración solo hay un paso que finaliza en la aceptación del mensaje o su rechazo. Pero, sirvió, más tarde o en cualquier otra época anterior, como se había hecho en la fachada catedralicia y en los retablos del altar mayor, para mostrar al público fiel, la ejemplaridad de unos hombres y mujeres a los que llamaban santos porque habían destacado en su vida realizando obras sociales —Juan de Dios (1495-1550)—, o simplemente predicando la palabra de Dios, como el apóstol de Andalucía, Juan de Ávila (1500-1569), o viviendo solo para lograr la unión con Dios en este vida terrena, como Juan de la Cruz (1542-1591), foráneos los tres, pero tan ligados a esta tierra, que en ella realizan su trabajo sobresaliente. Una especialidad del poeta es la de erigir retablos cuyas figuras relevantes son escritores y artistas andaluces sobre todo.

Hay que tener en cuenta, o no olvidar, que la obra de Carlos se realiza en la posmodernidad —«cultura de crisis que caracteriza esa región temporal incierta que se afirma reluctantemente como Modernidad tardía o Posmodernidad» (Martín-Estudillo, 2007: 19)—, sin que, aparentemente quede contaminada por la recia personalidad del poeta, por lo concreto de sus conocimientos y el humanismo que profesa. Por ello, se analizan ciertos elementos procedentes de la antropología, que se pueden rastrear hasta en Curtius (1976) y que casi nunca se especifican en Carlos, pero ahí están.

Se habla desde hace ya bastantes años de los términos lugar ↔ no lugar y sus nuevos matices, y no solo por los estudios de Augé. Curtius (1995[5]: 276-286) hablaba ya como tópico tradicional del *locus amoenus* que es la forma *eufórica*, frente a su contrario *locus eremus*, más propio de eremitas o de los retirados a lugares propicios para hallar a Dios, a quien se entregan, mientras que la *distópica* corresponde al *locus terribilis* u *horribilis*, «notions liées à d'autres *isotopies* souvent très proches : l'utopie comme lieu associé à la joie et la dystopies (ou contre-utopie) comme lieu lié à la peur, par exemple» (Bermejo, 2012: 9). Normalmente, los lugares se confunden con los sentimientos: *amor amoenus* (amor maternal, amor conyugal) se opone a un *amor terribilis* (el adúltero, el incestuoso). Obviamente el *locus horribilis* es un *no lugar*. Muchas o algunas cosas de este tipo nos iremos encontrando a lo largo de nuestro trabajo, no como característica culturalista sino como *adaequatio ad rem*, es decir, adaptación al asunto o tema, metadiscurso especificativo. No se trata de mostrar conocimientos, sino de situar la obra en el medio en el que la vio nacer. No se trata de mostrar un gongorismo descarado o sabiduría cultural, aunque «ahora las referencias cultas y el uso de lo que se ha dado en llamar "culturalismo" son más una necesidad intrínseca derivada de la posmodernidad que un apéndice curricular de conocimientos enciclopédicos». Se trata, pues, de otra consideración de lo culto, pues el autor «utiliza los recursos a su alcance para dar salida a sus ideas creativas» (Álvarez Ramos, 2015: 22).

Antes de ahora, basta ver el Diccionario de Autoridades, se utilizaba el sintagma *prólogo galeato* como una defensa del autor cuando este conocía reparos que le ponía la gente ilustrada pues había circulado el libro antes de su impresión. En este caso, yo, como autor, se lo remití a tres amigos considerados amigos, no porque me sintiese dudoso de lo recién escrito, sino porque no quería que el texto sobre la poesía de otro amigo común contuviese errores o fuese contrario a mis intereses y los suyos. El uso de las citas casi me condena. Bien es verdad que, aunque conocedor de que a Clementson no le atraen los textos cargados de citas, no traté de prescindir de ellas, aunque a última hora algunas han sido eliminadas como expurgo o aligeramiento de páginas para su publicación. ¿Qué quiere decir eso? No que hubiera querido hablar por boca del otro, sino hacer desde la posmodernidad un libro de un autor con aires clasicistas, barrocos, que, en verdad, lo que hace es crear "su atmósfera" para que por ella circule, a su aire, la palabra, el lenguaje que crea el ámbito en el que se mueve. Pero hay afirmaciones y "lugares" que son entre actuales y entre rechazados, pues la posmodernidad es algo que aún no se ha aceptado enteramente, por lo que desconozco qué nos quedaría entonces a los humanistas: lo vislumbrado no me place. De este modo, el escrito del poeta cordobés no contradice el canon clásico y está dentro de criterios o conceptos posmodernos sin obviar su poética, que es lo que he querido plantear. De ahí, eso de *metaliteratura, crítica y antología*: son muchas cosas las que se pueden decir de la literatura desde la literatura; la crítica, en verdad, queda reducida: establecer, con la ayuda del poeta, su poética; mediante la antología, se puede tener ejemplo sobre el modo de escribir de Carlos y procurar la lectura de alguno de los libros que se citan y/o comentan brevemente.

La relación alfabética de autores más o menos consultados a lo largo de este texto, reescrito bastantes veces, quiere indicar, como tradicionalmente se hace, la apoyatura en una "autoridad" para que el autor, yo, no pueda decir estoy desbarrando. Para un análisis de mentalidades sirve su lectura: es bueno conocer si utiliza bibliografía actual o prácticamente la de siempre. Pero, lo interesante es que, a partir de ella, se puede leer sobre teoría o sobre el mismo poeta y ampliar así los conocimientos que sobre él se tienen. Y queda también la solución de siempre, y por ello clásica, cerrar el libro cuando uno se aburra.

Libro escrito así intencionadamente

Tras las revisiones correctoras pertinentes, el texto queda aligerado de citas y es igual de extensa la lista alfabética que compone esta prolija bibliografía consultada. Debo confesar que la mayoría de los libros citados pertenecen a mi biblioteca particular: su uso puede ayudar al estudio de mi mentalidad y comportamiento intelectual; la lectura de artículos y libros indican el grado de preparación alcanzado antes de su redacción; si todo queda como está y donde está obedece a mi propia voluntad. He escrito el libro más de las veces confesadas, lo he desubicado y rehecho al menos otras tantas antes de esta de ahora y he ido quitando y añadiendo cosas que, si bien no son imprescindibles, tampoco son prescindibles, porque aclaran los significados del texto y dejo la impronta para que el lector que lo desee pueda profundizar en la ciencia poética individual de Carlos en este caso, ya que no puedo escribir un libro infinito plagado de detalles. Espero que mi esfuerzo esté a la altura intelectual del lector.

La Universidad Complutense (UCM) ha dejado en la red una amplia referencia[1]. Lo primero que destaca es la obligatoriedad de mencionar los recursos utilizados *porque aportan rigor académico*. Sirven de ayuda a quien lee para encontrar información y no incurrir en el plagio.

La Universidad de Alcalá (UAH) también posee otra normativa[2] en la que consta su finalidad: facilitar a los lectores la identificación de las obras que se han consultado y citado a lo largo del texto.

Una cita consiste en mencionar las palabras que ha escrito o pronunciado otro autor. «Se pueden definir como aquellos textos ajenos que se traen al documento para probar lo que se afirma o contrastarlo» (Muñoz-Alonso, 2011). Es obvio que una cita es una herramienta que posibilita al lector profundizar en el texto, ampliar los conocimientos y, sobre todo, reconstruir el camino (método) intelectual que ha seguido el autor para transmitir su conocimiento sobre una materia o sobre un escritor y su obra o sobre una realidad humana

---

1   En línea: <https://biblioteca.ucm.es/cps/recursos-para-tfg-tfm-citas-y-referencias-bibliograficas>.
2   En línea: <https://uah-es.libguides.com/citar_elaborar_bibliografia>.

en la que ha meditado, cuyo fruto tiene a bien ofrecer a su 'prójimo', mejor que al 'otro', pues su resultado es "la otredad". Hay cosas que son de dominio público porque su popularidad es notoria y, sin embargo, cito para no interrumpir el proceso reflexivo del lector, ni el mío propio de autor. Me parece que es el primer libro dedicado por completo al poeta de Córdoba y eso conlleva una responsabilidad científica a la que se une mi deseo de quedar bien.

Yo solo lo utilizo por la siguiente razón. En un inicio está el OBJETO del libro (Carlos Clementson y su poesía) y al final aparece el AUTOR que pone al alcance del público el OBJETO (la poesía de Carlos Clementson). Luego lo importante es Carlos y su poesía o la poesía de Carlos y todo lo que sea cumplir con este requisito es perfectamente utilizable: citas y bibliografía. Porque a partir de ahí comienza el disfrute intelectual: pongo en contacto lo que pienso del AUTOR a través de la lectura de sus textos y de las opiniones de los demás y voy relacionando al AUTOR con los textos ensayísticos que sirven de base a mi pensamiento teórico y yo relacionándome con el AUTOR POÉTICO y con los autores que figuran tanto en la bibliografía como en la citas. Es, en verdad, una especie de *divertimento*. Y una curiosidad: es muy posible que los autores que figuran en la bibliografía jamás sepan que han sido "utilizados" como bien cultural e igualmente puestos en contacto con otros autores de ser consultados. Es decir, José Luis Molina escribe sobre Carlos Clementson utilizando como recursos unas citas con las que habla por boca de otros que se manifiestan de modo casi similar, lo que testimonia que la doctrina es pertinente. La bibliografía reúne una serie de publicaciones leídas por el autor que, relacionadas todas con el tema, posibilita el análisis de la mentalidad del autor y un listado de libros de consulta, para una posible o probable profundización temática, por el simple placer de saber más.

Lugar del lector como confidente del autor

No muy después de 1971 conocí tanto a Carlos Clementson Cerezo como a su esposa Maribel, de verlos esporádicamente por Lorca. A partir de esa fecha, esa amistad profundizó a través de Juan Guirao, amigo común. Volví a verlo en otros viajes que hacía desde Córdoba a Murcia o viceversa, con parada y fonda en Lorca, casi siempre por motivos académicos: impartir alguna conferencia en la capital, figurar en algún tribunal de tesis doctoral, o simplemente ver a sus compañeros de estudios o profesores amigos, y se detenía aquí para estar solo un rato con los familiares, lejanos ya, que aún le quedaban en Lorca: Juan Carrasco, Pilar Gimeno y sus hijos, con los que coincidía en la niñez durante los veranos en Calabardina, a los que dedica poemas de sus obras.

CAMPOS DE LORCA

Para Pilar y José Montoya (†),
que tienen la fortuna de vivirlos diariamente.

Diciembre, qué locura:
almendro en flor sobre el azul eterno.
Todo es benignidad. Es respirable
comunión con la luz. Un aire quieto
nos hinche de esplendor. Los verdes tiernos
dóranse bajo el sol, y el sol los unge
de una tibia caricia con un óleo
pensativo y piadoso.
                    Ningún velo
empaña este horizonte de montañas
tan plácido y tan diáfano: una copa
de fino vidrio terso, a medias llena
de un agua mansa y clara, traspasada
por un rayo de sol.

Y en el silencio,
de tanta claridad las palmas sueñan.

(CCC. De *Los templos serenos*, 1994: 43)

En el año 2000, estuve en Córdoba investigando sobre el organista de la catedral-mezquita, el lorquino Juan Antonio Gómez Navarro. Nos puso en contacto con Manuel Nieto Cumplido y otros especialistas musicales y conocedores de la época. Gozamos de la grata y amistosa compañía de Carlos, cumplimos nuestros objetivos y construimos un folleto con los primeros datos recopilados del músico lorquino. En el verano de 2001, visité de nuevo la ciudad con el solo interés de ver la exposición *El esplendor de los Omeyas cordobeses*, instalada en Medina Azahara. Y, en septiembre, estuvo de nuevo en Lorca, pues, con motivo del IV Aniversario de la Coronación Canónica de la Virgen de los Dolores, Paso Azul, y en la festividad de los Dolores Gloriosos, impartió el pregón que anunciaba la fiesta.

AL PASO DE LA VIRGEN DE LOS DOLORES

Por las calles de Lorca rumorosas,
aurora azul, sobre tus andas brillas,
y en rostros de lorquinas las mantillas,
sombrean sus ojeras misteriosas.
Palidecen las joyas más preciosas
cuando miran tus hijas de rodillas
esas perlas que empapan tus mejillas
y que quisieran enjugar, piadosas.
Llevas el manto azul de seda pura
donde un ángel que vela tu hermosura
te da compaña con tus alas quietas.
Sigue el pueblo tu fiel itinerario,
y oyes la voz de Lorca hecha saeta,
que consuela tu marcha hacia el Calvario.

Indudablemente el pregón conlleva un cierto aire religioso, quizá mejor devoto, pero destaca más el tono afectivo, sentimental casi, lleno de recuerdos de infancia. Se confiesa tan lorquino como los que aquí nacieron, al tiempo que recuerda su estancia en el Huerto de la Rueda en la década de los sesenta del siglo xx. Y añade que, en el ámbito de su «casa familiar en Córdoba y toda mi familia lorquina, y muy especialmente mis abuelos Alegría y Alejandro, con los que me crié y eduqué y con los que conviví hasta muy avanzada mi madurez, me infundieron una educación sentimental de profundas esencias y convicciones lorquinas» (Clementson, 2001). Obviamente, el discurso religioso difiere del poético. Pero eso no evita «que también por medio de la poesía pueda transmitirse contenidos religiosos, y a la inversa, que también algunos textos entendidos como religiosos pueden tener un aspecto poético-literario que los distinga de otros textos religiosos» (Gadamer, 2006: 148-149). El discurso religioso queda simbolizado, en él se conoce y reconoce un fervor, por la práctica de la fe, que es un sentimiento, y se manifiesta como una devoción. La poesía queda enmarcada en la estrofa solemne que es y parece el soneto. Ambos sentidos quedan inmersos en la tradición tanto cordobesa como lorquina vivida con su familia: «La presión del pasado, el peso y la eficacia de la tradición, están determinados por la naturaleza de cada presente; este es el que decide cuál es el horizonte que toma como su propio *pasado* y al que se refiere» (Ballestero, 1980: 70).

En busca de una estructura secuencial conveniente

Me he planteado en más de una ocasión, después de la decisión definitiva de escribir sobre mi amigo el poeta cordobés, tentaciones había tenido casi siempre, pero nunca llegaba la ocasión con la fuerza de ahora, qué camino crítico debería emprender para que el éxito, es decir, su conocimiento, sobre todo por los aficionados lorquinos a la poesía, dada su calidad, sirviese, según mi juicio, para que su lectura fuese normalizada en la ciudad en la que residió y que aparece en su escritura. Casi me he convencido de que sea a través de sus textos, no como antología, con los añadidos imprescindibles de otros estudiosos y amigos. Nada mejor que utilizar cualquier escrito sobre el poeta y, mejor aún, sus propios textos, repito, para desarrollar un esquema que no creo que se pueda cumplir al pie de la letra, aunque lo procuraremos. Intentaré evitar en lo posible un discurso profesoral teórico y caer en un tono divulgativo excesivo, aunque todo puede ser utilizable siempre que acerque su poesía al lector. Mas no se olvide de que estamos en la posmodernidad y los cánones han variado y el humanismo, tal y como se ha entendido desde siempre, casi abolido.

Una vez elaborados los aspectos bio-bibliográficos, trataré los que abarcan la temática presente en su poesía, de modo que todo sea comprobable y nada inventado. Como característica reflexiva, se ejemplificará con poemas del autor, lo que convierte una parte de este trabajo en una especie de antología, al menos se le da entrada a algunos de sus poemas con criterio alusivo al tema que se trate desde el punto de vista teórico, útiles para quien no conozca su poesía, «poesía [que], al salir del sistema lógico y mirar al ser humano desde otra perspectiva, más pendiente de la *decibilidad* que de la *indecibilidad* (León Casero, 2013), más irracional que racional, acaba por ser el espejo ausente donde la mente puede mirarse y, a la vez, contar y analizar lo mirado. Es la vía, hasta cierto punto, natural de acceso» (Mora, 2021: 337-338). La indecibilidad «abre un esfuerzo polimórfico inherente al tratamiento productivo de las estructuras del discurso comunicativo trans-lingüístico, el cual opera en un espacio de infinitud potencial irreductible a las normas gramaticales lógicas que pretenden consolidar la estructura de la frase canónica y de la semejanza con la amalgama de la verosimilitud» (Caro Valverde, 2004: 18). Me (pre)ocupa que la indecibilidad —indemostrable, pero dada por supuesto— o cualquier otra sutileza posmoderna, científica y profunda, sin duda, pueda entorpecer un aserto quizá derivado de mi experiencia como escritor de poesía, puesto que la «poesía es vértigo de palabra, sujeto en proceso», o sea, la distorsión de los signos y de sus estructuras y por lo tanto la multiplicación y proliferación del sentido (Bohórquez, 1977: 44). Tampoco me refiero a la interconexión genérica, muy bien aceptada si se trata de géneros próximos o cercanos siempre narrativos, siempre posmodernos, y se va a aceptar sin duda «la emersión de nuevos textos o interdiscursos como el digital» (Pujante, 2011: 303), camino no usado por Clementson.

En esa búsqueda iniciada para encontrar aquello que creía imprescindible y que no aparecía en mi capacidad expresiva o cognitiva, hallé, fuera de lo que considero comercio filológico al uso, un texto de los que levantan el ánimo por su sencillez y por cuanto dice y deja entrever, al que doy acogida porque esto de lo que se escribe puede suceder sin tener en cuenta el género en el que se incluye un escrito: «La poesía es necesaria a nivel académico y a nivel personal. A nivel académico es la mayor fuente productora de metáforas. Quizá la ciencia no necesite metáforas, pero el conocimiento sí. Para el conocimiento es obligatoria la comprensión, y es ahí donde entran las metáforas. No hay comprensión sin metáforas, sin identificación de dos términos, pues eso es al fin y al cabo en lenguaje matemático una ecuación. Por ello la poesía nos muestra esas verdades veladas que nos mueven, por eso la poesía es fuente de conocimiento y por eso la ciencia la necesita. A nivel personal, la poesía conmueve y hace vibrar. Se sabe realmente que algo es verdad no por el pensamiento racional, sino por la emoción que nos provoca. Es esa emoción la que funciona de pegamento entre una idea y la verdad de esa idea. Es ahí donde la poesía es experta, en estremecernos, en guiarnos a la única verdad que importa, no a la universal, sino a la que nos hace humanos y éticos, a nuestra verdad. La verdad de reconocer nuestra esencia en los ojos de otros, en las palabras de otros. En la poesía se alza esa fragilidad de la palabra suspirada, sentida, apenas esbozada, combinada con la tremenda fuerza que poseen las palabras y que les viene dada de su relación con la verdad, con la verdad de cada uno que no deja de ser sino la verdad de la vida» (Rodríguez Olalla, 2012: 319).

Pero también utilizaremos otros materiales para diagnosticar persona y obra desde la aceptación de su literariedad a pesar de la independencia buscada. Dado lo cercano de cuanto queremos comunicar, es justo reconocer que se invadirán esos campos literarios cercanos con matizaciones *ad hoc*: al tratar de aliviar las oscuras exposiciones complejas de la teoría literaria, lo que se busca es aligerar el texto de reflexiones que puedan impedir una comprensión inmediata de cuanto afecte a la poesía de Carlos, más importante que conocer algunos datos biográficos que no afectan a la temática de su poesía. Los necesarios, los urgentes, los que ayudan a comprender su estilo y sus temas, sí los haremos presentes y, posiblemente, reiteremos las apreciaciones porque, según el momento, matizarán los asertos anteriores del mismo tema. Es nuestra intención dejar abiertas situaciones temáticas, formales, biográficas, religiosas, humanistas y otras consideraciones sobre su ideología, para que se pueda ir añadiendo nuevos ítems y sus respuestas puedan servir para un mayor conocimiento del poeta y una mejor interpretación de su poesía.

El misterio de la creatividad del ser humano interesa más allá de su obra (Bubnova, 2014)

Aunque cada vez que releo cuanto antecede pienso en algunas reiteraciones, en realidad no es así porque se van dejando sutilezas que definen la creación lírica de un poeta que no ha tenido necesidad de padecer la ansiedad de la influencia porque su obra está inserta en una tradición que se manifiesta en lo más granado de su poesía. Es interesante repasar una entrevista que le hacen la víspera de su jubilación cuya despedida de la Universidad se oficializa el 9 de marzo de 2015: «El paso de los años, su disciplinada huida de las candilejas literarias y el machadiano desaliño indumentario que lo adorna le dan aspecto de intelectual despistado y ajeno no solo a la feria de las vanidades sino a todo lo que se cuece fuera de la palabra, a ser posible bella. Poeta de resonancias clásicas, traductor que mima como propios los versos que otros escribieron en distintos idiomas y transmisor de conocimientos en las aulas universitarias, Carlos Clementson dirá mañana —la entrevista tiene lugar el día ocho— adiós a esta última faceta, la de profesor de Literatura Gallega y Catalana en la UCO. Lo hará en la Facultad de Filosofía y Letras con una *Lectio Aurea* en la que plasmará el fruto de treinta años de estudio sobre Pierre de Ronsard, el clásico francés del que tiene traducidos miles de versos que estaban inéditos en España» (Luque, 2015). Y su contestación lo define: *Es más vital para mí la cultura que lo que pueda pasar en la calle*. Años después, y también a la prensa, declaró: *Soy como soy y pienso lo que pienso por vivir en estas calles* (*ABC de Córdoba*, 17 de febrero de 2019). ¿Contradicción? Los poetas también se contradicen, o quizás mejor, se completan, se matizan, se adecúan al lugar y a la hora. Si Carlos piensa como piensa, es como es y escribe como lo hace se debe a que vive, pasea, piensa y se enriquece de vida en las calles de Córdoba, y la cultura es más para él que lo que sucede en la calle porque la calle para Carlos es cultura, un lugar de cultura, sobre todo porque Córdoba es perfecta en su paisaje urbano. La periferia, es decir, la Sierra, Campiña, Alto Guadalquivir o como se quiera llamar y que no parezca peyorativo para Villa del Río, viene a ser el paisaje elegido para la recreación ambiental de su poesía plena de matices helenistas. Quizá Carlos se detuviera en la lectura de *Argonáuticas,* poema épico de Apolonio de Rodas, para escribir su primer libro publicado en Murcia. Pero Carlos regresa a Lorca para recuperar no tanto su infancia cuanto su estancia vivida en esta ciudad, que es casi como una continuación de lo que hacía en Córdoba, porque era un patrimonio familiar de cierta altura estética: libros buenos, piano, cultura, ambiente sereno.

Carlos tiene la facultad de sentir la poesía hacia dentro. La tiene en la boca y sale la palabra solemne y, como buen cordobés, suelta al aire su mano dialógica para que vaya marcando suavemente el ritmo que traspasa la almena. Esto viene a significar que Carlos se mira a sí mismo y se incluye en la propia obra. Esto se llama *reflexión autoescópica*.

ÚLTIMO BALCÓN DEL HORIZONTE
(Otro mar: Cádiz, 1989)

A Antonio Hernández

Proa del Sur hacia la mar lejana,
hendiendo quieta un mar desconocido
que no sabe mis pasos ni mi nombre
y que, tal vez ajeno a mis cuidados,
no sepa quién soy yo ni a qué he venido.

Atlántico jardín en las espumas
donde el magnolio entierra sus raíces
entre restos de dioses y naufragios,
mientras su aroma fúndese en la brisa
el aroma del mar y sus viajes.

Mas héme aquí ante ti, ¿quién me ha traído?
¿Quién me llamó quizá con una ronca
caracola de sombra submarina,
tierra adentro en que el mar tan solo era
memoria de otra mar más compartida?

¿Qué he venido a buscar sin yo saberlo
a este extremo confín de tierra y cielo,
donde ya solo el mar crece y perdura
en su extrema verdad total, sin nombre?
¿Quién mis pasos guió hasta tu inmensa
plenitud sin defecto, ola tras ola,
desde el fondo callado de los tiempos?
¿Me llamabas, quizá, para decirme
que aquí o allá, donde la mar discurre
me esperabas tú, mar, hasta la muerte?

Qué extraña paz final ante ti solo
y qué extraña alegría consumándose
en tus vastos azules infinitos.

Ya solo queda el mar, no hay más adónde.
Ya solo quedas tú, frente a ti mismo.

(CCC. De *Laus Bética*, 1996: 33-34)

La lectura es —sirve como— un aprendizaje de vida. Siempre hay algo que impacta cuyo resultado es placentero: «el ser humano ha de crear de sí una obra para en ella vivir en la eternidad. Una obra abierta para acoger a quien quiera entrar en ella […] La obra se crea a partir de la materia de la vida humana, como si fuera la forma única, densa y definitiva de aquello que está destinado a desaparecer» (Hamvas, 2022: 219). Y eso es lo que ha perseguido y conseguido Clementson: (re)unir poesía y vida y hacer de ambas una fiesta telúrica por un lado, espiritual por otro. Ello no implica que en su manifestación humana alcance ese mismo equilibrio.

Han dejado escrito de John Keats que «pocos poetas han buscado tan angustiosamente la belleza en su estado puro, un lirismo sin engaños ni añadidos superfluos» (Oliván, 2010: 11). Podemos añadir a Carlos, *mutatis mutandi*. El mismo Oliván explica que ese ideal que marcó su vida hace «que en sus poemas se respire una melancolía de lo inalcanzable» (11):

> Cuando la edad consuma a esta generación,
> tú quedarás en medio de otros tantos dolores
> distintos a estos nuestros como amiga del hombre,
> al que le irás diciendo a través de los siglos:
> "La belleza es verdad, y la verdad, belleza":
> eso es cuanto en la tierra debéis de conocer,
> y más no os hace falta.
>
> (J. Keats. *Oda sobre un ánfora griega*. Trad. Clementson, 2023: 268)

Esta melancolía señala la fugacidad de lo perecedero:

> Melancolía hay en lo que es bello –lo que es bello y muere–
> y en la alegría, que se lleva siempre la mano hasta sus labios
> diciendo adiós, y al lado del doloroso gozo
> que se torna veneno al beber de él tu boca, como abeja.
>
> (J. Keats. *Oda a la melancolía*. Trad. Oliván)

Pero Carlos señala una característica que, además de Keats, es suya también, el culto a la belleza clásica: «Esa prodigiosa sensibilidad y excepcional intuición lírica, dotadas de una innata y muy sensual capacidad plástica e imaginativa, le permitió, sin un previo conocimiento de la lengua, penetrar brillantemente en la belleza, el sentido y el misterio del legado griego» (Clementson, 2023: 250).

Todo esto, por encima de un hecho poético, es un hecho intelectual, cultural, de gran hondura íntima.

TIERRA DE GRECIA

(Ánguelos Sikelianós, 1884-1951)

Guarda la tierra, a veces, como una eterna música
igual que el mar sus hondos rumores y sus vientos:
un riachuelo solar bajaba hasta mis plantas,
y en su murmullo un fresco mensaje subterráneo
palpitaba en brillantes susurros espumosos
como si una deidad ignota con su música
mostrara su hermosa vocación por los hombres.
Y entonces la *adoré y en mi alegría me dije:*
"Pon tu oído en la tierra".
Y sentí que el mismísimo corazón de la tierra
dentro de mí al unísono palpitaba cantando.

(CCC. De *Figuras y mitos*. 2003: 60).

Porque esta historia tiene otro ámbito y otros protagonistas: recrear la Grecia antigua, la conocida por los libros, puede deparar sorpresas al considerar la amplitud de poetas que han bebido y vivido de esta ambiente y en él se han hecho poetas. Carlos, sin duda alguna, conoce y admira la poesía de Ricardo Molina, del grupo *Cántico* y de la tendencia cultural que recrea, aun antes del romanticismo, ese modo de poemar y de relacionarse con ese mundo, tanto que es una de las características de su poesía. La cultura mediterránea es ampliamente conocida por él, lo que le lleva a reconocer todas las tendencias de la buena poesía portuguesa, gallega, catalana e italiana, además de muchos de los escritores que figuran en sus antologías de la poesía inglesa y francesa.

Puede resultar una sorpresa el que Clementson navegue por las aguas griegas de Sophia de Mello. Escribe Carlos de ella: «Su profunda vocación por el mundo de la tradición grecolatina y la seducción iluminadora de sus mitos será fundamental en el desarrollo de su poesía». Parece que Carlos habla de Carlos: «De esta tradición, Sophia no solo extrae referencias, temas y motivos inspiradores, sino un modelo de finura y contención expresiva de severa y lineal simplicidad, de la que se destierra todo lo accesorio para conseguir una poesía cristalina, pura y esencial, llena a la vez de emoción e inteligencia» (Clementson, 1999: 5).

Los griegos

A los dioses les suponíamos una existencia resplandeciente
Consubstancial al mar a la nube a la luz a los árboles
En ellos el largo friso blanco de la espuma el tremolar de la oda
La verdura susurrada y secreta del bosque el oro erecto del trigo
El meandro del río el fuego solemne de la montaña
Y la gran bóveda del aire leve libre y sonoro
Emergían en consciencia vivible
Sin que se perdiera la alegría del primer día:
Tal existencia deseábamos para nosotros los hombres
Por ello repetíamos los gestos rituales que restauran
El estar-ser-entero inicial de las cosas
Lo que nos volvió atentos a todas las formas que la luz del sol conoce
Y también a la tiniebla interior que nos habita
Y dentro de la que inefable navega el resplandor.

(S. de Mello. Traduce CCC. *Antología griega*, 1999: 41)

No me resisto a la posibilidad de reproducir, con el cierto trabajo que cuesta medir la claridad del concepto, desde las mismas palabras quizá más fáciles del poeta —el ensayo es otro medio— cuanto él llama

Helenidad

Estos árboles no se acomodan con menos cielo

Lavó el tiempo esta tierra
Lavó el sol estas piedras,
esta tierra severa, mineral y luciente,
donde todo es silencio, el mármol y la tierra,
donde tan solo canta la luz sobre la piedra
esta luz que parece tallar todas las cosas
con un cincel de hierro bajo el sol de la siesta.
o escucharse en el alba con las rosas primeras
cual la flauta remota que viene de muy lejos,
diáfana y transparente
como un agua en las rocas.
Piso antiguas pisadas:
ramblas adormecidas en un rumor de abejas,
cañadas perfumadas de romero y de sol,

de aire quieto y ardiente donde el mármol destella.
como recién cortado, con la fuerza de un dios
recién desenterrado, que ascendió de muy lejos,
o un hontanar que rompe con su música prístina.
Una azada, y un cántaro,

                      junto al arado, bajo
el gran peso del cielo y la quietud del tiempo.
La sombra de una higuera.
Vivo, tan solo, el mar.

(CCC. De *Archipiélagos,* 1995: 16-17)

Carlos Clementson comienza a publicar alrededor de 1970, casi al tiempo de los *novísimos.* Es un poeta para un lugar, Córdoba, y desde ella ha ido labrándose su prestigio de poeta. Pasan los años, el fervor y la ceniza, los templos se desmoronan, pasa la novedad, los poetas cultos y los cultistas, la poesía de la experiencia, la del correlato objetivo, y otros tantos inventos de la industria cultural —hoy todo debe ser etiquetado (tener denominación de origen) porque así tiene más valor, dicen— y él sigue en Córdoba para, desde ella, continuar labrándose su prestigio de poeta.

REVELACIÓN EN CÓRDOBA (BORGES EN LA JUDERÍA)

El azar o el destino, esos dos nombres
de una secreta cosa que ignoramos,
me prodigaron patrias: Buenos Aires,
Ginebra, las dos Córdobas, Islandia…
J.L.B.

Él no vio los jardines,
aunque aspirar pudiera los íntimos aromas del azahar
cantando en esta plazas como una luz muy blanca.

Por estas viejas calles
resonó su bastón camino del crepúsculo
–calle de los Judíos, donde la Sinagoga–,
igual que un viejo báculo, pero no vio estas calles
aunque sí oyó el silencio fragantes de estos patios,
y en el de los Naranjos
y en un postrer bautismo llegó a bañar sus pulsos
en el rumor del agua de esta fuente de piedra

cuyo fresco murmullo
conjurara de un sorbo la sed de sus desiertos.
Entrando luego al templo,
a la dudosa sombra de sus ojos callados
y este bosque tupido de salmos y de mármoles,
quizá a intuir llegara que, desde ha ya mil años,
su centro estaba aquí,
y aquí su laberinto: este álgebra de arcos.

(CCC. De *Mezquita de Occidente*, 2013: 15)

Pero, junto a él, discurren las teorías críticas que tantos años después de su nacimiento, desde el estructuralismo hasta los polisistemas, han seguido su destino. Digamos que la deconstrucción ha anclado en algún país, pero cada uno de los críticos echa mano de lo que le es más cercano a él mismo para definir qué sea la poética, qué la narrativa, lo que sea de quien esté tratando de analizar, basándose comúnmente en la autoridad de los demás. Pero hay algo que no es productivo dejar pasar, no tanto las teorías de índole marxista de carácter antropológico y el posmodernismo puro y duro, puesto que este amputa, si puede, el humanismo, y el concepto de cultura desde las luces. Bien es verdad que la modernidad de la posmodernidad se ha abierto más a los problemas socio-culturales de la vida de ahora que pueden ser utilizados intergenéricamente, porque de lo que se trata es de la comprensión textual poética. Lo exige la utilización del lenguaje figurado, metafórico, simbólico, que se pone en solfa en la construcción del poema.

La escritura de la crítica constituye una paráfrasis (Catelli, 1991: 23)

No es mi intención teorizar sobre la escritura autobiográfica (ni sobre la autoficción) ni glosar teorías que pueden atentar contra la sencillez de conceptos que exige un lector medio a quien respetar, aunque algo habrá que decir de tamañas cuestiones. Ahora quiero traer a colación reflexiones de otros que están cerca de mis criterios y que quizá pueden iluminar cuanto trato de exponer. Silvia Molloy asemeja la escritura de una introducción a un libro a la autobiografía porque ambas quedan regidas por la prosopopeya: «El texto terminado necesita un rostro, necesita que se haga hablar, con la voz de su autor, una última vez». Una introducción permite hacerlo porque ese ante-texto habla aún en lugar del texto, pero también permite percibir la distancia que lo separa del texto. «Igual que las autobiografías, las introducciones también comienzan por el final» (Molloy, 2001: 11).

El género poético quizá sea el más cercano a lo autobiográfico porque o el poeta habla de sí o de las cosas que le "aturden", u ocupan, o le permiten filosofar, es decir, reflexionar o meditar sobre cosas trascendentes para él y para la sociedad —sus lectores—, como la condición humana. Dicho de otro modo, le permiten mostrar su yo a través de sus pensamientos plasmados en el poema, en su escritura. Es más, sospecho, por no decir pienso, que la publicación de libros de poesía de un autor, Carlos en este caso, a lo largo de un tiempo prudente es lo más parecido a la escritura de un Diario, por las razones ya expuestas: habla de sí, —lo que piensa, lo que veladamente explicita— el poeta es el tema de su escrito. Escribe su poesía para explicarse o para explicar cómo entiende la vida y los grandes temas de la vida: amor, muerte, compasión, delicadeza, buen trato, qué le sugiere la otredad, la guerra, la injusticia. Esto no quiere decir que obligadamente se debe leer al poeta desde esta postura, que considero apropiada, sino que la poesía se puede leer como literatura del yo. No hay por qué canalizar la lectura bajo ese prisma, pero tampoco hay que desdeñarlo. Bien es verdad que la autobiografía implica cierta posibilidad de exhibición, exactamente lo mismo que ocurre con el poeta que muestra constantemente su intimidad, su interioridad, su espiritualidad si lo desea, un pensamiento frente a un suceso en el que muestra su sensibilidad, y la hace notoria porque es una reflexión sobre lo humano que ayuda a conocer al hombre y sus circunstancias o motivos de comportamiento, bien a través de la prosopopeya o de otra cosa que se inventen los teóricos, llámese pacto narrativo, llámese de cualquier otra manera, y que puede convertirse en un lugar específico, pero, común, para ellos solos: la soledad de los teóricos; no tienen los lectores por qué saber teoría de la literatura o crítica literaria para leer bien y comprender el mensaje de la poesía. Así que, deberían acercar más sus reflexiones al público, no investigar una teoría docta solamente para los doctos.

En esta autobiografía compuesta por los libros de poesía escritos como tales, no solo los publicados, sin contar las traducciones, figura como parte específica no tanto su infancia, sino sus propios recuerdos o lo que recuerda de lo que ha escuchado referir a su familia y sus consecuencias pues, a partir de ella, construye su canto de afirmación. ¿Constituye esta escritura una biografía? No necesariamente, sino un testimonio de su evolución personal y compostura como hombre hecho y derecho. Así pues, cada uno de los libros a que el lector puede acceder viene a ser un momento concreto de su existencia que la modifican, la alteran, pues sufre una experiencia que relata con palabras poéticas —símbolos, prosopopeyas, metáforas—, sin olvidar que todo esto es producto de una cultura que se manifiesta de ese modo.

Y esto es lo que pienso sucede en todos y cada uno de sus libros no circunstanciales, porque en ellos es en donde se encuentra el poeta en cada uno de sus lugares necesarios para ser, para vivir, para progresar, para crecer y mostrar una evolución mediante la cual se puede analizar al ser humano que es el poeta, un poeta que ha creado un paisaje cultural clásico en el que va dándose a conocer mientras invoca, recrea o modula conversaciones, encuentros, palabras con aquella que fue su madre y no conoció, por ejemplo. Lo que lleva al lector a una situación afectiva que genera la efusión de sentimientos nobles que más tarde son nostalgia. ¿Puede ser la recreación de su existencia la parte ficcional del escrito? No la conoció, no puede rememorar su presencia. E inventa lugares que ambos conocieron, que los ha vivido después el poeta, que modifica, abarca, traspone, que son como el yo amplio que se ramifica, siente, modula, genera espacios en los que suceden las cosas que le han acaecido y solo son las justas y necesarias para que ese escrito sea crónica, sea historia personal, sea poesía que vive en un mundo parecido al mundo de cada día, en el que pueden suceder las cosas que no se concretizan en el mundo diario, en el mundo que solo acoge lo real.

Carlos escribe poesía, en ocasiones esa poesía es autobiográfica y permite conocer su yo y el de su entorno (creencias incluso) y de todos los lugares que son en su poesía y que vienen a ser solo dos, Córdoba y Lorca. La Lorca menos parecida a la sierra de Córdoba quizá fuese el Huerto de la Rueda, pero la semejante, por su agreste alrededor y por su telúrico paisaje, fuera la Condomina, en la diputación de Marchena (Lorca). Pero Lorca añade el mar de Calabardina, el mar de la Cola, nombre de su playa, mar que, en ocasiones, llegaba hasta la puerta de la casa y se acercaba a la cuadra que resguardaba los carros y bestias de los ardientes soles de aquellos lugares que podemos leer en el escrito de Carlos.

Es posible que el lector, bien o de otro modo informado, entienda que es mi invención esa necesidad de que la poesía, en el caso de Carlos, alguna parte de su poesía, sea literatura del yo, pues siempre escribe sus recuerdos. Pero, bueno, tampoco tiene tanta importancia ese rechazo porque yo he encontrado en esa perspectiva un modo de leer a Clementson que voy a proseguir porque así me parece que, mientras lo leo, hablo con él. Ya avisa Karl Maurer de que el reflejarse el poeta en su escrito es un artificio antiguo y que «los lectores desde siempre se han vengado de los poetas y para cada libro se ha formado una imagen del autor 'a su medida'» (Maurer, 1987: 245). Así se fabrica la imagen del autor como interlocutor. Así que es consecuente que el lector tenga libertad para elegir su 'postura' lectora, la que corresponda a una mejor comprensión del mensaje del poeta: «La manera según la cual el lector experimenta el texto reflejará su propia disposición, y en este sentido el texto literario funciona como una especie de espejo; pero, al mismo tiempo, la realidad que este proceso contribuye a crear será diferente de la suya propia» (Iser, 1987: 225).

Sin dejar de hacer paráfrasis, antes de llegar más lejos, es justo aclarar, mediante su definición, cosas que vamos a estar citando, amén de las dichas:

→ El no-lugar (Augé, 2017) es un concepto antropológico que no todos consideran correcto. Para Korstanje (2006: 211-238), carece de sustento empírico.

→ «Si un lugar puede definirse como sitio de identidad —de memoria— un no-lugar es precisamente lo opuesto: un espacio específico, de tránsito veloz, que homologa y quita identidad a sus usuarios, volviéndolos seres anónimos con poca o escasa comunicación» (Augé, 2017: 83). ¿Qué sucede si en ese no-lugar, previsible y rutinario, inserto un elemento ajeno, extraño e impertinente? «Mi propósito es provocar un cambio en el estatus del no-lugar; convertir por unos días este espacio público en un tráfico de palabras y sensaciones que permitan olvidar por unos instantes la soledad y el silencio; un espacio cargado de sentido (el que le dé el público). Aunque sea de modo efímero, que un No-Lugar transmute por acción de la gente y el arte en un Lugar" (Attwood, 2006).

Todo esto que he "parafraseado" para exponer el sencillo pensamiento de la proximidad entre poesía y Diario como literatura del yo, tiene otros antecedentes, es decir, poetas que han pensado lo mismo antes que yo. Caballero Bonald (2000²: 155) se siente en la obligación o necesidad de explicarse: «... los personajes que comparecen en estos poemas se movilizan en un escenario preferentemente real (*Argónida* = Coto de Doñana), así que sus vínculos con Argónida deben entenderse como meras licencias poéticas», que no lo son, porque el espacio es real, concreto, pasado por el tamiz de la ficción y lo que le sugiere y hubiera sido más incisivo: lugar real ficcionado. Porque huye de la precisión cuando usa el término 'diario': «supongo que si me hubiese decidido a emplearlo no es sin alguna malicia teórica, en el sentido de considerar que el diario puede avecindarse impunemente en el campo de la ficción». Por un lado confirma la desviación engañosa de la literatura del yo. Por otro está convencido «de que la poesía no tiene por qué coincidir con la verdad autobiográfica, sino con esa otra verdad generada en el texto». Es decir: su poemario, como 'diario' que es, puede disponer de su propia ambivalencia.

Lugar del poeta

A pesar de que desde casi comienzos de este siglo las tendencias han desaparecido más o menos y el panorama poético es muy amplio para ir 'encajonando' a cada grupo de poetas en una tradición o en una vanguardia, el *poeta*, si lo es, y no tiene como fin el montaje de un grupo comercial para vender libros en reuniones de fin de semana, en localidades diversas y distintas, con el mismo personal poético al que siempre se suma alguno más nuevo, el *poeta*, repito, siempre está fuera de estas razones, si, en verdad, se considera poeta. El otro es un vendedor de libros suyos. En verdad, el *poeta* siente que hay algo que le llama la atención y se pone a escribir porque es lo único que sabe/puede hacer. Ese es su lugar, sea profesor, sea músico o médico, en el momento en el que pone su bolígrafo o pluma sobre el blanco de la hoja vacía, solo es un *poeta* que escribe para que nosotros, hipotéticos lectores, participemos de ese sentimiento o dimensión emocional, aunque sea momentánea o dominada por la experiencia emotiva. Ese es el lugar del poeta —a no ser Valente que escogió Almería para vivir en poeta—, crear belleza, generar arquetipos, producir paradigmas que los lectores tomaremos como modelos, como «conjunto de significados que puede adquirir según el contexto en el que está siendo utilizado» (lingüístico, psicolingüístico) (González, 2005: 49-50). Quizá sean los teóricos los que hacen de esto algo complejo y propicio para el estudio. Por eso, dejo fuera de mi escrito lo (pen)último de la teoría: la poesía cognitiva. Para la poética cognitiva las obras literarias no son solamente los textos (textualismo), sino los textos en conjunto con los procesos cognitivos de producción y comprensión de los mismos (cognitivismo). Quizá sea estéril o fuera de lugar considerar hasta dónde podría haber llegado Carlos en la poesía de haber salido de Córdoba. Pero hay algo que sí sabemos: hubiera sido menos feliz fuera de su ámbito y su ambiente. Córdoba es tierra de poetas, Madrid, de editoriales. Hubiera bastado con un agente literario.

Autodefinición del poeta

Hablé el pasado 14 de agosto de 2023, vísperas de la Virgen de Agosto, con el poeta Clementson por otros asuntos y, además de ponernos de acuerdo, me envió un enorme archivo de internet de más de cuatrocientas páginas, muchas de ella inéditas. No es lo mismo la perspectiva del compilador, que ha de leer con atención, de manera crítica, la obra del escritor para extraer conclusiones y facetas discursivas, que la del mismo escritor que se refleja en su escrito —espejo del yo—, casi sin querer: son cosas que lo acompañan en su vida. Da igual que el poeta hable en segunda persona, como quien quiere quedarse fuera de la confesión. Es el juego de quien con el velo que tiene en la mano se tapa la cara para ocultarse y dejar solo los ojos como luminarias o como único dato de identificación.

LOS TESOROS DEL TIEMPO

Aquí están,
aquí están tus recuerdos, los vestigios
de lo que fue tu vida, si no insólitos,
sí los tuyos, los que te constituyen
tal cual eres: el canto de las olas
junto a aquel niño y su inocente gozo
al ver el mar, el huerto junto al río
con sus frutos dorados y con tu juventud,
tus libros, los poetas que escribieron
lo que hubieras querido tú escribir,
y que con su lectura hiciste tuyos;
y aquí está tu ciudad, bella y esquiva,
y aquí están tus amigos, tus maestros,
y aquí están tus amores: Maribel,
la clara hija del sol y los jardines,
la risa de tu madre entre la niebla,
que no pudiste ver, pero aún es tuya
y sonríe cuando ríes y te peina,
e ilumina tus años por las noches
desde lo alto de su nombre: Estrella.
Quizá no sean gran cosa, bien es cierto,
pero son tus tesoros; aquí están,
los tesoros del tiempo,

de tu tiempo,
antes de que, fugaz, te escape y huyan
hacia donde no hay sol, ni mar, ni risas,
hacia donde no corre brisa alguna,
a donde no sé cuándo y no sé dónde,
pero que, al menos, quedarán aquí
cuando nadie se acuerde de mi nombre.

[CCC. De *Madre mar de mi vida*. (Himnos y elegías), *inédito*]

Y también podéis leer lo que denomino descubrimiento de Grecia o razón de su existencia:

EPIGRAMA TARDÍO

Aunque muchos lo ignoren,
Grecia vive en nosotros,
desterrados espíritus
que recuerdan en sueños,
entre imágenes rotas
y unas pétreas reliquias,
la hermosura de Grecia,
la grandeza de Roma.

[CCC. De *Madre mar de mi vida*. (Himnos y elegías), *inédito*]

El punto arquimédico (Kierkegaard). El yo como lugar de búsqueda

Se define como un punto de vista hipotético desde el cual un observador puede percibir objetivamente el tema de la investigación, en este caso el lugar del poeta en la poesía, con una visión de la totalidad (es decir, una *vista de dios*); o un punto de partida confiable a partir del cual se pueda razonar. En otras palabras, una vista desde un punto de Arquímedes describe el ideal de "quitarse" del objeto de estudio para que uno pueda verlo en relación con todas las demás cosas sin dejar de ser independiente de ellas. Descartes se refería a ese punto como lugar apropiado para encontrar certeza, una cosa segura e indudable. Ni es oportuno ni conveniente hablar del diario de Gilleleje, pero sí decir que «De forma ficticia o real, Kierkegaard dibuja una escena en la que él, el observador, consta la totalidad que es el mundo al contemplar la inmensidad del mar. Esto lo conduce a reflexionar sobre el papel del individuo dentro del todo. Se concluye que el sujeto debe encontrar un equilibrio entre la autoafirmación arbitraria y la disolución de la individualidad» (Bravo, 2021: 59). Ese equilibrio en la relación entre el individuo con la totalidad es lo que constituye el punto arquimédico para mover su mundo. Así que ese equilibro entre el yo y el mundo es sin duda el resultado de una búsqueda realizada en ese punto.

Todo espíritu, sabido el cuerpo su destino, busca su lugar, que solo se consigue abandonando el no-lugar de su morada prestada. En Carlos Clementson, uno de sus lugares intelectuales es la antigüedad —la helenidad— como manifestación de una cultura que el poeta recrea con palabras mediterráneas, pues, en verdad, solo le atrae el pensamiento estético a cuyo final está la realidad de la ciudad, el descubrimiento de la literatura y el arte, no mezclando, como era común, arqueología —la ruina— e historia, en el romanticismo. Eso no quiere decir que la contemplación de la ruina no provoque un sentimiento de belleza en su contemplación materializada en el poema.

PASTORAL

(Ante un grabado de Dimitri Papageorgiou)

Yo estuve aquí una vez, aunque he olvidado
el nombre de estas islas, los perfiles exactos
de este espacio esencial
e ignoro a dónde llevan estos secos caminos
que jalonan cipreses y da sombra el olivo.
Hay un polvo de siglos posados en la memoria…
Pero yo estuve aquí;
fue ya hace mucho tiempo…
El olor del salitre, estas hierbas, su aroma
violento e iracundo bajo el sol… Fue en la infancia…
Vagamente, mas vivos,
reconozco estas piedras, esta luz, este cielo,
la arena de esta orilla, su esplendor inocente,
la cadera que traza la curva melodiosa
del perfil de esa isla, que igual que una muchacha
se zambulle en el mar…

(CCC. De *Archipiélago*, 1995: 70; fragmento)

La visión del lugar, además de la *helenidad* que propone Carlos desde su punto arquidémico, es la del hombre que conoce la ciudad, sus secretos, y deambula por ella a través de callejuelas, recovecos, porque este es un modo de habitarla, de conocer su interior. Es obvio que, en todo ese recorrido, la disposición paisajística y monumental acaba en una ruina a contemplar, en un lugar *místico, ruina, que le permite evocar el lugar a poco de ser abandonado.* Si zancajear por un espacio concreto ayuda a descifrar el entorno que viene a provocar deseos de interpretar la mirada del hombre —su mano— que ha ubicado edificios, espacios abiertos, ornamentación que acompaña nuestro desplazamiento, y también hace que nos identifiquemos con nuestro espacio ciudad, lugar ciudad, paisaje urbano.

Lugares biográficos

Carlos Clementson Cerezo nace en Córdoba en 1944. Su abuelo, Alejandro Clementson Palma, casado con Alegría Arderíus, hermana de Tomás de Aquino y Joaquín Arderíus Sánchez-Fortún, era hermano de Ángeles Clementson, esposa de Rafael González "Machaquito", con el que contrajo matrimonio en Cartagena, en 1906. La había conocido el torero en 1903, en el teatro Guerra de Lorca, localidad en la que el padre de ella ejercía como Administrador de Tabacalera. Residían en la calle Martín Piñero, aunque pasaban grandes temporadas en el Huerto de la Rueda. Sus padres fueron Carlos Clementson Arderíus, natural de Lorca, y Estrella Cerezo Prieto, natural de Villa del Río (Córdoba). Al concluir la guerra civil, sus padres regresan a Córdoba, con el resto de la familia que ya moraba allí. Al nacer Enrique y Carlos y fallecer su madre en el parto, quedó al cuidado de sus abuelos Alejandro y Alegría. Completa sus estudios primarios y su bachillerato en Córdoba, en el Colegio Marista o Instituto Cervantes. No son muy placenteros los recuerdos de estos años de estudios, pero era casi igual en todos los colegios regidos por religiosos en la época. Además, los espacios cerrados ayudan a mantener unos recuerdos negativos sobre la estancia en ellos. Un espacio cerrado —mentalmente sobre todo— «resulta ser también un macrocosmos *viviente*, un entorno provisto de fuerza propia y con capacidad de proyectarlo en los demás, pudiendo llegar incluso a modelar a sus ocupantes y a influir en su personalidad» (Bueno, 1993: 119). Un colegio de religiosos en aquella época era un no-lugar. Cuando rememore su paso por la Universidad, se verá otro tipo de recuerdo: la libertad lo había cambiado todo.

Colegio (1949-1961)

Nos hicieron un mundo a su medida,
a su imagen cinérea de hábitos soñolientos,
flotando entre el incienso y las nubes del órgano
a través de una estrecha soledad de pasillos.
Alzaron monopolio de indulgencia e infierno
a su oscuro servicio de coacción y pavura.
Ahora, dicen,
sus horrísonas teas se les van apagando
de tanto gasto inútil,
aun cuando alguno aún sople desesperado el ascua
entre el pálido cuenco de sus manos vacías.
Recuerdas hoy el gesto severo, ensotanado
de una espesa liturgia sin par donde la culpa
atenazaba el tibio
cuello trémulo, azul, de los adolescentes
con el beso fatal de una quemadura.
Sentías por la noche,
bajo la fiebre helada de las sábanas
el fuego irreductible,
un fuego
                    real,
                            vivo
                                    y sutilísimo,
quemándonos las uñas,
tan fielmente descrito en tus libros de "Dogma"
con palabras tan justas y precisa sintaxis
por alguien que sin duda regresó del Abismo.
Y hasta el nombre purísimo de una virgen pastora
lo impregnaban de horrendas desgracias sin sentido,
fijándonos el plazo de una era inminente,
sembrada de catástrofes y estelares designios,
noche de escapularios
reventando por cuellos atrozmente crecidos,
y lirios profanados por solo un pensamiento.

(CCC. De *Los Argonautas y otros poemas*. 1975: 59-60. Fragmento)

Al inicio de los años sesenta, seguramente en 1963, viene a Lorca para iniciar sus estudios universitarios en Murcia. Cursa estudios de Filosofía y Letras

(Filología Románica) en la Universidad de Murcia, a instancias de D. Andrés Sobejano, profesor en dicha Universidad y amigo de la familia, y reside en el Colegio Cardenal Belluga, en el hoy campus de La Merced. En 1968, los concluye al leer su tesina titulada *Paul Valèry: análisis estilístico y una nueva traducción*. Ese mismo año es profesor adjunto interino en Literaturas Románicas y profesor de Estilística Francesa en la Universidad de Murcia (UMU). En esta misma Universidad se doctora el 23 de junio de 1979, con una tesis dirigida por el buen profesor aún recordado, Dr. D. Mariano Baquero Goyanes, sobre *La revista Cántico y sus poetas*, recién acabada de publicar, revisada y resumida, por la Universidad de Córdoba (UCOPress Editorial, 2022), con el título de *Cántico. Una brillante pléyade poética en la España de la postguerra*, con Miguel Carlos Clementson Lope.

Su paso por la UMU fue más humano y fructífero, tanto que aún recuerda a sus profesores, condiscípulos y otros que fueron, como él profesor en nuestra universidad.

EL MAESTRO

A Mariano Baquero Goyanes. *In memoriam*

[…]
Hoy has abierto un libro, casi al azar, y envuelta
en brisas de Sigüenza o en las aguas del Tajo,
velada por los años,
te ha llegado su voz, espesa y blanda,
de suavísimo musgo: se te ha allegado el viejo
tiempo de la nostalgia, así un aroma
asaltante y fatal irrumpe al paso
tras el cancel del huerto, como un tigre a la espera
y aboliendo el presente de un solo manotazo
de su zarpa amorosa,
doloroso y dulcísimo, como un recuerdo abierto.
[…]
Detrás de tanta fiesta,
un estéril silencio sella hoy su labio inerte,
sorprendido y suspenso ante la sombra.
En cambio, su palabra
alienta todavía, fecunda, entre las tuyas
discipulares, y cada año regresa,

si bien más torpe y pobre entre tus labios,
a restaurar su acento y levantar las claras
lecciones de otros días ante otros tantos jóvenes
menos afortunados que tú fuéraslo antaño.
[…]
Todo parece igual, y sin embargo,
más rica ahora la tierra,
la luz de Murcia, en cambio,
desde hace algunos años
es ya un poco más triste para todos nosotros.

(CCC. De *Los templos serenos*, 1994: 119-121. Fragmentos)

El mismo poeta reconoce que en esta década, 1963-1973, es en la que intima con los hombres, tierra y mar de Lorca y Calabardina, a pesar de sufrir en la playa del Hornillo, en Águilas, 1964, un accidente de moto que le dejó heridas en el rostro que le causaron dolor físico y quizá psíquico. Se marcha a Córdoba en 1973. La casa del Huerto de la Rueda fue destruida, con todo lo que guardaba dentro, con motivo de la inundación de ese mismo año, y la de Calabardina fue derribada por mandato de un alcalde de Águilas entre 1999 y 2011, Juan Ramírez, quizá con la ley en su mano, no sin que Carlos protestara mediante cartas abiertas en la prensa murciana, cartas que no sirvieron para que se respetara uno de sus paraísos de juventud.

Me parece solo una curiosidad lo poco que publicaron a Carlos en las revistas murcianas de poesía. He repasado con cierta quietud los índices de los libros publicados no solo hasta esa fecha, por si en alguno de ellos apareciera «Himno a la belleza de los animales». Se publica este largo poema, del que ofrezco un fragmento, en *Monteagudo*, segunda época, n° 6, diciembre 1988.

Míralos cómo pasan por tu lado, o tendidos
posesionan la tierra con gentil abandono.
Míralos cómo viven, cómo cantan los pájaros,
con la clara armonía de un riachuelo en las piedras,
fluyendo con sus flancos transparentes de música,
liberales brindando su inocencia a tus ojos.

Serenos y graciosos, sin angustia del mundo
ni conciencia siquiera de añoranza o naufragio,
flotan como los ángeles, como nubes felices,

y este mundo es su cielo, y este azul su universo
y en sus aguas celestes abrevan su pureza.

Ante nosotros pasan como un manso cortejo
dejándonos un poco se nostalgia en los ojos;
nosotros, los desnudos a la luz de la helada,
los que pisando varios horizontes sin dueño,
barbechos pedregosos sin un pozo siquiera,
ciudades que en sus ángulos nos congelan al alma:
los precarios, los débiles.

El viento del verano dulcemente los lleva
esbeltos e inocentes en sus brazos veloces,
y brincan, corren, saltan como espumas gloriosas,
como delfines fúlgidos bajo la luz girando,
como las aguas vivas que en las playas se tienden
como el enorme viento de agosto en las llanuras.

Desde ese mismo 1973, es profesor titular de Literatura Española en la UCO, enseñando además Literatura Francesa. En 1986, por oposición, es profesor de Lengua y Literatura Catalana. En 1990 es profesor titular de Literatura Española. Hoy es un docente universitario jubilado al que le embarga una nostalgia, sin lamento, ya antigua.

Si acaso, sigue las expresiones de los clásicos, pero tampoco sufre *tedium vitae*. Ni tampoco es expresión de un temperamento melancólico. Es, posiblemente y a mi juicio, la lamentación por la pérdida de un bien cercano, material o espiritual, humano e íntimo, «entre la añoranza por el desvanecimiento de la experiencia» (Ciordia/Vedda, 2010: 11-13), su transmisión y la representación en el otro. Así la *saudade* heredada de la ausencia, de lo perdido, no procede de un carácter taciturno, pero indican la relación entre literatura y esa disposición melancólica de lo elegíaco y entre la literatura y el arte como muestra indeleble del pasado, reproducido como *imitatio*, cuya ékfrasis —hipotiposis— hace resurgir la armonía perdida como paraíso. Aún así, hemos de tener en cuenta las palabras (las letras) que Pedro Roso le dedicó al poeta cordobés hace ya casi cuarenta años: «Sumido en la nostalgia del mar (que viene a ser nostalgia de un pasado lejano) y en el monótono acabamiento, la poesía se le ofrece como única salida. Solo a través de ella puede acceder a "aquel hermoso mito de otros tiempos"» (Roso, 1984: 48).

Queremos señalar, aunque volveremos sobre ello, con palabras de otro, que «un mito es una narrativa que puede ser definida como una declaración o historia concerniente a preocupaciones o temas existenciales humanos que tienen consecuencias en el comportamiento. [...] Uno de los papeles principales del mito ha sido siempre traer el pasado al presente» (Feinstein, 2012: XIX). Posiblemente Cassirer, según Stefano Arduini, nos acerque más a nuestro entendimiento: a) el mito no pertenece solo a las edades primitivas; b) el mito es una manifestación universal de la expresividad humana. «El mito va al origen de los aspectos fundamentales de la vida y, como al arte, no le gusta ser explicado (Arduini, 2000: 152-156).

Lugares interiores: el cultivo de la belleza

Sin duda, Clementson Cerezo leyó a Wölfflin. Sin duda, la mostración de la belleza que surge del renacimiento, atraviesa un barroco indisciplinado, genera su disolución y su permanencia, le atrae y en esta estética se instala y de ahí procede su peculiar estilo. La disolución del renacimiento significa la presencia del barroco, o sea, el paso de un arte académico, reglado, a un arte libre. Mas, si el barroco se adueña del panorama, lo que se conoce o se quiere llamar arte clásico sigue una evolución paralela aunque presente, según Wölfflin, unos síntomas parecidos a los de la muerte del Renacimiento: «los grandes maestros del Renacimiento introdujeron ellos mismos el barroco. Este ha surgido de un estilo en pleno apogeo. Roma ha quedado como cabeza de la evolución artística» (Wölfflin, 1986: 14). Al barroco no le acompaña teoría alguna. Pero, en todas las concepciones y expresiones, siguen los vestigios antiguos. A poco, se vislumbra la ilustración. En Roma, sin embargo, aparece una academia vitruviana que organizará un nuevo censo de las ruinas. Todo lo de atrás, «aquel sentimiento que veneraba cualquier huella del espíritu clásico como algo divino ha desaparecido». Se gana en conciencia de la propia identidad. Se cree, y es verdad, que puede medirse con los antiguos, porque el poeta va a utilizar sus mismas reglas, sus mismos métodos, su mismo espíritu humanista. Venía esto a colación porque los conceptos que Wölfflin ideó para el arte [(criterio estilístico: *arte renacentista* = lineal → forma cerrada → pintura plana → obras múltiples → claras; *arte barroco* = pictórico → forma abierta → en profundidad → obras unificadas → confusas (Amorós, 1988: 100)] intentaron aplicarlos a la literatura alemana (Oskar Walzel, 1864-1944, Fritz Strich, 1882-1963).

Hace ya bastantes años, 1974, Guy Michaud escribió un libro titulado *Le visage intérieur: pour une antropologie de l'escrivain* (Paris. Nizet). Son dos tomos inencontrables:

> tome *: *connessance de la literature*
> tome **: *les structures de la personnalité*

Le vamos a pedir prestadas dos consideraciones. Por medio de la primera, conocemos que, en el orden del inconsciente, «los poetas siempre han sido atormentados por el sentimiento de una presencia interior, inquietante y misteriosa a la vez, de una especie de doble que obraría en la sombra, sin saberlo nosotros». El Yo es un Otro. Como consecuencia, «se puede decir que para él los acontecimientos exteriores de la vida, por muy importantes que puedan ser, no serán nunca más que pretextos con vistas a este diálogo interior que indica una especie de experiencia vivida». Para Guy, «*la vida interior* de un escritor está indisolublemente ligada. La descubre mediante ella, es mediante ella como la expresa. Pues aplicamos esta vivencia a la vida del escritor cordobés de nacimiento, lorquino de corazón. En cuanto a la vida interior, es decir, no tanto manifestación exterior de lo que uno es por dentro, sino la enumeración de cuanto rodea al hombre —libros, objetos de arte, música…—, es algo básico para entenderlo. Se rodea de cuanto ama —libros, pintura, música, arte en general—. Solo hablamos de ese espíritu que te permite gestionar tu vida terrena, hacer que tu sufrimiento se renueve y diluya en lo abstracto de la vida. Así es el hombre portador de doble vida. La del trabajo —*negotium*— porque le permite reintegrarse a la "otra" —*otium*—, y la de esta porque le permite establecer barreras contra la política, contra la vida laboral, contra la vida diaria real sórdida, sabiendo que no queda ningún *hortus clausus* comunitario, es un lugar casi individual. No hablo de la "otra vida" que se supone vida divina y eterna, aunque sí, el que lleve su vida interior en contacto con la divina, aunque para ello le hace falta la fe, le hace falta estar más preparado para entender los misterios desconocidos, que vendrán al que crea en esa vida post-mortem, o en los que creemos innecesarios una nueva vida diaria y eterna si la hemos de vivir con los que nos han sido obstáculo para llevar a cabo nuestra vida interior aquí, en esta guerra que es la vida del hombre en la tierra. No con los otros, ni con la otredad —el ocaso del centro—, en la que el sujeto excluido participa de la reintegración, pues parece menos excluyente hablar de prójimo, así que prójimo versus "el otro".

La conformación de la subjetividad de una persona en formación hacia su vida interior indica que existe una comunicación subjetiva con lo que rodea al personaje y todo ello es lo que le da esencia porque supone el modo de enfrentarse al "otro" como enemigo y crearse su *hortus clausus* privado y personal para defenderse, no permitiendo la entrada a todo lo exterior que retarda el disfrute de su propio conocimiento. Hay gente —ya no es el otro, porque el otro es algo más cercano—, que no necesita nada de este proceso, no lo necesita y por eso no se lo exige o no lo exige.

La factura que hay que pagar por esa exigencia llevada a la práctica por ese ideal de vida como el explicado, implica vivir ya siempre en su paraíso en el que prima la poesía como conocimiento y como goce, de la que se desprende conciencia positiva de sí misma y un modo de dignidad para ese ser llamado poeta. Cualquier otro lugar inspirado en el que no suceda lo mismo es un no-lugar, porque en él no ocurre nada que no sea seguir el camino de la búsqueda que va a añadir algo nuevo a esa vida de por sí ya defendida del asedio de quien quiera perder su carácter anónimo. Quizá, es posible que un no-lugar sea el lugar feliz de una persona que, por feliz, no quiere que se conozca.

Lugar simbólico de la ruina en la poesía de Carlos Clementson

Las mismas piedras que nos acompañan desde hace milenios, dejando aparte los hallazgos de otras que permanecieron ocultas, han inspirado sentimientos diversos, e igual las imágenes o hasta las palabras. Yendo más allá de la interpretación de Panofsky, que le dedicó al tema una monografía clásica, *Et in Arcadia ego: Poussin y la tradición elegíaca*, donde señalaba el desplazamiento del significado de la expresión latina, referida en un principio a la Muerte, con sentido admonitorio, y después atribuida al habitante del sepulcro, es decir reconvertida en expresión de nostalgia, Manuel Gregorio repara en otra significativa diferencia entre la versión del lienzo del Guercino y las posteriores de Poussin, todos de la primera mitad del XVII. La clave, para nuestro ensayista, está en el tiempo en el que se sitúa la escena, que en el caso del segundo –lo prueban las vestimentas– es no el contemporáneo del artista sino el remoto de la Antigüedad. Y es esa lejanía, la presentación de la escena como una "estampa documental" de sabor arqueológico, lo que refuerza el fondo de melancolía y su carácter concerniente, en apariencia paradójico si no tenemos en cuenta la perdurable añoranza de la Edad de Oro (Garmendia, 2022)

Cuando hago un comentario acerca de la «ruina» con referencia a una tendencia del poeta dentro de la totalidad de su escrito, lo hago en sentido figurado, pues quiero significar, simbolizada, una corriente que pone en vigor los valores paganos de la cultura grecolatina, revitalizada posteriormente por los valores monásticos góticos de índole eclesial, tan atractivos por su discreta y sosegada forma de vida, propicia para la interioridad: *ora et labora*. Ahí es cuando surge la *Antiqvitas*, tema que goza de un largo proceso y cambios de sentido (Gregorio, 2022). Bien es verdad que el tema de la "ruina" conduce a un paisaje del pasado poco a poco venido a decadente por barroco, casi ampliamente ya laico. Pero hay que entender que no se trata del uso actual, moderno, de la historia del mundo clásico, sino de la opción de ser clásico hoy en un mundo de ayer, sin perder el sentido de época en la que se vive.

La "ruina" es el conjunto de un contenido cultural que arranca con los griegos y llega hasta estos momentos de civilización amenazada por los populismos, índice de un barniz cultural que, como propio de la escasa cultura que algunos necesitan para sobrevivir para lo que solo hace falta dinero conseguido a cualquier precio, solo sirve para afianzar en el poder a una minoría diversa, y por una política para la que todo es posible mientras mantenga el poder. Contra ello ideológicamente me muestro y contra el proceso de laicismo que lo preparó sutilmente. El proceso de secularización se inicia cuando la Biblia deja de ser libro sagrado para convertirse en documento histórico. La secularización, considerada como pérdida de los valores sacros, puede facilitar la posesión del espacio abandonado de elementos que la combatían (Molina, 2023)

Estoy con la cultura como continuidad de lo bello, lo correcto, lo social, como cantidad de conocimientos y como manifestación de los mismos, con la presencia de Dios en la vida diaria, por el respeto de las minorías y por otras tantas cosas cuyo lugar de comunicación no es este. Aquí, llegar no es lo bueno, sino permanecer a costa de lo que sea, concediendo lo que sea, al precio que sea. Y eso no es muy honesto. Todo esto lo aprendí en mis estudios humanistas. E incluso he leído sobre la muerte de Cicerón, preparada por el poder por oponerse al poder corrupto: *Quousque tandem abutere, Catilina, patientia nostra*?

La ruina como belleza

La ruina siempre ha formado parte de su entorno. La ruina, como resto de mundos desaparecidos, es una constante en su ubicación permitida. Pero no olvidemos que la conciencia estética de la cultura inventa la ruina como objeto estético incorporado al paisaje diario. La ruina es un mundo estético que impide la reconstrucción del original, porque aquellas piedras vivas cumplieron su utilidad, su función, ya no servían para lo que fueron creadas. Ahora cumplen su función de ruina y su evocación como pasado. Una ruina crea nostalgia, pero no se puede hablar de una melancolía infinita, sino de un estado casi natural de contemplación que individualiza y da carácter a un espacio transformado en lugar (Gregorio, 2022). Mas de ahí también nace el lamento: la exhumación de muchas ruinas solo conduce a un no-lugar, el museo, porque en él acaba su simbología: «un escenario museístico que sirve para "salvar la ficción humanista de la cultura", al que acuden las masas como a un cortejo fúnebre de la cultura, ocasión que les permite participar multitudinariamente del entierro de esa cultura» (Ruiz Uribe, 2011).

La ruina significa la destrucción de la forma, de la misma materia. La ruina —entropía— es el desgaste por abandono en bastantes ocasiones. Restaurar significaría conservar algo que no nos pertenece, que fue de otra ápoca (Armas Vallina, 2020-2021). Además, la ruina condiciona la percepción con la intervención del sentimiento despertado en el espectador y que resurge al llevarlo al poema. La melancolía sería eso, un dar vueltas largo tiempo de forma continua, en torno a unas ruinas. Y así no conocerlas, a fin de que perdure su carácter espectral inaudito. No conocerlas para que la literatura continúe gravitando en el campo de lo posible (Jouannais, 2017: 12).

Podemos hallar todo esto y otras sutilezas en la poesía de Carlos. Pero no encontraremos elemento alguno que permita considerarlo como una secuela del ambiente de los anticuarios andaluces —filólogos, humanistas, traductores, arqueólogos— que presidía Ambrosio de Morales y en el que floreció Garcilaso Inca de la Vega, traductor de *Dialoghi d'amore*, de León Hebreo.

ANTEPASADOS

Ignotos, primitivos moradores anónimos
que poblasteis ayer estas anchas riberas
matinales, purísimas, en la aurora del mundo,

y cuyos leves restos —fíbulas, terracotas,
yacentes en el polvo— testimonian las arduas
labores fundadoras de los padres primeros.

¿Qué nombre acogería a estas tribus pacíficas
que pescan y laboran a la orilla de un río
que será luego el Betis, Guadalquivir de fábulas,
a su paso por donde se alzará luego Córdoba
en la curva armoniosa del meandro tranquilo?

(CCC. En Guadalquivir, rey de Andalucía, 2001: 38; fragmento)

La ruina como símbolo de un complejo cultural humanístico

La facultad reconstructiva que ofrece la ruina, sin embargo, no se agota en su sentido histórico, simbólico o figurado. También se presentará como una cuestión, principalmente, práctica. Y, por tanto, como un dilema que atañe a la sociedad, a la política y al arte. Este dilema vendrá sustentado en la propia posibilidad de reobrar, técnicamente, lo perdido, y, en consecuencia, en la necesidad de conservar y restituir —de revivir de algún modo— el pasado (Gregorio González, 2022: 221).

La ruina forma parte de una problemática desde el siglo xv cuando un monumento pasa de ser ruina a ser símbolo. Antes de ser ruina, fue templo, palacio, y ya era bello. Cuando la guerra o la desidia destruyen tanto el edificio material como el lugar que ocupaba y se convierte, ahora sí, en ruina, goza de otro tipo de belleza. La ruina es considerada no solo por su belleza en sí, por lo que fue, por lo que es, sino porque es considerada como objeto cultural. La helenidad de Carlos es un proceso intelectual Grecia → Roma → Renacimiento → Barroco —antigüedad en suma— sobre lo que se construye un mundo poético que siempre queda inmerso en la cultura y su manifestación, su sentido decadentista, sea ruina, sea paisaje que debía envolverla. Así pues, hablamos de un mundo que ha ido evolucionando hasta llegar a ser como lo manifiesta Carlos sin necesidad de que nada de lo que dice sea de utilidad alguna, miento, tiene la misma utilidad que cualquier otra manifestación artística. La ruina es, pues, un testimonio o testigo de sucesos pasados que exigen o piden con humildad su relato literario, en una ambiente que ya es ficticio, que idealiza el poeta a través de los conocimientos transmitidos por los historiadores, arquitectos y otros artistas. Así pues, el pasado cristaliza en ruinas. La ruina es un resto plástico de lo que fue monumento, edificio, templo, "máquina insigne", grandeza y que forma parte de un pasado cuya nostalgia lo trae el presente.

INICIACIÓN A LA VIDA
(Ante un paisaje de la Sierra de Córdoba, por Rafael Botí,
quien con sus ojos niños nos enseñara a ver de nuevo el mundo)

Debes, hijo, mirar esos cuadros,
primero, con inmenso respeto.
Mariano Roldán

Este es el mundo, hijo. Mira qué paz. Alégrate.
Respira. Aspira hondo
este azul de este cielo:
la plenitud colmada del vivir,
su inocencia,
ese canto sencillo y eterno de la tierra
que, espontáneas, proclaman
estas diáfanas notas de color sobre el lienzo.

Así, llena tus ojos
de todo cuanto pueda
encendernos el alma de fervor,
de clemencia y de amor
por cuanto alienta
puro y elemental
bajo el techo común;
por cuanta humilde criatura, desde siempre,
atesora esta tierra.

Este es tu mundo. Gózalo. Olvida los clamores
y el ruido de la guerra, el dolor, la miseria,
tanta sangre sin culpa que, inagotable, inunda
a rojos goterones
nuestra pobre conciencia
por la pantalla impávida
por la que el mundo irrumpe atrozmente en la casa.

(CCC. De *El color y la forma*, 1996: 18. Fragmento.)

El *in Arcadia ego*, o nostalgia de la edad áurea, generalizado por el Barroco exacerbará la melancolía y a todo el conjunto intelectual de la cultura se le dota de una caducidad, simbología que llega a la actualidad. Hemos de añadir que el misterio de la antigüedad que recoge el XVIII es un giro a Grecia ↔ Roma en el que prevalece la fastuosidad del genio griego. Pues bien, en esta línea cultural histórica que llega hasta nuestros días se encuentra ínsito Carlos porque es un ámbito expresivo como muestra a través de su obra. Porque Carlos es un hombre de nuestro tiempo, extrovertido dentro de un orden, interiorizado, irónico, culto, pero con los pies en la actualidad. Es un humanista. Por eso, es fácil pensar hoy en la recreación civilizadora de una cultura habitual en su época, dos siglos antes de Cristo, cuando aún no hay ruina, sino una belleza que permanece, no es algo de ahora.

La ruina mantiene su "prestigio" por su categoría de material arqueológico que debe permanecer para conocer un atractivo modo de vida (Gregorio González: 2022), quizás idealizado, un pasado que solo se justifica por su función de imagen proyectiva a nuevas culturas que, sin embargo, al combatir al humanismo y a la razón, pugnan por su desaparición para llegar al pensamiento único y que siempre manden los que mandan, los que están arriba.

El *Hortus clausus* (*conclusus*), lugar protector frente al otro que no soy yo

Un *hortus clausus* es un lugar de protección personal frente a los otros. Mi yo va conmigo, un *hortus clausus* cultural es un lugar cercano, por eso atravieso el no-lugar para llegar antes a ese lugar humanista, frente a los lugares de encuentro de lo postmodernidad —mejor seguir un canon—, cual puede ser un concierto de música pop, por no decir *reggaeton* u otras penosas melodías contemporáneas, propias de una cultura de masas, o la de cuantos quieren ser apocalípticos e integrados (Eco, 2004) por convicción, o de los ignorantes.

Para acceder a ese lugar humanista llamado *hortus clausus* no hace falta trazar una ruta o proponer una estructura de viaje. Solo se necesita nacer para ello, que ayude el entorno y uno sepa elegir y soportarlo. Y eso es lo que le ha sucedido a Carlos y de ahí su ejemplaridad. Literaria, por supuesto. Esta época en la que la política crea no solo confusión de los valores, sino una sobrevaloración de lo material y el anuncio de la muerte de lo espiritual, de la interioridad, de la cultura, en favor del pensamiento único, es pródiga también la ausencia de criterio rígido de defensa y práctica de la belleza. Si en Grecia-Roma, a pesar de la vida "democrática" que tolera el οστρακον, se mantienen la cultura transmitida y la popular, puede ser, al menos lo parece, que en esta democracia moderna de cultura de masas, la cultura de la ignorancia haya sustituido a la cultura tradicional, a la estética occidental, básicamente la renacentista, la barroca, el humanismo, como busca la posmodernidad (Cheng, S/f: 83). Habría, pues, que mantener el status cultural occidental porque «la belleza es esa potencialidad y esa virtualidad hacia la que tiende todo ser» (Cheng, S/f: 85). Quizá eso no lo hubiera concebido Highet: «nuestro mundo moderno es, en muchos aspectos, una continuación del mundo de Grecia y Roma» (Highet, 1996: 11).

Lugar moderno de la clasicidad

Señalan los especialistas que el rechazo del rococó, por entender que el artista debía participar en la moralización de las artes, «trajo un renovado interés por recuperar el arte de la antigüedad, que se muestra como un modelo de belleza y autenticidad» (Antigüedad, 1998: 15-16). Pero los teóricos veían la necesidad de estudiar la antigüedad clásica porque en ella estaba el verdadero estilo, la fuente de inspiración de los artistas.

Cuando afirmo que en la obra de Clementson hallamos la «huella clásica» quiero decir lo que ya ha dicho Calvino: nos instalamos en «la huella que ha dejado en la cultura o en las culturas que nos han atravesado» (Calvino, 2009: 13-20). Jaime Siles lo enuncia de otro modo: «no se puede escribir sin tradición, todos escribimos desde la tradición», o sea, elegida una tradición, solo escribimos desde ella (Siles, 2018). De todos modos, la tradición clásica oferta una mayor riqueza de respuestas: «tanto el mito como el acervo de los clásicos lo son por su capacidad de dar cauce a diferentes mensajes, amoldarse a diversas estéticas y no solo como adorno, sino como expresión propia» (Álvarez Ramos, 2018: 931), que es lo que ha hecho Clementson Cerezo. De Certeau dice por boca de Bourdieu que, a causa de la marginación por la sociedad occidental, la antigüedad griega encuentra en su uso actual por los poetas —me refiero al tiempo cronológico de Carlos como poeta, algo más de cincuenta años— un espacio de visibilidad y de dilucidación. Es decir, que lo que viene del exterior muestra lo que nuestra cultura «ha excluido en su discurso». Es ir a la lejanía a buscar lo que ya tenemos entre nosotros «que se ha vuelto irreconocible». En este lugar se sitúa Carlos. La presencia del mundo grecolatino es constante en el espacio culturalizado inglés, que era su casa y su familia. Así que en él no hay alejamiento o extrañeza, sino adecuación a un modo de expresión solamente clásico, a un ambiente en el que ya se viven los tópicos y mitos de Clementson Cerezo.

Cada vez que aparece algo que hay que puntualizar me da la sensación de que se corta el hilo narrativo que deseo mantener para no perder la empatía con el lector, si es que pudo crearse. En esta ocasión, no se trata de definir lo ya tantas veces definido, sino de, a través de un intertexto o paratexto, una cita, conocer la utilización moderna del mito, porque, vuelvo a insistir, hablamos de un poesía dentro de la tendencia clásica en tiempos posmodernos: «En el mito se encierra una gran variedad de hechos, personajes y pensamientos extensibles a cualquier circunstancia del ser humano. El mito es más que una historia ficticia, un relato etiológico al que recurren, fieles, las generaciones en busca de respuestas. En el mito se dan cita las vicisitudes del ser humano, el mito refleja su idiosincrasia. No puede percibirse su presencia en la actualidad como una repetición fosilizada, sino que su carácter proteico en manos de los poetas, deriva en visiones de plena vigencia, que no dejan de mostrar esa actualidad de la Antigüedad. Los mitos universales se retoman siguiendo los preceptos señalados por las tendencias poéticas dominantes y los gustos personales de los poetas» (Álvarez Ramos, 2015: 18). Menos mal que la indeterminación posmodernista permite la relectura de la tradición. ¡Ah!: recuerdo que la posmodernidad acoge los mitos y se acoge a ellos como algo humano.

El que Augé conozca cómo se efectúa el tránsito de los mirones o caminantes que lucen sus andares por la ciudad, a nosotros no nos afecta, aunque provengan de De Certeau estos asertos, pues todo ello pertenece a la antropología. Hay ciudades que se reinventan y otras que envejecen porque "olvidan", aunque lo posean, su pasado. Pero se significa Córdoba en ese mismo reposo que no exige ficción alguna para entender la ciudad. Así que el no-lugar llega a la literatura. Los lugares de la ciudad son, están ahí y, ajena a los visitantes, a esa masa consumista en que se ha convertido el turismo, serán positivos o negativos según en qué momento para tal o cual protagonista. Nosotros debemos preocuparnos de si ha llegado esto o no a la literatura de Carlos y si es un elemento presente en su poesía. Son cosas que están ahí y hay que comprobar si han sido incorporadas o no a su poesía «posmoderna» de carácter tópico y típicamente clásico, aunque en ella se palpe una evolución que lo caracteriza. De Certeau viene a decirnos que la ciudad es un texto que los caminantes escriben sin poder leerlo. O sea, en el texto vivo de la ciudad planificada y legible, otra ciudad "trashumante", visitante, foránea, crea una metáfora que genera otro modo de ser/ver la ciudad. Para él, una ciudad produce un espacio propio, va sustituyendo las tradiciones con un *no-tiempo* y, finalmente, la ciudad misma se convierte en sujeto universal. La sorpresa que produce es que ya no se genera la ciudad levítica o conventual, o la ciudad muerta, ni otro modelo que provenga del humanismo, ni siquiera la ciudad paisaje. De ahí la necesidad de cambiar de nomenclatura porque es necesario dar nombres nuevos a situaciones si no nuevas, sí novedosas, frente a las que la sociedad ya ha reaccionado. Únicamente conociendo estas sutilezas podemos comprobar si Carlos las ha introducido en su producción poética, no tanto por la *civitatis laudatio*, como en el ámbito general de aquella predilección humanista por el viaje inmóvil que está aún haciendo pasadas ya las aventuras de los argonautas, llegados ya a Ítaca en donde lo primero que hace es hablar con el porquero y verificar su identidad. Porque, lo mejor de todo es que nunca ha usado el lenguaje del poder *panóptico*, es decir, no utiliza su poesía para reconducir el comportamiento ciudadano, que vive a su manera, o conducirlo a un mundo clásico, pasado, y casi eliminado de la cultura que le dio vida a lo que hoy la posterga la posmodernidad, o la supramodernidad, o la transmodernidad. Me quedo con el criterio «me alejo de la política» porque hacemos literatura, o mejor, desbrozar el panorama para una más correcta comprensión de la vida (época) y obra del poeta cordobés. No olvidemos que hay una realidad nueva y hace falta una nueva forma de ver esa realidad. Hay que estar avisados, sobre todo los que fuimos educados en el humanismo. Bien es verdad que el panóptico tiene todas las condiciones para ser un no-lugar (Valencia/Marín, 2017).

Aun así, surge una nube ensombrecedora. Los que atentan desde la ideología desestabilizadora, dentro o fuera —Bolonia— en cualquiera de las naciones que fueron cuna del humanismo o le prestaron acogida y del que hicieron su bandera y tomaron sus señas de identidad la posmodernidad y el populismo materialista, lo hacen contra la tradición cultural clásica, como una forma como otra de eliminar una civilización sostenible por otra autodenominada progresista, sin serlo para todos, que iguala, cuando lo hace, por abajo, y ponen los pueblos a los pies de gente materializada pero en la cúpula del poder o a él conectado. Lo único que queda para evitar ese peligro es que la fuerza constitucional sea un contrapeso suficiente para permitir que esa corriente continua que es la tradición greco-latina continúe siendo un flujo constante en la vida espiritual del hombre occidental (Highet, 1996: 362, tomo II).

Lugar socioliterario

Se consideraba un axioma la afirmación de que la obra de arte era un reflejo de la realidad, pero parece ser que, según quién, la considera como un producto de las relaciones sociales. Pero tengo la intuición de que la obra de Carlos no es un reflejo de la situación social (política) sino una consecuencia de su educación, cultura, ideología y tradición occidental, lo que lo personaliza, así que no hay en él relación alguna entre la producción artística y la situación sociopolítica de manera explícita a ella dedicada. La forma de creación de Carlos no es particular, puesto que existen otros cultivadores de la helenidad de los que ya hemos dado noticia sin profundizar, por lo que se podría crear un campo literario con esa característica y extenderlo a todos sus cultivadores. Pero, también es prudente entender que el espacio social en el que se desarrolla el contenido de sus obras no tiene nada que ver con lo que sucede en el espacio social de la realidad. Se puede comprender que el poeta hace una transposición temporal y cuenta las cosas de ahora, ficcionales o no. Así que su obra poética solo muestra su propia estructura socio-estética. Hay, pues, un mundo, un campo literario del que apenas nadie se ha ocupado, que debe tratar del espacio intelectual en el que el poeta 'vive', que parece ajeno a la realidad, pero que es un modo de incorporarlo a su yo sin que este padezca. Si se profundiza en su helenidad, su clasicismo, se verá cómo, bajo un lenguaje alegremente docto, está traspasando la realidad social a la realidad ficcional, porque realiza una absorción que trueca el sentido aparente. Cuando se figura un argonauta, lo hace porque está en su viaje (iniciático) de afirmación (por jugar con el título del libro primero) y su referente navega hacia su cultura intelectual y en ella deja caer cuanto después serán pecios, pero que, en su momento, era (fue) la preocupación de quien se estaba abriendo a la vida y no hallaba persona cercana a quien decirle su interioridad, porque eso solo se dice "a quien conmigo va". Hasta que apareció el amor. Cada hombre poeta (mujer), cada poeta mujer (hombre) es su propio sentido de la vida creado a través de la labor educativa. Carlos sufre en su colegio religioso cordobés, disfruta en la universidad murciana. Hasta la aparición del amor, esas cosas se las contaba a él mismo, de ahí lo profundo de su intimidad, la magnitud de su silencio. Y casi todo esto sucede en él mismo, lugar literario. Y esa realidad socio-literaria es la que hay que conocer para comprender la *literariedad* del poeta Carlos Clementson.

Literatura del yo: escribir poesía, escribir un Diario

Solo por el tiempo durante el que me he molestado en profundizar en mi intuición, debo hacer verosímil y consistente mi valoración. Sea así o no, al menos debe ser considerada tanto por los lectores como por los teóricos de la crítica. Entiendo que la vida del hombre y de la mujer tiene una parte carnal y otra espiritual. Parece aceptado por los estudiosos que la vida humana del hombre y la mujer se cuenta o puede contar por cualquier componente de la raza humana básicamente a través de la narrativa, de la novela o del libro de memorias. Y mejor aún a través del Diario. Entiendo reflexivamente que el poeta lo que busca es explicarse la vida a través de su propia experiencia y la de los otros que conoce por medio de la lectura. El poeta plasma sus sensaciones, sus experiencias, sus sentimientos, sus emociones, cosas todas espirituales, a través de sus poemas que se componen de cuidadosas palabras libremente elegidas con la intención de crear belleza. Y eso es lo que se busca en la poesía y por eso tiene menos seguidores: es más trabajosa de leer, pero te sumerge en una atmósfera que te purifica, como si de un *pathos* se tratara que conduce a un *ethos* que concluye con la lectura del receptor. De este modo, se llega a sí mismo velado para el conocimiento del otro, se practica la literatura del yo, la autobiografía, la autoficción. Dejémoslo estar ahí. Pero, entiendo, que la poesía se puede escribir y leer como si fuera un *diario*, aunque, en lugar de hechos señeros de la vida diaria, como hablar con los amigos, ir al cine y otras acciones de la realidad humana, se anote un proceso interior de vida y comunicación. Desde Goethe, entendemos que el arte y la filosofía son fragmentos de una confesión y desde los hermanos Schlegel casi se evita la ficción al pretender hacer de vida y arte una sola cosa. Siguiendo a F. Schlegel, el absoluto literario considera al romanticismo como teoría dado que inaugura el proyecto teórico de la literatura (Lacone-Labarthe/Nancy: 2012). Es posible, casi acudiendo a un inciso, entender que «lo romántico de la decadencia» es el resultado de la inclusión del romanticismo en la literatura de Clementson como búsqueda de un absoluto a través de una poesía que manifiesta algo trascendente. Hay quien considera lo romántico como parte del pensamiento clásico. El romanticismo alemán indagó en el *absoluto literario* a través de la contemplación del mar como espejo infinito del artista (Caro, 2014: 257). La profesora ejemplariza con Maragall, y añade otro pensamiento que bien puede ser un aforismo: «los grandes ideólogos del movimiento romántico y su indagación en la teoría del genio poético para revitalizar el ingenio de su pueblo, del cual el Mare

Nostrum es símbolo sublime, y por tanto, ejemplo indispensable de las afinidades electivas». Como sucede en Carlos Clementson Cerezo.

Mas no todo es tan como se escribe, porque siempre es posible una *impostura*, que es lo que se denomina espacio autobiográfico (Catelli, 1991: 11). Se debe tratar de una impostura intelectual (Sokal & Bricmont, 1997), con la que se criticaba a filósofos y humanistas de falta de rigor en el empleo de conceptos científicos. Nora Catelli debe referirse con eso de la *impostura* a que el *autoautor* se salte las normas y la autobiografía no sea fiable. Si se engaña el autoautor, se engaña al lector: no se cumple el pacto. Pero eso es algo independiente del acto de escritura o de lectura, es algo que el crítico agudo, experimentado y con muchas lecturas puede captar. Claro que eso crea un problema: si se informa mal en un texto, por ignorancia, por falta de calidad interpretativa o por un exceso de autoestima, los que no posean espíritu crítico se tragan la información como verdadera, y los que se han dado cuenta de los fallos ampulosos propios de la soberbia presuntuosa de los autores no siempre están deseosos de mostrar los reparos, lo que indica que una falsa información pueda quedar como verdadera. Mas eso no solo pasa en la literatura del yo.

La autobiografía: los autobiografemas

La autobiografía consiste en traer el pasado del autor formal al presente del autor formal (formalidad, credibilidad, estudiosidad y nobleza) escrito por él mismo, cualidades más fácilmente sostenibles en la egoliteratura. La cuestión de la veracidad depende del honor del que escribe o de la pérdida de la memoria. Quizá sea más complejo entender que un texto poético es la reproducción de una experiencia sensorial, intelectual, emocional o de otro tipo, del autor, contada poéticamente por él mismo como experiencia que forma parte de su ser pues él la ha vivido, sea ficcional o no, y en este sentido lo que escribe el poeta es autobiográfico, es literatura del yo y el poema un egodocumento. Desde Goethe, Valèry y Proust toda literatura imaginable tiene sentido autobiográfico y esa es su verdad (Aizpún, 1997: 19-28). Parece que los teóricos están de acuerdo en el problema de la verosimilitud y cada uno de ellos lo soluciona añadiendo un matiz. Por ejemplo, compromiso contra ficción: «la verdad y lo real no tienen la misma naturaleza, por lo que los hechos biográficos, documentados o basados en hechos reales, siempre demandan la filiación de lo real. Así pues, queda para la ficción construir el espacio de la verdad o lo verosímil para construir así el universo de la realidad» (González Cruz, 2018: 68). «La autobiografía responde a una organización bien equilibrada en la que el interés depende de los cambios temporales en la vida de la persona y los sucesos planteados y desarrollados como verídicos» (Kohan, 2000: 125). Casi todos los argumentos en contra de la literatura diarística o memorial de la vida se ceban en la veracidad de los hechos que narran, que pueden ser desviados o manipulados. Sí, es verdad, pero eso sucede según lo que el novelista o narrador quiera manifestar, porque el poeta diluye, vela, oculta lo que no quiera especificar claramente por medio del lenguaje puesto a su disposición. Dejémoslo estar ahí. Porque «la correlación de una relación texto-vida ha reducido notablemente las posibilidades de *representación de un yo figurado de carácter personal*, que no tiene por qué coincidir con la autoficción, ni siquiera cuando se establece como personal, puesto que la figuración de un yo personal puede adoptar formas de representación distinta a la referencialidad biográfica o existencial, aunque adopte retóricamente algunos de los protocolos de esta» (Pozuelo Yvancos, 2012: 161).

Toda (casi toda) poesía, aunque el autor no se proponga hacerlo, viene a ser un *diario* que, o bien introduce elementos autobiográficos, o muestra su ideología, o permite una intromisión en su vida interior, incluso espiritual. Es más, podríamos obviar todo esto si para el diario o autobiografía, adoptamos el término *literaturas del recuerdo* (Vásquez, 2014: 79-105) o *autoficción biográfica* (Colonna, 2012: 94-95). Quizá haya que anatematizar las viejas teorías de hace un cuarto de siglo y aceptar las posteriores: o prescindir de ellas. En verdad, solo hace falta aceptar, según el grupo Jena, y como nos recuerda la profesora Caro Valverde (1999: 44), que *la literatura produce su propia teoría*. De ahí mi deducción de que hace lo mismo con su canon, que, dentro de ese más general propio de una cultura, admite las variaciones personales productoras de su estilo. En verdad, casi toda la literatura biográfica se esfuerza por mostrar una visión retrospectiva, porque cuanto puede decir, incluido el momento de vida que se vive, está relacionado con el pasado. Es decir, en cada uno de estos *egodocumentos*, se puede observar fácilmente unos elementos que se repiten y que Adela Kohan (2000: 73) llama *nudos obsesivos*. Jacob Presser (Amelang, 2005: 17) definió el egodocumento como un texto «en el que esconde o descubre deliberada o accidentalmente un ego». Para Rudolf Dekker, «es un texto en el que un autor(a) escribe sobre sus propios actos, pensamientos y sentimientos» (Amelang, 2005: 17). La aparición del pacto narrativo en los estudios autobiográficos causó un impacto tan interesante como para hacer avanzar los estudios en este sentido. Lejeune establece cuatro categorías suficientes (forma de lenguaje, tema, situación del autor y posición del narrador) que debe cumplir toda obra para ser valorada como autobiográfica. Después deja caer otra serie (memoria, biografía, novela personal, poema autobiográfico, diario íntimo, autorretrato o ensayo) que entra a formar parte de la literatura del yo porque cumplen el pacto con diferente proporción. No obstante hay otros factores que dominan: el texto debe ser una narración, visión retrospectiva y tema de la vida individual.

Hemos citado a los diferentes críticos que escriben sus textos teóricos que fueron vanguardia, de los que casi ansiamos salir porque parece una obligación seguir y seguir sus huellas y porque esa teoría se repite una y mil veces y, al final, solo se trata de cumplir un pacto. Sylvia Molloy teoriza en su trabajo en un nuevo sentido con una nueva categoría que llama *autobiografema* —la infancia, el primer viaje, personajes recurrentes de la familia, el exilio, el regreso y la escritura—, una noción que alude a unidades recurrentes que podrían transmitir, de manera suficientemente estable, un significado que da continuidad al discurso autobiográfico. Son los hechos que conforman un relato de vida: «Sylvia Molloy (2001) ha propuesto el término *autobiografema* para referirse a vivencias biográficas por medio de las cuales el memorialista ordena el recuerdo y, por ende, la vida. Si imaginamos, como ya había hecho Cicerón en su *De oratore*, la memoria como una casa, los *autobiografemas* serían las diferentes viviendas de esta mansión donde el memorialista repone, tras una atenta selección, sus experiencias pasadas en forma de recuerdos-objetos. Claro está que lo más bello, lo estéticamente funcional, se exhibirá sin ninguna reserva, con orgullo narcisista. Al contrario, lo menos deseado, lo más íntimo y celosamente personal, se mantendrá alejado de la mirada curiosa ajena. Si trasladamos esta idea a un texto autobiográfico, es posible ver cómo la identidad del personaje queda definida a partir de escenas vivenciales del autor-narrador que, como unidades básicas de la escritura del yo, rigen el discurso memorístico. Estas circunstancias de la vida personal se caracterizan por tener un detalle, un *punctum* barthesiano que captura la atención del lector porque punza y hiere con su singularidad puntiaguda (Barthes, 1980: 64-65). Se trata de rasgos biográficos que el escritor adorna de acuerdo con la imagen que quiere ofrecer de sí mismo» (Vigna, 2018). Así que, si analizamos de este modo el escrito de Carlos, los resultados serán los mismos pero de modo más original. Molloy avisa: «La autobiografía no depende de los sucesos, sino de la *articulación* de esos sucesos almacenados en la memoria y reproducidos mediante el recuerdo y su verbalización [...] El lenguaje es la única forma de que dispongo para "ver" mi existencia» (Molloy, 2001: 16).

Esta modalidad de escrito también ha sido cultivada, al menos teóricamente, por críticos no solo hispanos de los que se puede dar noticia:

1) Barthes, Roland (1971: 13), en el *Prefacio*, define el autobiografema como vestigios del yo del artista;
2) Barthes, Roland (1975: 114) muestra su deseo de una definición más apurada: evocación ficticia de un recuerdo o *anamnèse factice* o anamnesis ficticia;
3) Barthes, Roland (2007[11]: 70) lo redefine como detalle revelador que particulariza la imagen.
4) Caballé, Anna (1987: 115) describe los autobiografemas como «aquellas circunstancias de la vida propia que alcanza una significación relevante». Ella se refiere a los modelos parentales, rebeldía del memorialista frente al sistema escolar y su autodidactismo y el despertar de los impulsos sexuales.

Cualquiera de estos aspectos o modelos se utiliza en la construcción de la identidad de su personaje (Vigna, 2017: 29-44). Así que podemos deducir aplicando cualquiera de ellos que sí, parte del escrito de Carlos Clementson pertenece a la literatura del yo. En los poemas referidos a su escolaridad cordobesa en el colegio de frailes o en la universidad murciana en los que refiere el estado anímico en el que se encontraba, se están describiendo autobiografemas. Solo hay que leer con atención y se verán. Pero tampoco parece oportuno, a pesar de haber cometido autoplagio (Molina, 2023: 78), hacer un resumen de la teoría de cada uno de los críticos modernos que se ocupan de ella (Man, Culler, Lejeune, Bajtin, Kristeva) porque se van situando jalones a lo largo de la introducción que permiten un tipo de lectura standar del escrito de Clementson (Catelli, 1991: 10-14). Solo se trata de reforzar mi intuición de carácter autobiográfico de parte de la obra del poeta cordobés, precisamente a la de tradición grecolatina.

EL HUÉSPED DEL VERANO

Tan cerca lo teníamos
que no era necesario llamarlo por su nombre.

Dolores apartaba del hogar la cazuela
quemándose los dedos.
                                    Picaba la ensalada.

Con religiosa unción
vertía algunas gotas de aceite en los pimientos
asados. Los jureles
dejaban sobre el plato
brillar su plata verde.
Y entonces, cuando todos se hallaban bien dispuestos,
sin llamar a la puerta, con toda confianza,
el mar se entraba en casa
y se sentaba luego a almorzar con nosotros.

(CCC. *La olas y los años*, 2008: 53)

Evidentemente se trata de un poema autobiográfico, demostrable por la relación de datos y personas que acumula. El mar cercano es el de la Cola, el que tenía delante de su casa en Calabardina. Escribe en plural porque allí estaba la familia. Dolores cocinaba, y el huésped —el mar— entraba en la casa mansamente. En el 'teníamos' se incluye el poeta.

Nudos obsesivos

Los nudos obsesivos «se vinculan a un sentimiento poderoso que aparece en la evocación de un episodio doloroso, con la reminiscencia de un deseo inalcanzado» (Kohan, 2000: 73), la impotencia de no poder hacer que una cosa pasada fuese de forma distinta; vendría a resultar un no lugar. Doy en ampliar este concepto para referirme a los momentos de la vida que permanecen siempre en el recuerdo. Me he permitido hilvanar un esquema que posiblemente sea aclarativo, es modificable y puede ayudar a la comprensión de este hecho de escritura o desarrollo temático hallable dentro de ese nudo obsesivo:

A. Naturales o habituales
   A.1. Mar
   A.1.1. Mar de Calabardina
   A.2. Tierra
      A.2.1. Tierra de Lorca

A. 2.1.1. El Huerto de la Rueda

A.2.2. Tierra de Córdoba

    A.2.2.1. Medina Azahara

    A.2.2.2. Edificios y patios

    A.2.2.3. Lugares significativos

    A.2.2.4. Campiña de Córdoba (Villa de Río)

A.3. La ciudad

    A.3.1. Real (*laus civitatis*)

    A.3.2. Inventada (mundos posibles)

        A.3.2.1. La ciudad griega

    A.3.3. Ideal (*hortus clausus* o *conclusus*)

A.4. El hombre

    A.4.1. El hombre antiguo grecolatino

    A.4.2. El hombre del Barroco

    A.4.3. El hombre del Humanismo actual

    A.4.4. El hombre espiritual

    A.4.5. El hombre significativo (Góngora, Cántico)

B. Humanos o personales (biográficos)

B.1. Familia

    B.1.1. Abuelos (Alegría y Alejandro)

    B.1.2. Madre (Estrella Cerezo)

    B.1.3. Esposa (Maribel Domínguez)

    B.1.4. Familiares (Miguel Clementson Lope, Marisa Arderíus)

    B.1.5. Colegio cordobés y profesores

    B.1.6. Universidad de Murcia: profesores (Mariano Baquero) y compañeros (Díez de Revenga, Juan Guirao, César Oliva).

    B.1.7. Poetas: los citados a lo largo del texto (Francisco Benítez) y otros como Bernd Dietz, Luisa Castro, Eloy Sánchez Rosillo.

    B.1.8. Amigos: (Juan Roberto Gillman Mellado)

B.2. Recuerdos en general

    B.2.1. Normales (estancia en Le Mans)

    B.2.2. Elegíacos (por las ruinas, por los paisajes decadentes)

    B.2.3. Traumáticos

        B.2.2.1. Óbito de su madre

        B.2.2.2. Elegía por la muerte de amigos

        B.2.2.3. Elegía por el tiempo pasado

Obviamente, no seguiré este orden temático pero sí se tratarán dichos temas de una u otra manera, en uno u otro lugar, a veces en lugares diferentes. Sin querer, hemos determinado los temas propios de su poesía. Carlos tematiza esas obsesiones a las que dota, en su escritura, de una capacidad de asombro que cualquier acto natural resulta sorpresivo. Eso no evita que sea pudoroso y que sus confesiones sobre hechos tan dolorosos estén rodeadas del velo —distanciamiento— que proporcionan las palabras. Pero todo ello depende de su poder de evocación: «adentrarse en los recuerdos es hallar lo que se ha perdido y recrearlos, se trata de escribirlo para no volver a perderlos» (Kohan, 2000: 74). De aquí surge un peligro, cual es el de la idealización de los hechos no presenciados, por ejemplo, todo lo relacionado con su madre, a la que no conoció; así que todo lo que literariamente hable de ella es ficción porque Carlos poetiza lo que le han contado y su propio sentimiento de ausencia. Lo que escriban sobre ello no es una no verdad, sino la manifestación de un mundo verdadero imaginado y viviente en su interior. Son sentimientos y por ende unas veces más intensos, otras más débiles, hasta que forman parte de la cosas que están asumidas y no necesitan ser recordadas. Bien es verdad que los narrativos son los hechos que cautivan y atraen, mientras que en el poema, las palabras, el contenido, son los que transmiten los sentimientos y las emociones que dan sentido a los hechos evocados.

Estrella Cerezo: mito personal afectivo

Entre la realidad del hecho y la realidad del mito, recuerda Kathleen Raine (2015: 40), el acontecimiento real «puede ser la escenificación de un mito y tomar de este significado y fuerza sobrenaturales». El mito es la verdad del hecho, no el hecho la verdad del mito, pero ya se considera aceptable creer que los mitos son relatos de episodios reales de la historia humana. Un mito personal es una constelación de creencias, sentimientos, imágenes y reglas —que operan mayormente de manera inconsciente— que interpretan las sensaciones, construyen nuevas explicaciones y dirigen la conducta (Fondevila, 2019).

Para la comprensión de esta situación que puede marcar al niño y su posterior desarrollo psicológico, hemos de tener en cuenta que la familia de la posguerra era muy diferente a la actual, ni mejor ni peor: diferente. La autoridad paterna, o la de los abuelos, imponía en aquel tiempo disciplina, sometimiento a la situación y lealtad inquebrantable. No se verifica del escrito de Carlos que nadie quebrantara el *ordo familiaris* de ascendencia victoriana. Vengo a decir así porque parece apropiado que los abuelos se dedicaran a la crianza y educación del huérfano. Vengo a decir que, al fallecer la esposa, debía recaer la autoridad "moral" de la madre sobre otra figura femenina de la familia, como continuadora de su presencia en el hogar, dado que su padre renunció a contraer segundas nupcias. Así que quedó sometido a una disciplina que lo convirtió en pequeño adulto a la luz de la psicología. De ahí su grito de liberación en la época de su lectorado de español en Le Mans ante su descubrimiento de la vida y del amor. Si se recuerda, Carlos hace referencia a lo estricto de su aprendizaje en el colegio de religiosos.

El mito, al que me he referido o voy a hacerlo en diferentes apartados, en la ciencia primitiva, trata de hallar respuestas a las preguntas que sobre el universo se hace el hombre igualmente primitivo. Pero ahora también hay preguntas que necesitan respuesta y de ahí el mito moderno, cual es la explicación que busco de la orfandad de Carlos, catártica entonces sin duda, por la purificación del ánima mediante las emociones que provocó el hecho en sí y posterior literaturización. No hay eliminación de los recuerdos que dan la sensación de haber padecido en esa situación trágica, quizá por la sublimación de esos sufrimientos que no debían hacer daño a los recién nacidos (Verdrá Barbará, 2010).

Paradigma muerte por vida

Quizá sea yo quien esté dándole mayor trascendencia de la que posee a este primer contacto de Carlos con la vida. Siempre he tratado de saber si hubo sufrimiento en el proceso humano de aceptación del hecho en sí. Y, por eso, siempre he leído los poemas en los que aparece Estrella Cerezo con una atención inusitada, por si era capaz de aprender en su escrito la situación vivida.

Es lógico pensar que la familia «se construye a partir del discurso, barajando un conjunto de ficciones, de anécdotas, de "mitos familiares" —por seguir el lenguaje de los psicólogos—, de realidades y fantasías, de captación de reproducciones de una generación a otra» (Ponce, 2018: 29). Pero me costaría trabajo constatar la idea de que el pasado es una agresión, que vuelve en permanencia y que nos interpela en tanto que ciudadanos (Ponce, 2018: 26). Por otro lado, el individuo necesita conocer su pasado para afirmar su identidad y situarse en el espacio-tiempo, a través de un conjunto de representaciones que sirven como encrucijada de afirmación (Lieury, 1980). También es posible pensar que, cuando Carlos escribe en primera persona, transmuta la experiencia en una ficción apropiada por el *ego*. De este modo, se comunica la experiencia y su sentido. Se trata, entonces, de una experiencia de lenguaje que es la que nos va a dar el valor de la trasposición psicológica y su memoria en la vida ordinaria. Proceso:

1. Paradigma muerte por vida
   1.1. Parte oscura por desconocida
      1.1.1. Asimilación del acontecimiento
      1.1.2. Daño personal afectivo por la ausencia
   1.2. Lado luminoso
      1.2.1. Admisión del acontecimiento
      1.2.2. Convivencia con él
      1.2.3. Conversión en tema literario o experiencia de lenguaje: literaturización

La lectura de los poemas en los que posibilita la presencia de la madre obedece a un proceso de armonización que, a su vez, produce el estado feliz que se observa. La armonización se genera cuando el mundo del niño y el de la persona que lo cuida logran una correspondencia funcional. Desconozco si ese mundo en armonía que encuentra el niño desemboca por desajustes afectivos en distopías fácilmente reparables. Creo y entiendo que se echa en falta la presencia del progenitor que haya perecido, en este caso de la madre, y que se siente como que han conculcado nuestro derecho a tener padre y madre, bien que las explicaciones posteriores en las que se hace saber lo que se espera de él —una responsabilidad que, si bien es cierto que ayuda a madurar, responsabiliza antes de tiempo— restablece la armonización. Después, con el paso del tiempo que todo lo cura, se contextualizan los sentimientos y se convive con ella al interiorizar que él nada pudo hacer para evitar aquello (Bruner, 2004: 120-121).

HIJA DEL CIELO
(Solsticio de verano)

In memoriam Estrella Cerezo
(21-23 junio 1944)

Hoy me acuerdo de ti, tras tantos años
en que, excelsa y callada, me contemplas
desde el silencio eterno de los astros

con tu alegre sonrisa de postguerra,
truncada por tu último estertor generoso;
y te recuerdo, madre, con la luz que me diste,
hoy que empieza el verano y te quedaban solo,
solo unas horas ya para tu última
mirada sobre mí, que no recuerdo,
pero dentro la llevo como un hondo
pálpito de verdad, de amor y vida,
tú que te diste toda para siempre,
como el agave, que florece y muere,
mas su enhiesto verdor queda flotando
en la memoria de cualquier testigo,
coronando de luz todo el verano.

(Inédito)

Mitología personal

Mitología personal es «la construcción evolutiva de la realidad interior», aunque «todas las construcciones humanas de la realidad son mitologías» (Feinstein, 2012). Obviamente no nos referimos a Estrella Cerezo, sino a su hijo Carlos, porque su óbito para darle la vida puede ser un mito conflictivo que solo sirve para descubrir el mito personal opuesto que es el que crea el conflicto. Hay que examinarlos para comprobar la conexión de cada uno de ellos con el pasado porque los mitos de la niñez apenas son útiles para la vida adulta (Feinstein, 2012). Si nos damos cuenta, podemos considerarlos un *locus horribilis*. Eso no quiere decir que sea algo más que los resultados de una investigación, pero es algo que no nos compete, pues solo pretendo que sea un toque de atención nuestro para tener en cuenta cualquier argumento que pueda ser localizado en su poesía, que es de lo que nos ocupamos, pues ayuda a su conocimiento y comprensión significativa, incluso fuera de los lugares que hemos adoptado para ello. Desde la psicología, «los mitos representan el sustrato fundamental que dotan de sentido a la vida. De ellos se obtienen las fuentes de sabiduría, poder y la canalización de la libido (energía vital), así como trasladar el eje de poder desde el pequeño ego hacia algo más grande; el Sí-mismo. En la actualidad posmoderna, racional y científica nuestro mito ha sido destruido, redundando en un aumento de los trastornos psicológicos y una pérdida del sentido de la vida» (Peña Herrera, 2022).

Cuando se habla de la familia, se hace teniendo presente un prototipo burgués del pasado siglo. El padre es la figura central, ejerce el poder, mantiene la economía, manifiesta su autoridad. La madre genera y centraliza lo afectivo, es la sacrificada y se sacrifica, es tierna, la que cuida de los asuntos de la casa. Los hijos deben responder a sus esperanzas, ser inteligentes, progresar para la superación social de la familia. Esto es un imaginario que, sin embargo, nos influye, trascendiendo así la singularidad de cada individuo. El fallecimiento de uno o ambos progenitores rompe esa ideal línea recta, pero eso lleva un precio a pagar al que se queda en este mundo: la ausencia del ido. Es, pues, válido ocuparse de los posibles conflictos familiares, personales, socio-culturales, históricos, transgeneracionales, manifestados a través de la poesía, hechos públicos de ese modo. La organización de la vida interior e íntima genera mitos personales que, a su vez, intervienen en la producción de convicciones morales, indican la dirección correcta cuando llegue el tiempo de tomar decisiones ideológicas, incluidas las políticas o sociales de cualquier tipo y unificar y asumir los criterios personales. Los mitos personales organizan el sentido de la realidad (quién soy, a dónde voy, para qué voy) y el comportamiento, dando así sentido a la existencia de una persona en el mundo, en un mundo al que le falta sentido de la trascendencia, por no decir presencia de Dios, pues los mitos operan inconscientemente. La *poética de la intimidad* no es propia de la posmodernidad, pues es en la subjetividad el lugar en el que se manifiesta lo íntimo, entendiendo por íntimo lo que no se desea hacer público. La intimidad «constituye un lugar de exposición de la memoria», un modo de actualizar un texto escrito y publicado, porque a la poesía de Carlos me estoy refiriendo (Burguete, 2023: 223). Por todo ello, la intimidad debe ser considerada como *lugar de poiesis* (producción de significados): la aproximación que se realice debe de ser "sociosentimental", pues para la vida en común es necesario tener en cuenta los afectos, recuerdos, relaciones que posibilitan la convivencia. Todo esto —la subjetividad— se "produce" en un contexto social, cultural, político e ideológico, lo que puede provocar que solo se atienda a la mitología que domine la situación real. Así pues, todo esto ayuda al conocimiento del poeta y a las motivaciones temáticas de su obra y modo de reaccionar ante las situaciones problemáticas de la vida diaria: «Las personas reciben por lo tanto, influencias de su familia, de su ambiente social, del periodo en que viven, y los procesan, los filtran de modos también particulares e individuales. Como ya he dicho antes, cada persona tiene algo de común y algo únicamente suyo, su singularidad» (Ciornai, s/f). «Esto es facilitado por la actual noción de individualidad que, tal como concebimos hoy, es relativamente nueva en cuanto concepto en relación a otros tiempos de la historia» (Augusto, 1990).

HIJA DEL CIELO
(Réquiem para un 23 de julio del año 1944)

Eras la Estrella de la Mañana entre los vivos
antes de que tu hermosa luz huyera.
Ahora, muerta, eres como la Estrella de la Tarde,
y un esplendor nuevo le infundes a la muerte.

(Adaptación personal de la *Antología Griega*)

Tú no habitas la sombra,
ni eres en lo oscuro;
no eres ceniza y polvo,
ni estás en ese tétrico
ámbito en que ha ya tiempo
tapiaron tu sonrisa,
tu claridad radiante,
el fulgor de tu nombre
que encendía los brillos
lustrales y gozosos
de tu breve existencia,
que dio luz a mis días.

No eres ceniza y polvo,
ni allí habré de buscarte,
pues tú en lo excelso reinas;
allá en tu orbe fulguras,
en tu alta eternidad
de luz incorruptible,
y alimentando sigues
el fuego de mi vida,
alumbrando la página
en que voy escribiendo,
día a día, hasta siempre
mi diálogo contigo,
en que te voy nombrando
desde muy lejos, desde
esta vida, ese don,

este tesoro tuyo
que un día me entregaste,
sin que yo mereciera
la increíble riqueza
que me ofreció este mundo.

(Inédito)

Son bastantes las ocasiones en las que Carlos poetiza lo relacionado con la nostalgia de la madre ausente y habla con ella. Hemos intercalado algún que otro poema para conocimiento de los lectores. Tomamos la decisión de recuperar otro bello poema relacional que viene a mostrar su poder evocativo y la capacidad de retrotraer situaciones incluso dramáticas a un presente que, a poco, lo libera:

A Estrella Cerezo, luz sin tiempo en su cielo

Resuelta en polvo ya, mas siempre hermosa
Lope de Vega

Pues tú me diste todo lo que era tuyo: el viento
sonando en los olivos, su plata antigua y trémula
bajo la luna, el canto secreto de la tierra
que aún guarda tus pisadas y por tu boca tiembla
con un rumor de abejas desde esa humilde patria
que hoy tus despojos hacen más generosa y pura.

Pues tú me diste todo lo que tenías: tu risa
como una aurora blanca sobre la mar, el mismo
color de tus cabellos de caoba lentísima
fluyendo mansamente sobre los hombros jóvenes
hasta cubrir tu espalda;
tu pequeña alegría de gorrión que aún salta
caliente entre mis venas y por la sangre me habla
como murmura un árbol, o entre las piedras fulge
y canta y sueña el agua
bajo la potestad del sol en la mañana.

Pues me lo diste todo
hasta quedar desnuda de ti, en tu luz pura
y tu puro temblor de eternidad sin mancha,

sean para ti estos versos
que nacen de tu luz y en ella aprenden
su lustre original, oh madre mía,
memoria de la luz, resol dormido,
conciencia que aún fulgura y permanece
sobre la faz del tiempo,
así la luz del sol todavía queda
en brazos de la tarde
por encima del mar cuando traspone.

Todo refluye a ti, como la savia
del mundo vuelve, eterna, a estremecer las hojas
recientes y sonoras,
puestas de nuevo en pie sobre su rama.

Todo regresa a ti, como la fuente
se vence hacia la mar y en ella vierte
su linfa primordial desde las lóbregas
entrañas de la roca y su obstinada
cárcel de piedra oscura y silenciosa,
Estrella que en la luz vives y enciendes
tu inmortal claridad en sus cristales,
y en el viento suspiras, y en las noches
discurres por tus orbes celestiales,
y escuchas desde allí cómo te nombro,
y cantas por mi voz, y en ella sigues
tú pronunciando el mundo: interminable…

Todo se cumple en ti; todo regresa
a ti, como la savia
vuelve, eterna, a la flor y en ella aprende
su luciente esplendor, el vivo origen
de su ser y su aroma, año tras año,
reiterando el caudal de su armonía…

Tú me diste la luz, y en tu luz soy,
cantando desde ti como la espuma
canta y salta en los aires y en las olas
desde el centro del mar por quien responde.

Tú me diste la voz, e injusto fuera
olvidar tu memoria, eternamente
resuelta en polvo ya mas siempre hermosa,
que hable desde tu luz por mi garganta
que arde, desde tu ayer, desde mi boca.

(CCC. De *Los templos serenos*, 1994: 145-147)

En el poema que acabamos de leer, hemos pronunciado muchas veces la palabra luz. Es algo que va a suceder en otros muchos poemas, una vez será luz mediterránea, otra luz espiritual. López Martínez (2008: 72 y ss.) analiza la luz como arma. Carlos está en la luz y escoge o elige la luz de la marina de Cope con una serie de matices hermosos y cálidos. La luz es la encarnación de la inteligencia, gracia, elegancia, inspiración, amor; es comunicable, «los valores de creatividad, poder y palabra as adhieren a la luz especialmente cuando fluye como rayo» (López Martínez, 2007: 99). Si traigo esto a colación, se debe a los múltiples matices que son perceptibles en la obra de Clementson Cerezo y que solo voy a dejar indicados por cuestión de espacio. El lector debe leer con atención, para que nada se le escape.

A una cosa quiero añadir otra que viene a ser la misma. Ya hemos definido la poesía de Carlos como manifestación de unos buceos en su vida interior y evocaciones de su historia, de hechos que componen su biografía. La biografía de Carlos no es algo que escribe ininterrumpidamente. Me refiero a los hechos de vida, a la cronología de los hechos de vida. Él escribe y escribe su yo velado a través de la naturaleza, de las emociones, de las recreaciones de la Hélade, de la filosofía de un Maimónides, y, de pronto, una referencia a su propia vida, un destello de luz autobiográfico, porque ayuda a entender la vida exterior y la intimidad de un hombre al que vengo a comprender, a entender su comportamiento, su ética, su gusto por la belleza, e incluso el palabreo con el que un escritor crea, como un dios pequeño o un demiurgo, cuanto se puede hacer con ese signo que distingue al hombre de otras cosas del mundo también creadas por Dios. Pero si eso es así sucede porque Dios está ahí, con la duda o no del creyente, pero con su veracidad, como si fuese la escritura del yo.

Carlos posiciona la *emoción* provocada no solo por el mensaje textual sino por el lenguaje para ello utilizado porque, con el paso del tiempo, cambia y (con)forma y (re)forma, modifica, en definitiva, los recuerdos que acumula el poeta, genera esa emoción que, a través del poema, busca en un aparente narcisimo que nada tiene que ver con la exhibición del yo, una afirmación y una personalidad individual plenamente desarrollada. Carlos, hasta que no supo ordenar emociones y recuerdos, no de los hechos que no vio ni vivió en el momento mismo de su realidad, sino de lo contado sobre esos hechos que han permitido y modificado su conducta, no idealizando, sino sublimando la memoria de los sucesos ocurridos durante su nacimiento, no es capaz sino de conocer el significado de la ausencia materna y el modo de asumirla por medio de la poesía. Los sucesos tienden a caminar hacia el olvido y su recuerdo parece una simbiosis entre lo sucedido, el suceso en sí, y los relatos que en torno a él se construyen y que sirven para llenar un vacío cuando llegan las preguntas: ¿por qué yo no tengo madre? Bien es verdad que vamos almacenando sucesos en nuestra memoria de los que nosotros no hemos sido protagonistas, pero que, a final, se constituyen en nuestro memorial de vida.

EL JARDÍN DE LOS MIRLOS

La luz se ha vestido de verdor.
Gris es toda teoría, como supo
quien tanto teorizó, y eso parece
saberlo bien el árbol y estos mirlos
que saltan en el césped a la sombra
del olmo en que la luz se esponja en frondas
de sombras y fulgor. Revuelan, saltan
en torno de su tronco soberano
y esa copa solemne bajo el sol
que afirma eternidad con su presencia.

La grava del sendero cruje al peso
de tus pasos. Amigo es el silencio
de la tarde estival. Sí, gris es toda
teoría, en cambio verde
es el árbol dorado de la vida.
¿Lo saben esos mirlos? No hace falta:
la vida nos responde sí a sí misma.
Mejor, no se pregunta. Su latido
es todo cuanto es en el camino
que va desde la luz hasta la sombra,
que, de los mirlos, lleva hasta ti mismo.

(CCC. De *Donde nace el mar*, 2015: 9)

A pesar de que es algo muy complejo contar un escritor la muerte de la madre que él no presenció, hay autores que sí se han ocupado de este menester. Da la sensación de que el hijo se siente culpable, da la sensación de que el hijo olvidado es consciente de que su vida la viviría por el sacrificio, digámoslo así, de la madre. Sensación de culpabilidad. ¿Por qué? Aunque sea de modo natural, sin que el feto pueda tomar decisión alguna, una madre pierde la vida para dar a luz un niño que parece muerto. Su abuelo Alejandro es el único que cree que no se está siendo justo con él y el único que consigue que ese niño respire. Así que un literato, Carlos Clementson Cerezo, hijo, escribe de Estrella Cerezo, su madre, desde la nostalgia, quizá para hacer decir lo que de otro modo no diría, no precisamente para hacer literatura, sino para amar desde la literatura. Sin que eso impida los interrogantes que a lo largo de su vida han pasado por la cabeza del poeta. Culpables son las cosas de entonces, desde el tener que dar a luz en la casa hasta la (im)pericia de las parteras. Poco podría hacer aquella comadrona por salvar la vida a uno de los gemelos. Otra cosa es que los engranajes familiares fuesen más o menos normales, que serían buenos en familia acomodada. Apenas hay recuerdos para los abuelos, ni para el padre, Carlos Clementson Plaza, ni siquiera para la muerte. No hay "ajuste" familiar de cuentas. Ni siquiera menciona nunca al hermano que nació sin peligro para la madre. Claro que una muerte como la de la madre de Carlos, sin que sirva de consuelo, aun siendo común en la época no dejaba de ser "ley de vida", primero mueren los abuelos, después los padres y finalmente los hijos. Alterar eso provoca traumas dolorosos y a veces no solo inolvidables, sino generadores de depresiones y otros daños. Es decir, Carlos nació adulto y vivió en compañía de quienes lo sostuvieron, Alejandro y Alegría. El padre vive en/de sus recuerdos renunciando a nuevo matrimonio y realmente ocupado de sus hijos según comunicación oral de Carlos. Estrella Cerezo tenía, a su muerte, 27 años.

La lucidez de Bernd Dietz puntualiza lo que yo entiendo como pensamiento de Carlos. El ex-profesor de la UCO y poeta, concibe que la raíz de todo el mundo lírico y humano de Carlos tiene dos direcciones opuestas casi; una es la vida infantil que corretea por la playa de Calabardina, la de estudiante que «crece entre las huellas de sus ancestros ingleses y murcianos», y su vida cordobesa, «con la sima de ausencia que dejase abierta para siempre la muerte de su madre al transmitirle la vida en el parto», por lo que considera que es un ser «bifronte y compuesto» (Dietz, 2023: 15).

Pero las evocaciones de Carlos no están dentro, no pertenecen a la literatura del duelo: no lo afronta como *locus horribilis*. No hay en ellas sino equilibrio, luz, bondad, ese decirle a la madre lo que hubieran hecho juntos, de haber vivido. Nosotros notamos esas sensaciones y con ellas nos emocionamos a pesar de que sea nuestro dolor. Pero escuchamos lejanas las palabras evangélicas: *attendite el videte, si est dolor sicut dolor meus*. Quizá de aquí dependa la religiosidad de Carlos, religiosidad que me parece de todo menos afectiva. Devocional tampoco. Todo esto pertenece a su intimidad y a la del lector que capte la inmensa delicadeza con la que el poeta trata la figura de la madre. Carlos no recrea ni un duelo, ni una exhibición funeral. En cada evocación, el hijo recrea el panorama sin adornar mucho con lo que oyó del suceso. Así que, el poeta ha de vivir con la estela de una situación no normal, con ese eterno retorno de un recuerdo mantenido vivo hasta que un día le hizo un sepelio y lo enterró bajo una losa sobre la que no escribió ningún epitafio. Quizá lo hizo así cuando, tras tantos años, comprendió la imposibilidad de revertir la muerte de aquella madre que no conoció. Y aquí es donde se puede cargar las tintas y entonces aparecen los simbolismos, los diálogos, los deseo, las confidencias, mas todo eso desde la mesura emocionada.

EPITAFIO SIN FECHA PARA SER INSCRITO EN LA LÁPIDA DE ESTRELLA CEREZO
EL DÍA EN QUE DEFINITIVAMENTE ME DEJEN CON ELLA

> Vuelvo a ti, madre, tras de tantos años;
> vuelvo al hogar en que una vez estuve,
> te traigo todo cuanto soy y he sido
> gracias a ti, a tu alto sacrificio,
> y te devuelvo cuanto me diste un día.
> Quisiera más, todo cuanto he aprendido
> en estos años que no estuvimos juntos.
> Pero esto es todo cuanto entregarte puedo
> al fin y al cabo: un poco de ceniza,
> pero también todo el amor del mundo.

(CCC. De *Donde nace el mar*, 2015: 131).

Hemos podido comprobar situaciones dramáticas y/o placenteras obsesivas que sirven para contextualizar el *mito personal* del autor:

1. Situación obsesiva psicológica por el hecho en sí: Estrella Cerezo, a la que casi nunca llama madre
2. Situación obsesiva placentera (utopía):
   2.1. humana: Maribel Domínguez
   2.2. de la naturaleza
       2.2.1. Lorca
       2.2.2. Córdoba
   2.3. personal: su condición de escritor

Es algo insistente que se manifiesta al comienzo de la actividad creadora. No es una manifestación neurótica, sino una obsesión en el segundo plano del pensamiento que manifiesta procesos psíquicos profundos y proceden de la función imaginativa relacionada con la experiencia vivida por el poeta en este caso. Para Mauron, «el mito personal es a priori una categoría de la imaginación» (Clancier, 1976: 267): el método de Mauron «pretendía descubrir las relaciones de ideas involuntarias escondidas bajo las estructuras de un texto» (Gómez Redondo, 2008: 384). El yo social, en Carlos, queda en un plano inferior al yo creador porque ha permanecido liberado y conservado todas sus posibilidades creadoras. El yo social sufre determinado deterioro debido a las situaciones dramáticas obsesivas que persistieron hasta hace poco, posiblemente porque se trata en la interioridad de evitar las agitaciones afectivas profundas que solo dan lugar a sentimientos que se trata de evitar. Es casi imposible localizar aspectos agresivos en su obra literaria. Pero es nuestro particular criterio que el poeta debía haber aclarado esta situación, sobre la que volveremos, porque hubiera sido una ayuda para comprender lo que al final hemos de poseer a base de indagaciones, pues parece algo que el mismo poeta vela, oculta, para dejar los datos suficiente para que sigamos por ese camino.

No conozco, eso no quiere decir que no lo haya, estudio alguno sobre manifestaciones literarias que analicen casos como el de Carlos. Es una situación compleja la que genera. Nace un niño y el otro no puede nacer y si lo hace es a costa de la vida de la madre. El periodismo si trata, desde otro punto de vista distinto al mío, quizá por ser crítica feminista, la situación general de las esposas de los escritores, pero eso no quiere decir que se deje de comentar. Si esto lleva al poeta a perder sus imágenes mitológicas, puede desconectarse de su ser íntimo y sufrir ansiedad, desánimo y desarraigo.

Maribel Domínguez

Lorena G. Maldonado (2017), cuando escribe de *Mújeres sin éxito*, al referirse a las esposas, dice de ellas que son «casadas con el trabajo sucio de los escritores». Habla así porque muchas de ellas han estado en la cocina en la que se preparaba el escrito del marido, y hacían de secretarias, mecanógrafas, traductoras, choferesas y hasta de esposas. Y se queja la periodista de que solo se les recuerda a ellos. Ironiza la periodista y transcribe estas y otras sensaciones o situaciones innegables por medio de un poema la vida de la mujer de escritor. Recoge respetuosamente el más puñetero de los agudos comentarios: «No es fácil convivir con alguien que lleva una novela dentro». Como en el texto va en negrita quizá me haya deslumbrado, pero voy a copiar otra frase también cuya negrita es más negra aún: «Años enteros buscando la frase perfecta, redondeando el personaje preferido». No es necesario resaltar su acidez, pero es que ahora las cosas son así. Pues bien. Como solo he visto a Maribel, la esposa de Carlos, y estado con ella un par de veces y seguro que ni nos reconoceríamos, de vernos, solo puedo comentar la imagen que de ella prodiga Carlos en sus poemas, recordando aquella temporada de lectores de español en Le Mans. Entiendo que cada hombre y/o mujer casados en tiempos anteriores al feminismo podemita y radical, cada uno con su profesión, como en este caso, aunque ella no la ejerce y no sé si la ha ejercido, e incluso ahora y antes, cuando el republicanismo imperó, sin dudas tienen problemas en su matrimonio. Pero de eso no voy a ironizar. Entre otras cosas porque ni Carlos ni yo somos H. Hesse, Nabokov, Tolstoi o Dostoieski. Otros autores le dan las gracias públicamente a sus esposas silenciadas porque les han permitido ejercer su profesión y ser famosos. Peor le sucede a los que no han llegado a nada. Y más duro es aún que una misma esposa se llame a sí misma «sirvienta autogestionada». Sin duda, son situaciones injustas que deben ser modificadas socialmente mediante la educación y pactos de comportamiento en la vida familiar.

Desconozco la vida privada de Carlos y de su esposa, pero, si la conociera, tampoco hablaría de ella, porque pertenece a la intimidad de cada uno y hay que respetar en lugar de entrar en la esfera de lo personal, como si ello influyese en la obra literaria de un autor, como si eso determinase su estilo. En este caso, solo se puede hablar de la manifestación no muy abundante de los sentimientos del poeta reflejados en sus libros. Y, repito, solo entre en la manifestación literaria de una expresión amorosa en una publicación poética. Así que, como ya hemos visto y dicho, Maribel es también un nudo obsesivo en la temática del autor, cosa que se comprueba leyendo la dedicatoria de su traducción de Ronsard de 2017:

A María Isabel, amor de juventud, amor de senectud, desde Murcia, Le Mans o Córdoba, estas versiones literarias recogidas del huerto de Ronsard a lo largo de todos estos años.

UN AMOR, UNA HISTORIA
(Poemas para estar contigo)

Para Maribel, que escuchó estas palabras
y supo darles afirmación definitiva.

I

Entre nosotros solos
levantamos en el campo amarillo de mayo,
de amor en la frontera,
una hoguera de almendros y corazón ardiendo
para tu amor viajero,
mientras la tramontana clavaba, encarnizada,
cuchilladas de viento
en la indefensa cal de las paredes
y la noche en el fondo
enronquecía, alentando sus órganos marinos,
en la sonora crestería mineral de Creus.

Nunca tan cerca, acaso, tuvimos las estrellas,
recién lavadas en el viento salobre.

Al día siguiente sorprendíamos aún con sueño
las casas blancas de Colliure en el alba,
emergiendo en la gloria bautismal de la hora
tal un banco lejano de gaviotas de espuma
o una escuadra surgente de foques marineros
en el confín del Golfo.
La campana del Port
aventaba sobre el torso vegetal de La Selva
el verde acharolado, musical, de las viñas
con la plata litúrgica,
tremolante en la brisa
de los viejos olivos con nostalgia de proas.

Se hacía un bosque de aromas la alcoba en la mañana.
La casa toda, entonces, palpitaba de olores
a bosques y salinas,
a madera mojada en el rocío
–fragancia húmeda de flor y alga en la arena–
y el corazón de nuevo, volviendo a su costumbre
siempre antigua de mar, junto a la orilla
de la pleamar rendida de tu sueño,
recostaba en la almohada su húmeda cabellera
polvorienta de ayer y tierra adentro.

Ritmaba el mar de gozo los pulsos de la sangre
en un vaivén sin tregua de ternura y deseo.

De aquel amor tan nuestro
fue tan solo testigo
–memoria eterna y única–
la piafante belleza del mar entre los árboles.

(CCC. De Canto de la afirmación, 1974: 130-131)

VERSOS PARA FELICITAR UN NUEVO AÑO

A Maribel, de nuevo

Cuando a veces tú piensas que en la vida
todo es sombra y error, ardua costumbre
de una existencia gris,
                          si no lo sabes
pensándote estoy yo sin que lo adviertas,
haciéndote vivir dentro del sueño
de un más puro existir, mas real, vivísima,
construyéndote en mí, edificándote
con tan solo este amor año tras año,
ilesa en ese espacio que te envuelve
como un halo de sol entre la niebla,
del que despertaré solo en la muerte
o quizá más allá, cuando tal sueño
me lo lleve conmigo entre las sombras
soñándote como hoy, toda luz clara,
toda una eternidad, como tú eres.

(CCC. De Donde nace el mar, 2015: 12)

Para Maribel, después de tantos años

Por ser hermosa y vegetal metáfora
probablemente algún poeta indio u oriental
los dijera hace siglos. Son versos que, a la vez,
bondad y gracia encierran cual lo más natural
que hubiera en este mundo.
                    Yo pienso en ti y los digo,
y aquí te los escribo, pues que en ti ellos se cumplen,
se hacen acto y no solo música de palabras,
en medio de los días:
                    «Tu vida como el cedro,
que a cada golpe de hacha mayor perfume exhala».
Así vence al adverso destino quien lo ignora,
o mejor, quien lo anula con su verdad contraria.

El huerto de la Rueda

Es el momento oportuno de conocer la poesía de Clementson relacionada con el huerto de la Rueda, ya mostrada, el campo de Lorca y el mar de
Calabardina, para entender la nostalgia y el afecto del poeta por estas tierras,
presentes siempre en su obra. Mas antes es justo saber quién es el poeta, cómo
se siente el poeta hacia 1979, con alrededor de treinta y cinco años de edad.
Este poema justifica un par de mis asertos o apreciaciones para la lectura de la
poesía de Carlos: hay que hacer una lectura autobiográfica, no tanto de aspectos propios de la vida interior, cuanto de lo que dichos hechos generan en su
interioridad. Así se puede entender que, por estas fechas, la vida que vive es,
si no bohemia, sí nocherniega y apartada de la vida ordenada del buen burgués no sacudido por unos hechos biográficos que han debido azotarlo toda la
vida. Se entiende así que el poeta no se ha abierto jamás a seleccionar causas y
motivos de su yo y analizar qué sí o qué no es la parte que le toca pagar de ese
maremágnum trágico que ha, si no amargado, sí distorsionado el amplio paseo
que por esta vida hemos de dar los que en ella hemos vivido.

EL DESTERRADO DEL OCÉANO
(Retrato de poeta)

Languidecía en aquella levítica y hermosa
ciudad petrificada en el silencio
marmóreo de sus plazas, dormidas en la siesta
e insomnes a la helada pureza diamantina
de la luna en invierno –pálida centinela
de un tiempo no abolido–, antiguo caballero
de argéntea cabellera reposando en las piedras
bruñidas del alcázar su secular cansancio
–hastío de fechas, ritos, doliente arqueología–
su lúcida memoria.
Infiel ciudad decrépita,
varada en tierra adentro junto a un río de sueño
vetusto y oliváceo, tal el dios olvidado
de un culto ya extinguido que perdió su progenie.
Vieja ciudad en clausura de torres aljamiadas,
translúcidas al vuelo dorado de sus piedras
solares, coronadas de arcángeles viajeros
o alígeros penates mas quietos en el aire
perfumado del sur, indiferentes
a otro oficio o costumbre que apacentar las nubes
o transcurrir los siglos por sus ojos de piedra
o el ojo de los puentes –romanos alarifes
frente aljama famosa– camino del ocaso.

Común era su vida de profesor oscuro,
pálido y nocherniego, ajeno al espejismo
de prebendas y títulos, municipales cultos
o ritos burotrágicos, orgulloso y a un tiempo
cansado de sí mismo, de esa ínfima grandeza
de levantar palabras frente al silencio, en vano,
y soportar el triste, tan mal pagado oficio
del vivir con los otros y los propios fantasmas;
tan solo una modesta máscara de alegría
impuesta y cotidiana para andar por las calles.
(Nunca supo muy bien dónde andaban los tiros,
o bien no le importara averiguarlo acaso…)

Insomne centinela, en las más altas horas
de la ciudad entregada al culto de sus sueño
secular, primigenio, ajena a su belleza
ya inviolable en la noche-urna de cal, silencio
perfumado–, cómo entonces amaba
auscultar el latido soterraño de Córdoba
–ebúrneo camafeo, jalbegado jardín
bajo la luna quieta– su pálpito de historia.

(Poesía era una llama latente en el silencio,
un ascua entre las manos férvidas de la noche.
Santuario cerrado, clausura del misterio.)

Tan solo la belleza abríale una ancha herida,
llama de amor, o beso, dolorosa en el pecho
de su noche interior, nostalgias
de una perdida edad y grácil maravilla,
consoladora única
frente a la taciturna sordidez de los otros.

La noche era su asilo, y en su claustro materno
reencontraba los ecos, la cándida presencia
perdida en su alma, su identidad remota,
tremante y solitaria, como una campanada bajo el
mal repicando,
su prenatal latido, consciencia desvelada
de su yo más profundo batiendo los extensos
pulmones del planeta, los ámbitos precisos
de la ciudad silente y el rincón de la casa
y su nocturna cámara, fingido camarote
de ilusorio navío varado en el cemento,
guarnecido con toda su nostalgia de mar,
adolescentes mitos e invitación al viaje:
sepias cartas de navegar, cuadrantes,
aparejos, antiguas marinerías de infancia,
tendidos al azul y su afán de aventura,
fósiles caracolas con su mar diminuto,
disecado en el pálido oído de la añoranza,
falsas lámparas
con una rancia pátina a siglo diecinueve,

tramoya ultramarina –goletas, carabelas,
jabeques y fragatas– mentida atarazana,
simulacros minúsculos
de armadas invencibles, trafalgar al completo,
ay, litoral, perdida, mitología del sueño,
(tus líricos cuadernos, íntimos, de bitácora,
de pobre navegante sin rumbo y solitario,
náufrago en tierra adentro) frustrado adolescente
devorador de antiguos mitos jullesvernianos…
–corazón de aventura al viento fin de siglo–.
(Viejo Capitán Nemo, ingenuo anarco-oceánida,
que aún presides mi casa con tus barbas marinas
y tu viejo *Nautilus* con rumbo hacia al abismo.)

* * *

Languidecía en aquella levítica y hermosa
ciudad o mausoleo, anclada en dique seco
frente a mares caudales de olivos y trigales
rumorosos de espumas áureas bajo la luna,
geórgicas nostalgias quietas de agua salobre.
Común era su vida de profesor oscuro,
pálido y nocherniego… (*Fuir…! là bas fuir!*
Je sens que des oiseaux sont ivres
d'être parmi l'écume inconnue et les cieux!)[3]
            Así, día tras día,
olvidado y convicto, insolidario
con la espesa marea de los hombres
y el turbio compromiso de los días, servidumbre
atroz de la realidad, testificando iba,
al levantar su estéril oficio de palabras,
sus vanas singladuras –cuadernos de bitácora
de náufrago nocturno– alzando testimonio
de todas sus memorias de insomne navegante
solitario y sediento, varado en tierra adentro.

Sentía correr las horas —torrero isleño— mientras
su corazón nocturno creía aspirar, a veces,
las imposibles ráfagas, su emanación salobre
de aquella mar lejana y crecer en su pecho

---

3   Estos versos pertenecen al poema de Stephane Mallarmé *Brise marine.*

doméstico y urbano, tal un airón de espumas
al viento de la noche, la orgullosa y rampante
libertad solitaria de las aguas azules.

(CCC. De *De la tierra, del mar y otros caminos*, 1979: 66-70.)

Sin embargo, en tanto en cuanto ha podido, no ha perdido el contacto con Lorca y sus tierras, a pesar de que apenas le queda algún familiar o amigo, pues la muerte los va llevando por delante, y los que quedamos ya tenemos cierta edad. Sin embargo, el poeta siente la nostalgia por el pasado y su canto parece un elogio, tanto de la estancia en el Huerto de Rueda como en el regreso a la ciudad que le vio nacer.

ELEGÍA FLUVIAL DEL HUERTO DE LA RUEDA

A los muertos lejanos de mi casa,
y entre ellos a Joaquín Arderíus,
desde su otra orilla del mar y la palabra.

Hoy has vuelto al patricio solar de tu memoria,
mausoleo devastado, teatro del desastre,
familiar catafalco, cuenco de limos, sima,
tectónica oquedad de donde ya el vacío
desplazó las antiguas raíces de tu casa,
tu crónica de infancia, estival de jardines,
como a la mar los ríos, hoy ya tan solo arena
corriendo entre los dedos tal un sueño abolido.
Tu recuerdo ya es nada y tu progenie, huérfana
del techo familiar y el aire de sus gestos,
por tus ojos no tiene donde posar sus ojos.
Nunca más la nostalgia se bañara en sus aguas.
Tu identidad era esto: la vieja casa aquella
secular de retratos, cárdena por el tiempo,
dorada en tu memoria,
el ajimez nocturno, abierto a un cielo esbelto
de palmeras azules
que asumían la belleza marina de huertas de Levante,
y el surtidor flamígero del ruiseñor al alba,
anegando en su lluvia de pétalos o música
las garganta o el cáliz mojado de la aurora.

El silencio, tus libros,
la lámpara encendida en la alta madrugada
desvelada en el aire palpitante de mayo.

Guadalentín exangüe, en platería de sílabas,
enjuto entre baladres, musical de silencios,
ceñía su volcánica, mineral singladura
a los pies de la casa, bajo el balcón del río.

(CCC. De *Los argonautas y otros poemas*, 1975: 54-55. Fragmento)

MARISA ARDERÍUS TOCA EL PIANO EN EL HUERTO
DE LA RUEDA EL VERANO DEL 52

Del huerto nos llegaba el olor de los trigos
y el aroma caliente de los tres eucaliptus,
mecidos lentamente por la brisa de junio.

Aún no habían las cigarras inflamado la hora
polvorienta y desierta con sus élitros rojos,
y toda la mañana era blanca y dorada
bajo el caudal riente del sol tibio y su música.

La tuya era la música que instrumenta el verano
cuando es joven y alegre como un dios campesino
que concierta su flauta al rumor de las fuentes,
recostado a la sombra matinal de los álamos.

¡Y junio florecía al compás de tus dedos
que en el teclado abrían manantiales de espuma
como el agua manaba en la alberca del huerto
a la sombra azulada y frutal de las parras.

Y la casa colmábase de una luz muy ligera
mitad luz, mitad agua, como arroyo que canta
y quiebra sus cristales entre guijas y risas,
como un fresco hontanar que llenara las salas
de fulgor y de gozo, de frescura y caricia.
Todo era terso y claro con la luz allá fuera
sonando entre los árboles, cada vez más furiosa.

Han pasado cuarenta y dos años exactos
desde aquellas tan límpidas notas puras de entonces,
y ya no queda nada, ni el lugar ni la casa,
ni el piano ni el huerto, ni siquiera nosotros
que un día fuimos jóvenes…

                     Mas tú llegas de nuevo
con tu vestido claro, matinal con los pájaros,
sonriente y esbelta, sin edad, ¿dónde estabas?,
y al piano te sientas como ayer, y levantas
la oscura tapa, quitas el rojo paño y pulsas
levemente sus teclas, entornando los párpados:

tu perfil se recorta en la luz que entra a ráfagas
desde el balcón abierto, de la luz que se torna
transparencia melódica al compás de tus manos…
Es un día de verano y del huerto nos llega
el olor de los trigos y el aroma caliente
de los tres eucaliptus…

Mana el agua en la balsa como el tiempo sus horas…
Pero, en cambio, hoy el tiempo se ha olvidado de todo
y se aduerme como agua invisible y callada…
Ya es ayer. Somos jóvenes, como esa misma música
que fluye del teclado y revierte en la balsa.
¡Qué frescura de inicio! ¿Qué vas hoy a tocarnos?
¡Sí, el mundo está empezando…! ¡Qué rumor en los árboles!
¡Qué claridad más alta en las cimas del aire!

Aún se escucha tu música fundando la mañana.

         (CCC. De *Donde nace el mar*, 2015: 72-74)

Se entiende así, repito, que una de las características de la poesía de Carlos radica no tan solo en la nostalgia o melancolía que el paso de las cosas y del tiempo que las empuja, sino en ese sentido autobiográfico que aparece en sus escritos relacionados con las tierras de Lorca y el mar de Calabardina y con su propio yo. Es este escrito un poema confesional del que se puede hacer una lectura relacionada con la psicología. Pero no se vislumbra narcisismo en el poeta, solo confiesa su regresión, la manifiesta y se silencia. Bien es verdad que el niño permanece ensimismado en sí hasta que la presencia de la madre le haga entender que existe el mundo y comience a establecer relaciones objetuales (Paraíso, 1995: 31). Pero, el problema reside en que ese enlace relacional no existe para él y de ahí el desequilibrio, la nostalgia, el sentimiento de mutilación si se ahonda, aunque otros son los problemas cercanos relacionados con su situación anímica: la fijación y la regresión. La fijación, o la ligazón de la libido a personas o imágenes, en este caso la madre: «la fijación determina que el ser humano, más adelante en su vida, cuando se le presente alguna dificultad importante, retroceda hasta la etapa en que ha sucedido esa fijación». La regresión es «una vuelta atrás hasta los modos de expresión o comportamiento inferiores en la escala del desarrollo de la personalidad» (Paraíso, 1995: 32). Esa situación ajena a Carlos, pero que la sufre, puede explicar otras cosas: «También significa *la regresión* el repliegue narcisista sobre su yo, que sobreviene en el "narcisismo secundario" y que es condición previa e imprescindible para toda creatividad. [...]. Desvinculada de los "objetos" externos, la libido del escritor puede extraer de su interior los materiales para la creación de ese "nuevo mundo" que es la literatura» (Paraíso, 1995: 32-33.)

PERMANENCIA DEL CANTO

Cada jardín nos cierra su entrada.
Eugénio de Andrade

A Juan Roberto Gillman,
siempre fiel a sus raíces lorquinas.

Nos cerraron su entrada los jardines.
Lo había dicho un poeta, pero nunca
creí que nunca ya
volvería a abrir de nuevo aquella antigua verja
del Huerto de la Rueda, que hoy ni siquiera existe:
ya tan solo las dos altas palmeras
que el agua no arrastró quedan tan solo:
ellas dos, las estrellas y la noche,
y el viento por el cauce aquel del río
sonando y resonando en los sesenta
sobre el caudal ya seco de mis años
donde, espectral, aún sigue gorjeando,
indómito y radiante, aquel alado
espíritu en arrobo del ruiseñor de entonces,

en su abolido edén, que, tenue, ensaya
su canto en esta noche
en estos pocos versos que nacen a su sombra
tantos años después, sobre el olvido.

(Inédito)

Denise Levertov entiende que casi es rechazable la biografía que explora cuanto de dudoso o escandaloso o de sensacional hay en el poeta. Y concreta: «Los escritores de lo que se ha llamado poeta "confesional" —poesía que con voluntariedad hace públicas, […] experiencias y percepciones que en otro tiempo se consideraban privadas— no son los únicos poetas cuyas vidas son investigadas de esa manera, pero los poemas confesionales parecen alentar tácitamente la pauta» (Levertov, 2017: 153.) Continúa su exposición y resuelve que hay que abstenerse de hacer análisis psicológicos gratuitos, porque la obra es lo único que de ser objeto de la atención de los investigadores. Solo hay que indagar si los datos resultantes son relevantes para los poemas como obras de arte (Levertov, 2017: 155). Es el criterio que adopto.

En la literatura comparada, en la relación literatura – obra de arte, se abre un *espacio interartístico* que posibilita una serie de reflexiones teóricas sobre todo si tenemos en cuenta las zonas comunes de ambas debido a la interacción de la primera, la literatura, con otros lenguajes artísticos (Cabo/Rábade, 2006: 377-378). Esto nos conduce al *paradigma retórico* dentro del que se sitúan los estudios que «prestan atención al fundamento ilocutivo de la imagen» (Cabo/Rábade, 2006: 386), situados los autores en la pragmática literaria, ocupándose de la *elocutio* y dejando a un lado la *inventio*, *memoria* y *actio*, según propugnaba Genette (Figuras III). Todo esto podría ser útil para el análisis, por ejemplo, de *Non omnis moriar*. Como se puede comprobar, cada paso que se da más complejidad se produce en la crítica, más conocimiento se exige, menos dúctil es el proceso comunicativo. Por ello, se deberían elegir metodologías que evitaran dificultades de comprensión porque algunos de los métodos de la crítica «obedecen a dictados que poco tienen que ver con el fenómeno de la creación literaria, ya sean de orden político, ya sociológico, ya moral, sobre todo las últimas ligadas más al discurso textual que al soporte de la textualidad» (Gómez Redondo, 2008: 28), por lo que es conveniente elegir teorías críticas que analicen la obra o el lenguaje que la sostiene. Dicho de otro modo: ha de haber una adecuación autor ↔ receptor y que la obra sirva al público para el que se ha escrito, no ofertar obras a quienes están en otro nivel de conocimientos, no de comprensión. Porque el drama surge cuando aparece el lenguaje profesional, que eso bien queda para el que lo maneja diariamente por su necesidad intelectual.

Lugar de los recursos significativos: encabalgamientos

Aprovechando nuestro desvío del negocio principal para orientar la lectura del poema anterior, también me puede servir para manifestar una característica de la poesía de Carlos: el uso del encabalgamiento, que lo prodiga, que viene a formar parte de la pausa versal. La ruptura de la regularidad y del ritmo prosódico y conceptual de la forma y del contenido es lo que comúnmente se viene denominando encabalgamiento (Flores, 1988: 23-42). Un silencio dentro de mí mismo es una pausa. El poeta está siempre hablando consigo mismo traduciendo su experiencia a palabras. Así que el encabalgamiento es una figura retórica sintáctica porque no acepta que la unidad métrica sea la unidad sintáctica. Mas esa pausa final, solo se materializa si lo indica el poeta para sorprender al lector. Señala una intención expresiva del poeta que sirve para indicar al lector cómo deben leerse esos versos. Y finalmente sirve para crear emoción a través del uso de la asíndeton (omisión de nexos), la anáfora (repetición de una o varias palabras) o anadiplosis (repetir varias veces la misma palabra). Es, pues, un fenómeno métrico, pero también lo es sirrémico (sirremático según Quilis, 1978: 74), pues separa nombre más adjetivo o verbo más adverbios, cuando no debe de hacerse.

La Jábega[4]

«Mira esos hombres, encorvados sobre su propio esfuerzo,
arrastrando, como bueyes, las jarcias sin esperanza alguna»
Tomás Arderíus

Ya no os olvido, no. No os podría olvidar nunca,
desposeídas sombras de mi estival infancia
litoral al asombro del mar y sus trabajos,
que aún cruzáis por mis ojos antiguos con bovina
andadura, roturando ese extenso horizonte

---

4   Tomás de Aquino Arderíus Sánchez-Fortún, tío abuelo de Carlos Clementson Cerezo, autor de una obra de teatro llamada *La Jábega*, en 1925.

salobreño de arena, los surcos del arrastre.
Tanta belleza, oh mar, no podrá absolver nunca
a estos curtidos héroes, desheredados parias,
de esa irredenta culpa gravitando sus hombros
de arbitraria sentencia,
ciegamente pugnando su terquedad de ola
sucesiva y sin tregua contra la vida en peso,
su secular cansancio de sudor y de brea,
la urdimbre de las jarcias escoriando las manos
y ese oscuro sentido de impotente esperanza
frente a ese ancho y ajeno patrimonio de nadie.

Mi mar me reprochara no alzaros en mi canto,
dejarte, ¡ay mar!, tan solo sin la voz de los tuyos,
afincados de siglos a tu cambiante historia,
clamando sin remedio por su sino de siempre,
–litoralmente ausente–, olímpico y ajeno
al tácito decoro de sus ojos anónimos,
a esa hermosa manera de ir bautizando el mundo
en un temblor de espuma con un sudor de manos.

(CCC. De Los argonautas y otros poemas, 1975: 44).

La poesía de Carlos es un sencillo viaje a esa Ítaca de la que siempre se regresa. En esta poesía primera, a la que también vuelve de cuando en cuando, o sea, cuando la nostalgia se adueña de él, encuentro yo al mejor Carlos de este entorno que, rodeado de agua marina y salobre del mar de Calabardina —un nuevo Ponto en el que recrea la Hélade— sirve como refugio a esa edad en la que no solo bastaba soñar y ser poeta. La sierra cordobesa y el campo de Lorca nos llevan a los montes de Ileón, a los extensos territorios en los que tiene lugar la égloga y la oda y la elegía y los cantos amebeos, ese territorio recreado de tierra y mar que simbolizan la Hélade y el Latio, la Ausonia, que constituyen una base atractiva de poesía honda, regalada, amplia, de verso largo, de plenitud de pensamiento, de sentido y sentimiento. Son unos terrenos, unos espacios, unos territorios, por los que el viaje iniciático del poeta es sumamente lánguido, como de quien conoce el agro lorquino y cordobés y el mar de Calabardina, y aquella casa de todos los veranos por los que navegaba la palabra poética como una nao que llevaba el mensaje a la otra orilla que fue el asombro del mundo. A poco, advierte el poeta que ese fervor juvenil y clásico se muta en ceniza con el paso leve, lento, relajado, del tiempo, que nos hace vejez, deterioro, ceniza, muerte. El poeta lo explica con otras palabras quizá, lo son, más herméticas: «Hay en estos versos —himno y elegía, fervor y ceniza— un inicial deslumbramiento, recordado luego desde la sombra, una antigua y confiada plenitud de vivir en el seno de una Naturaleza solidaria, evocada desde una realidad cotidiana, hostil a veces y poco oxigenante. Desde el desarraigo de esa misma Naturaleza. Una decepción, un desacuerdo y una resistencia. Un entusiasmo y un fervor destronados por la constatación casi diaria de una experiencia, íntima y colectiva, poco gratificante. Un pesimismo vitalista o una melancolía entusiasta, como gestéis. De ahí la entonación hímnica y jubilar, y a la vez elegíaca y patética, de muchos de estos versos» (Clementson, 1982: 9).

Llama, además, la atención el uso de los pronombres enclíticos, hoy en desuso, quizá como homenaje a los escritores renacentistas y barrocos, o simplemente por snobismo o una característica de su escrito.

Lugar antropológico

El lugar cultural que ocupa Carlos tanto en Córdoba como en Lorca en menor grado, representado por las obras publicadas en dichas ciudades o por los nudos obsesivos literarios que tienen como tema dichas ciudades, es un hecho que mejora la imagen cultural —imagotipo— de ambas urbes, al mismo tiempo es una afirmación de igual rango para los que se han ocupado de las dichas publicaciones y sus reseñas. Es una inversión que aumenta el campo cultural de la ciudad. Esto sucede en un lugar antropológico que se sustenta en los siguientes puntos: Tierra = sociedad = nación = cultura = religión (Augé, 2017: 49). Un lugar antropológico es «la construcción concreta y simbólica del espacio que no podría por sí sola dar cuentas de las vicisitudes y de las contradicciones de la vida social, pero a la que se refieren todos aquellos que a quienes ella les asigna un lugar, por modesto o humilde que sea» (Augé, 2017: 57-58).

Se esté de acuerdo o no con sus presupuestos, son conceptos que ocupan un lugar en la concepción social de convivencia que se ha impuesto por la razón de un multiculturalismo y una globalización no por todos aceptados. La sociología y la antropología cultural utilizan el concepto no-lugar para definir o delimitar espacios urbanos que son en sí impersonales, que normalmente comunican con otros lugares que no son relevantes en cuanto al establecimiento de relaciones personales. Por esos lugares, que no implican permanencia, nos movemos de manera obligada, son lugares de paso, lugares en los que no podemos socializarnos. Surgen estos espacios tras la crisis del humanismo y más aún la cultura de las luces ilustradas en una época que Augé denomina *sobremodernidad* (tiempo en el que abundan los acontecimientos que no siempre son significativos) y que no debemos confundir con la *posmodernidad* de Lyotard (lo que sucede en tiempos de creencias débiles). Según Alcoberro (s/f), «es la era de la superabundancia que conduce a la vacuidad. Se vive en medio de aceleración (tecnológica, social, informacional) que conduce a la uniformización del mundo, pero también es un tiempo de vacío de ideas; de "estar" y "pasar", pero sin ser ni permanecer». Pero hay que aclarar que un no-lugar es todo lo contrario de un lugar antropológico porque este último representa a un grupo más o menos abundante de lugares solemnes en los que la comunidad se manifiesta, expresa, expone, conmemora, intercambia y se representa. Las cosas que en él suceden son significativas. En los no-lugares, o no sucede nada u ocurren cosas que pueden ser desgracias. En las iglesias, teatros, foros, plaza singulares —lugares significativos o antropológicos— suceden cosas porque son lugares de memoria y sus sucesos son históricos y culturales. Esta exposición, solo tiene por objeto el plan que se acaba de definir: aclarar esta terminología para que, mediante su correcto uso, se ponga al día el contexto socio-cultural en que está situado el poeta cordobés.

La producción literaria del poeta de Córdoba se puede considerar lugar antropológico en el que se desarrollan hechos culturales de índole intelectual, como escribir poesía, componer ensayos literarios, traducir a otras lenguas, participar de la cultura de otros países o lugares (Moll, 2020: 348). Pero también define el lugar ideológico en el que se sitúa el poeta. Todos esos hechos de carácter social son suficientes para que Carlos tenga su biografía y se trate, como estamos haciendo, de poner al día la imagen que transmite. Para todo ello, vamos a utilizar lo que se conoce como *imagología*, una forma de acercamiento a la alteridad. En este caso, su labor de creación afecta al escritor y a su campo cultural, pero su labor de traducción ayuda a la formación de un imaginario que tiene por objeto países y culturas extranjeras, cercanas o no a nuestra sensibilidad intelectual.

Con connotaciones ideológicas de carácter liberal inglés, estos hechos se llevan a cabo en Córdoba y tienen en ocasiones a la ciudad de Lorca como tema de su escrito que es el resultado de sus vivencias de hechos del pasado merced a su memoria de aquellos lugares. Esos hechos se producen en un territorio (lugar en el que ocurren manifestaciones sociales que generan aportaciones culturales). Pero también puede ser considerado como lugar en el que se manifiesta la acción sociocultural. Es decir, considerar la ciudad como espacio antropológico, pero eso solo tiene sentido para el que vive en ella. «La idea de un espacio antropológico presupone la tesis de que el hombre solo existe en el contexto de otras entidades no antropológicas, la tesis según la cual el hombre no es un absoluto, no está aislado del mundo, sino que está "rodeado", envuelto, por otras realidades no antropológicas (plantas, animales, piedras, astros)» (Bueno, s/f). «Espacio antropológico es el lugar, el territorio —diríamos, y no metafóricamente—, en el que está incluido el material antropológico, es decir, es el campo en el que se sitúan los materiales antropológicos. La Literatura es una parte esencial de ese material antropológico. Tradicionalmente se ha interpretado este espacio como un escenario que hay que entender desde la Naturaleza, desde Dios o desde el Hombre mismo. Sin embargo, el espacio antropológico no es un lugar metafísico, hipostasiado, monista, sino un lugar físico, terrenal, material. No es posible entender al ser humano solo desde la Naturaleza, o solo desde Dios, ni tampoco desde el hombre mismo de forma exclusiva y excluyente» (Zamora Muñoz, 2018). El espacio antropológico es un conjunto de realidades que envuelven al Hombre y que no son necesariamente humanas (los animales, la naturaleza inerte…), y sin embargo gracias a ellas precisamente el material antropológico puede organizarse e interpretarse.

Proyectar vida y obra de Carlos Clementson Cerezo es manifestar una imagen —imagotipo— positiva de ambas ciudades. Mientras estoy haciendo esto, proyecto un imagotipo ideológico, dado que Córdoba y Lorca, que ya poseen un valor o capital simbólico (Bourdieu, 2011[5]: 214 y ss.), se convierte en un atractivo más debido al prestigio del poeta. Dichas imágenes se autoafirman gracias a su obra literaria. Mi contribución solo radica en el deseo de que se generalice la lectura de su obra y se propongan interpretaciones veraces de cuanto mensaje se pueda extraer e interpretar de la misma.

Mas, al hablar o escribir de la ciudad de uno mismo, poeta en su tierra, y exponer esos retablos literarios, escultóricos o arquitectónicos, es lógico se goce del paisaje urbano histórico, no solo como visión de la ciudad, sino como interpretación tanto del paisaje como del territorio: el paisaje pone en valor el entorno socio-cultural. A través de la interpretación literaria de la ciudad, tanto se percibe como se comprende más íntimamente. Este acto nos lleva a una antropología cultural. La exposición de cuanto el poeta ve, mira, interioriza e interpreta conduce al ciudadano, mediante la lectura de dicha interpretación a un conocimiento, respeto y cierta atracción que hace comprender mejor nuestra forma actual de vida porque ese paisaje urbano es un legado histórico (Jordán et alii, 2020: 87-110). Esto da pie a hablar de la función social del poeta. La interdisciplinariedad —conexión intergenérica— permite la relación entre la ciencia social y la literatura, como se muestra en lo que se conoce como antropología literaria, «un lenguaje nuevo en las ciencias humanas, capaz de desarrollar unas ciencias expresivas». Eso es lo que ayuda a hacer Clementson Cerezo, lo que le hace cultivar la *ecocrítica*, que se define como la conexión de la literatura, la teoría literaria y la crítica con la naturaleza, el medio ambiente con lugares, territorios, geografías (Cárcamo, 2007: 7-23). Así que el poeta piensa en la poesía «como enfocada a relevar el valor emancipatorio, crítico por eso mismo de sus significaciones en su trato con la subjetividad» (Mansilla, 2021: 97-113), entendiéndola como la interpretación que el poeta hace de su ciudad y su significado y lo transmite a su grupo social a través de sus poemas, de sus libros. Y es que el poeta incorpora a su escrito sentimientos y emociones mientras expone su criterio sobre objetos, personas, su paisaje, su ciudad, su comportamiento cívico. y, por supuesto, su satisfacción intelectual.

En Córdoba, se puede hacer una lectura del paisaje como sistema que proviene de la interpretación de una naturaleza ya consolidada y conservada, que permite una lectura correcta del paisaje urbano, recogido por Carlos en su obra, en sus retablos urbano y literario, «producto de una sucesión histórica territorial en el mismo lugar» (de las Rivas, 2013: 79-93), que se significa porque manifiesta la riqueza de esta cultura, que le hace al visitante verse como parte de ese paisaje sin sentirse extraño, paisaje que puede ser comprendido a través de la experiencia.

Imagología

Interesa la introducción de nuevas modalidades de análisis diferentes a los que estamos acostumbrados porque, enriquecen la interpretación de los textos. Son nuevos caminos aprovechables. De las varias razones que podríamos aducir, solo vamos a tener en cuenta dos de las que aporta Bautista Naranjo (2021: 2): por lo aplicable a los estudios de recepción de obras literarias y para la traducción, porque conlleva el contraste entre dos culturas vehiculadas a través de la transducción lingüística. Es obvio porque cualquier novedad que pueda significar algo en el campo cultural poético queda indicado porque puede ayudar sin duda al conocimiento, comprensión y 'degustación' de la poesía de Carlos, no porque, como sucede en este caso, la imagología me sea personalmente preferida, sino porque son medios posmodernos que interfieren con otras artes o disciplinas —géneros—, como la antropología literaria que hay que utilizar con los fines que ya he referido. Se pone en parangón a través de la semiología la obra literaria y la obra artística. Esas imágenes «son el resultado de un diálogo interno surgido de la tendencia contemplativa que contrasta la cultura base implícita en la mente individual del observador, con la cultura destino calificada y contenida en lo observado» (Bautista, 2021: 2-3). Los datos que se derivan de este contraste sirven para el conocimiento de la persona como ayuda al diagnóstico de traumas a partir de descifrar las imágenes oníricas. Es más, la imagología ayuda a identificar la función simbólica de lo social. Las imágenes poetizadas se ubican en el terreno de lo simbólico, y, sobre todo, de lo mítico, de ahí mi insistencia en ello, quedando la interpretación de manos del lector.

LUGAR SACRO
(Templum – Aljama – Catedral)

Nave de piedra ante la orilla anclada
del río temporal de nuestra vida,
piedra de fe diversa, acrisolada
siglo tras siglo hasta quedar fundida.

Venid aquí los que con fe angustiada
queráis soldar los bordes de la herida.
La deidad que aquí tiene su morada
nunca por otra ajena fue vencida.

Antes que el Verbo en hombre se encarnara
o el Profeta las suras escribiera,
bajo esta nave el alma aquí ya orara.

Aproxímate, oh sombra pasajera,
a este oasis que eterna fe plantara,
donde un único Dios vive y espera.

(CCC. En *Mezquita de Oriente*, 1999: 34)

Como un aporte más a la crítica procedente de la literatura comparada, la *imagología* trata simplemente del análisis cultural del texto literario cuyo objeto es la imagen proyectada sobre el Otro (Pageaux, 2018). Colabora en la lectura hermenéutica de textos que surgen de las relaciones entre culturas en las que se construye la imagen del otro y su mundo. Su objeto es la reconstrucción de un imaginario social a partir de las imágenes que un texto literario encierra (Pérez Gras, 2016). Es decir, en este caso, los textos que sobre Córdoba ha escrito Carlos y su imagen personal (Maingueneau, 2015: 17-30) como poeta y profesor, tienen un valor positivo ante la opinión pública, lo que deriva en una valoración de la ciudad por sus elementos artístico-culturales, que repercute en la estrategia de mercado que buscan las empresas, los negocios, la misma

Administración. La imagen literaria aumenta el valor de la imagen pública y la del mismo poeta, pues ayuda al desarrollo de la imagen de la ciudad a través de sus libros publicados y otros artículos. Evidentemente, «el autor difunde de forma explícita —esto es, mediante su *formalización*— unas ideas literarias que aspira a que expliquen el pasado, influyen en el presente y en el futuro de la labor creativa literaria. Parece también fácilmente comprobable que el lugar de nacimiento de un buen escritor queda elevado en la consideración de los que valoran la cultura, tanto como escritores del pasado como los del presente, a pesar de que no siempre destacan los escritores por hacer una buena obra, si así no lo consideran los receptores: un escritor popular puede generar más «popularidad» que un escritor con una temática más culta. Badía Fumaz (2018: 507-628) entiende que son «las poética explícitas el género que vemos como el más adecuado precisamente para valorar la imagen del autor al ser puramente autorreflexiva dentro del ámbito de lo literario. Frente a la autobiografía o la correspondencia, *la poética explícita* reflexiona sobre el autor como creador, no como hombre en general» (Badía, 2018: 49 y 53). Obviamente es una manifestación de la literatura del yo. *Poética explícita* es un texto de tipo ensayístico escrito por un autor literario sobre tema literario (Badía, 2020). El carácter de la antología es suficiente para entender y conocer la poética explícita y su evolución, pues, además, pondrá en contacto la poética del autor con la general de la época (Badía, 2019). Gonzalo Lizardo (2012) nos explica que para Todorov «el objeto de la poética no es la misma obra sino el discurso literario». Matizaciones de los teóricos.

Encomium civitatis

Ya había un antecedente, pues, en el siglo xi, Ibn Zaydun cantó en verso la ciudad califal. Wallada hizo lo mismo con las noches de amor en Medina al-Zahra. Lloraron la destrucción de Córdoba Su maysir e Ibn Hazm que contempla la ciudad como refugio de lobos. «Hay que decir que donde mejor ha sobrevivido la ciudad perdida no es en la piedra, sino en la poesía» (López-Baralt, 2020: 29-30).

Se observará en su momento que Carlos escribe libros en los que exalta a las ciudades, a los hombres de esas ciudades, Córdoba casi en exclusiva, y a los edificios y/o ruinas de esas ciudades, mientras coloca en su retablo a los escritores que laboraron por sus ciudades con su escrito. En cierto modo, cuida del genio.

Desde el romanticismo, se procede al análisis del genio, una de cuyas características es la singularidad, o la individualidad, que enorgullece a Carlos. Pues una galería de genios aparece en su *Non omnis moriar*, pintura que parece inspirada en la escuela de Atenas de Rafael, que él versifica. Pero es un caso cercano, pues hallamos diversos retablos que tienen por objetivo una galería de todos los genios a que se dedican pintores de la Ilustración y posteriores. Así podemos enumerar a: 1) Pierre Paul Prud'hon (1758-1823) y *La estancia de la Inmortalidad* (1808); 2) Jean Auguiste-Dominique Ingres (1780-1867) y *La apoteosis de Homero*, de 1827; 3) Charles Meynier (1863/1868-1832) y *El triunfo de la pintura francesa* o *La apoteosis de Poussin, Le Sueur y Le Brun*, de 1820; 4) Pierre Delaroche (1797-1856) y *Artistas de todo los tiempos*, de 1836-1841; 5) F. Overbeck (1789-1840) y *El triunfo de la religión en las artes* (1831-1840).

Un hombre permanece en la memoria porque «es capaz de excitar el pensamiento, de conducirnos a otra época y de movernos en el presente a evocar sus obras» (Guillén, 2007: 11), lo que da a entender que no es el hombre el que supera el juicio de las obras, sino lo que hizo el hombre, alguna de cuyas obras mantiene su valor estético. Esta imagen del artista como genio comienza a construirse a partir del romanticismo para afirmar su valía frente a los cambios que se estaban produciendo. La burguesía compra cuadros, lee libros y acepta la presencia del genio de ayer o de hoy. Así, de este modo se origina un culto al pasado (Romero/Díaz, 1997. El final del xvIII despierta interés libros sobre la vida de los pintores y, en general, artistas: 1) William Beckford. 1780. Inglaterra. *Memorias biográficas de pintores extraordinarios.* 2) Heinrich Wilhelm Wackenroder. 1797. *Efusiones sentimentales de un fraile amante del arte.* 3) Lubwis Tieck (1773-1853). 1798. *Las peregrinaciones de Franz Sternbald.* 4) Novalis (1772-1801). *Enrique de Ofterdingen.*

Mas, sin duda, es posible que el origen de estos encomios de Carlos Clementson y de otros tantos poetas andaluces, esté, y nosotros lo hallemos, no como poema de circunstancias, atraídos por la capacidad de seducción de la ciudad de Córdoba, en Luis de Góngora y su deslumbrador soneto, de 1585:

A Córdoba

> ¡Oh excelso muro, oh torres coronadas
> de honor, de majestad, de gallardía!
> ¡Oh gran río, gran rey de Andalucía,
> de arenas nobles ya que no doradas!

¡Oh fértil llano, oh sierras levantadas
que privilegia el cielo y dora el día!
¡Oh siempre gloriosa patria mía,
tanto por plumas cuanto por espadas!

Si entre aquellas ruinas y despojos
que enriquece Genil y Dauro baña
tu memoria no fue alimento mío,

nunca merezcan mis ausentes ojos
ver tu muro, tus torres y tu río,
tu llano y sierra, ¡oh patria, oh flor de España!

Frente a ese sentido bucólico, eglógico, de la contemplación de la tierra y el mar como elementos de la Naturaleza positivos, en el que vivir como en una edad de Oro, hallamos una visión de la ciudad —siempre Córdoba— como *laus civitatis* que, a su vez, debe tener su origen en el *laus Italiae*: «La imagen de un espacio edénico itálico, cuya descripción suele ser utópica, tiene una larga tradición. El topos de Italia como patria ideal impregna la literatura latina, su rostro resuena hasta nuestros días. Pero a medida que se construye el discurso artístico, a la sombra de la prosperidad vemos los signos amenazadores de la disolución. Apuntando intensamente al despertar de las conciencias adormecidas, el topos conoce un giro de esencia. En tales circunstancias, la prosperidad se convierte también en índice de decadencia. La convivencia –dinámica, tensa– entre utópico y distópico añade una capa de dramatismo que hoy percibimos desde un punto de vista elevado.» (Ceja, 2020: 105-113). Es decir, al final, aparece la ruina —la ceniza como símbolo de la muerte— y la exaltación de su belleza.

Ya san Isidoro había escrito un *Laus Spaniae* al componer su crónica y parece ser este el origen de la tradición hispana. Curtius (1995: 229) señala que para el panegírico de las ciudades existía una serie de preceptos teóricos y prácticos: «los elementos estilísticos del panegírico pueden aparecer en todos los géneros y en todos los temas de la poesía». Es decir, toda la poesía de Carlos está inserta en el clasicismo y no es que solo sobre ello, esa asimilación de la clasicidad, se construya su poesía, porque, como se repetirá, hay que tener muy en cuenta las sensaciones que levanta, las emociones que provoca y ese pensamiento tan sutil y delicado que presta envoltura a esa su poesía mediterránea que poco a poco deriva en otros temas más amplios que comprende casi todo lo que se conoce como tradición clásica.

Las descripciones literarias de las ciudades forman parte de un género literario originado en la retórica griega antigua. No deja de ser un elogio urbano —*encomium civitatis*— que Carlos gusta introducir en su escrito. En este caso, no se trata de descripciones topográficas sino del elogio por el valor humano de los personajes de los que se ocupa o la exaltación de la arquitectura civil o religiosa que ubicó determinado estamento gubernamental o clerical. En el caso de Clementson Cerezo, al tiempo de la exaltación de la *civitas*, se comprueba un uso del lenguaje poético de enorme valor sustitutivo del épico, basado en lo elegíaco funeral. No se trata de anotar datos de interés económico. Sin duda, parece la exhumación modificada y adaptada de los modelos medievales, por él conocidos, no en vano domina la literatura medieval y renacentista. Dentro de una cierta épica de la cultura, «supone un apasionado intento de aproximación a la historia espiritual de Córdoba desde sus mismos orígenes, a ese proverbial y casi tópico, pero no por ello menos cierto, espíritu ecuménico de integración cultural que tanto la ha caracterizado en sus mejores momentos como paradigma universal de un tipo de convivencia cívica, intelectual y religiosa, a lo largo de los siglos» (Clementson, 2013: 11).

Busca, pues, el poeta, aceptando incluso cuanto de leyenda y construcción oficial y tópica hallamos en los historiadores antiguos, no analizar, sino caracterizar bajo lenguaje poético las diferentes concepciones de vida a través de personalidades cultivadoras de la filosofía, de la literatura, de la ciencia, del humanismo, acogiendo lo occidental por sus raíces, lo oriental por su sabiduría. Conoce Carlos la predisposición de la ciudad, entendida como urbe, a suscitar un cierto tipo de discurso poético *hablable* en la pléyade de creadores autónomos que determinan la literatura peninsular, se crea o no en este influjo determinado que se caracteriza por su calidad y cantidad en campos varios de carácter cívico y convivencial, que presenta para Carlos innovación y cambio en el plano ideológico y estético. Considera a Córdoba *ciudad de destino*, como fue calificada por Toynbee (1968). Pone a Córdoba como ejemplo de convivencia pacífica. Son setenta panegíricos que indican otros tantos componentes urbanos que revelan a una *Corduba, militiae domus inclyta fonsque sophiae*: Córdoba, ínclita casa de la milicia y fuente de sabiduría. Es otra cosa, es decir, un paisaje turístico envuelto en un delicado verso. Para Carlos parece que todo es *poetizable*.

CIUDAD DE DESTINO

Eterna Córdoba anclada
a orillas del tiempo quieto,
del tiempo que pasa y queda
palpitando entre los dedos
como un agua que discurre
mas nos unge con su beso…
Serena Córdoba exenta,
muro excelso, río de tiempo
que hacia el mar pasas y sueñas,
donde me busco y me pierdo.
donde entre espejos me miro,
donde en tu estar me presiento
sombra ilesa de aguas vivas,
y eterno en ti me reencuentro.

(CCC. De *Córdoba, ciudad de Destino*, 2013: 15)

OCASO EN POLEY

In memoriam Vicente Núñez

En la plaza del pueblo de su vida
desempeñó el papel que le dictaran
      los dioses o el destino.

¿Comedia fue o tragedia aquella obra
que él llevó hasta el final ante su público
con humor y con lúcido histrionismo?

Fue el drama del vivir, y aquel intérprete,
al fingirse en la escena, fue escribiendo
sobre el tablado de la antigua farsa,
con el gesto y la voz y su mirada,
también la mejor obra entre las suyas,
convirtiendo su vida —alta y humilde–
en el hondo poema de sí mismo.

(CCC. De *Córdoba, ciudad de Destino*, 2013: 168).

El hallazgo de la *civitas* no es el de la *polis*. En la *polis*, había luz, luz azul además, aire límpido que campeaba por el ágora y se escondía en las columnas erectas para elevar antes al cielo de aquellos tiempos la plegaria que pide protección: era habitada por el hombre político. En la *civitas*, solo se contempla la gloria pasada, la belleza de sus gestas, incluso las no pacíficas, y ahí queda todo en esa tenue adoración por la ruina como una nueva belleza degradada; era habitada por el hombre social. Es una poesía conceptual y filosófica que aprende a vivir hasta la muerte, que define como no ser, poesía, pues, y casi siempre, elegíaca, como llanto por la ausencia del que fue y ahora solo es ceniza, sin tiempo. No deja de ser una poesía de tema local, que engrandece la historia de la ciudad y de los hombres que ensalza. Quizá la *Roma Aeterna* sea el origen de esa *Corduba* como referencia «eterna» en la cultura de las tres civilizaciones.

¿Está enraizada esa propuesta para ser referente como *imagotipo* que implica mensajes actuales? ¿Está este tipo de poemas laudatorios cerca del ámbito de lo publicitario? Quizá, lo que haya querido expresar Carlos con su poemario haya sido lanzar el mensaje de Córdoba ciudad singular. Antes fue *ciudad levítica*, sin ser Toledo, y, en su momento, *ciudad muerta,* sin ser Brujas. La verdad es que actúa de este modo porque le enorgullece la abundancia de personajes que destacan en el mundo de la cultura y el arte. La ciudad de Córdoba, su imagen, se asocia a determinados edificios, personajes y modo de vida. Carlos, con su poética de la ruina, ensalza o crea una proyección de su imagotipo. Claro que si solo se lee todo este entramado en Córdoba, *civitas* que ya lo sabe, no vale para nada. Bueno, sí, para entender que Carlos es un enorme poeta.

La *laus civitas* comienza con *Laus Bética*, de 1996, aparecida en los *Cuadernos de Sandua*, concretamente en el nº 9. Son diecisiete los poemas que lo componen. Esos mismos poemas figuran con el título de «Laus baeticae» en su libro de 2018, llamado *Rapsodia Ibérica*.

Nuevo soneto a Helena

Recordando a don Antonio Machado,
profesor de francés.

Dentro de muchos años, una tarde de otoño,
cuando ya no haya rosas, ojeando estos versos
dirás, quizá, pensando en quien te escribe hoy:
«Me celebró un poeta, como a Helena Ronsard».

Y tal vez en tu cuarto a una amiga curiosa
mi nombre le confieses, si es que aún lo recuerdas,
y al pronunciar mi nombre y entonarlo tu acento
sin que te des tú cuenta, volveré yo a vivir,

por más que solo sea un callado fantasma
errante entre las sombras y los mirtos umbríos.
Tú no serás tampoco esa eterna muchacha.

sonriendo a estos amores y a su extraña pasión.
Sé feliz –hazme caso– y ama tanto en tus días
como un día te amara quien solo es ya en tu voz.

(CCC. De *Laus Bética*, 1996: 22).

Parece que Carlos está situado en el amor cortés, viviendo como vive en la cultura eterna. Pero si recordamos el retrato del poeta en su poema *El desterrado del océano* (p. 19), veremos que su mundo siempre es el mismo, el que hemos venido desgranando.

Elogio de los hombres de la ciudad: el retablo

Como se trata solo de contextualizar, aceptamos como generalización la definición de retablo según la RAE: conjunto o colección de figuras pintadas o de talla, que representan en serie una historia o suceso. Extrapolamos esta generalización y, de este modo, conocemos el significado que Carlos presta al retablo literario. Se muestran escritores modelos para que sean «venerados», es decir, conocidos y aclamados por el público, acepten su magisterio, exalten su obra y la conozcan mediante su lectura.

Hay dos libros significativos que comentamos en su lugar, además de los poemas que forman parte del elogio repartidos entre sus libros publicados. Parece ser que de todos los poetas cordobeses que pudo conocer, su mayor admirado y preferido es Ricardo Molina:

El extranjero

A Ricardo Molina,
en brazos ya de la Naturaleza,
definitivamente

Tanto amó la belleza que se quedó desnudo,
exento, libre, enhiesto como un árbol de gloria
solar o de armonía, transparente, impoluto,
libre de impuestos, humos, proclamas, compromisos
cotidianos escombros, humanos patrimonios.

Tanto amó la belleza que se quedó desnudo,
alto y en vilo, puro tal la llama en el aire
o un agua despojada de su cauce de cieno.

Tanto amó la belleza, la verdad, la inocencia
de las claras palabras, de la vida en las manos
que los hombres de cuero le volvieron la espalda,
lanzáronle anatema, burocracia, espesura
de decenios de olvido, del incomprensión, silencio.

Quedó solo, lejano, perdido en su universo
vegetal de aire y pétalo, azul entre la brisa,
sabio y cordial, ausente, él que diariamente
con todos conviviera en la mansa pobreza
de aquellos barrios últimos de cante y madrugada.

Quedó solo, olvidado, anónimo y convicto
de lesa democracia y sordo a la consigna.

Su nombre se fue haciendo cada vez más remoto,
perdido en sus amores bajo el sol de la Sierra,
en su oscura provincia, en medio de aquel reino
de humildes cantaores, academias, tabernas,
de areneros y vidas oscuras y calladas
que iba lamiendo el río con sus aguas rojizas.

Quedó solo, olvidado, anónimo y convicto
de lesa democracia y sordo a la consigna.

Tanto amó la belleza que se quedó desnudo…
El bosque, la paloma, las palmas en la orilla,
la luz, el sol, el aire, el mar le sonreían.

(CCC. De *Homenaje a Ricardo Molina*, 2017: 22-23)

Lugar de cultura

Desde hace años, aunque ahora alguno nos quejemos, conocedores ya de que esto no hay quien lo detenga, vivimos la *condición posmoderna* o en la *condición posmoderna*, o sea, la condición del saber en las sociedades más desarrolladas, de dos modos: 1) Vivir la condición posmoderna es vivir en un lugar normalizado: «designa el estado de la cultura después de las transformaciones que han afectado a las reglas del juego de la ciencia, de la literatura o de las artes a partir del siglo xix» (Lyotard, 1987: 4). 2) Vivir en la posmodernidad significa vivir en un no-lugar porque precisamente nos aleja de él, quizá por ser un lugar *panóptico*, por mucho que quiera alejarse de ser un *locus horribilis*, vivir de un modo no deseado o, mejor, no elegido para vivir. Por razones claras: a) el intento de liquidar el espíritu de las luces y entronizar a Baudelaire, por ejemplo, a Rimbaud, por ejemplo; b) por el intento casi conseguido de eliminar el humanismo clásico, el sustrato greco-latino (Steiner). Mas, solo queda entonar el mea culpa. Veíamos cómo llegaba el "progreso" y pensamos que lo era, pero no nos dábamos cuenta —nadie lo decía— del precio a pagar. Porque, todos paganizados, ¿qué le vamos a pedir al Padre?

El xix, siglo de lo anticlerical como protagonista, restañó su herida permitiendo el triunfo del laicismo, laicidad, a despecho de lo católico. Por perversos sería. Si la democracia liberal de entonces, al declarar laicos a los gobiernos en sus constituciones, evita el enfrentamiento ideológico, en realidad lo que hace es evitar la práctica religiosa aunque los progresistas no siempre actúan de manera civilizada. Así que hemos heredado una sociedad que ha creado el no-lugar, el *locus horribilis*, lo antisocial, conseguida una uniformidad política que se denomina progresista, como única portadora de los valores sociales —uniformidad que asegure el auge de su ideología—, eliminando cualquier otra opción. Así se consigue la *pax romana*. A partir de leyes punitivas y la eliminación del otro. Pero, en ese no-lugar de la cultura, se ha construido la obra de tradición clásica de Carlos. A pesar de que la enseñanza legitima por *lo performativo* —concepto de la pragmática—, es decir, «cuando se adopta la perspectiva de la teoría de los sistemas» (Steiner). «Lo que denominé en otro lugar "la retracción de la palabra" y la derrota de la cultura humanista ante la barbarie se corresponde estrictamente con la nueva lingüística, con las nuevas búsquedas filosóficas, psicológicas y poéticas para establecer un eje semántico (Steiner, 1969: 9). Quizás, lo que más llame la atención del escrito de Carlos es lo que lo aproxima a ese regreso a Grecia como modo de entender la cultura. Claro que su poesía, su traducción, se amplía a otros mundos mediterráneos, hispanos o no, franceses e ingleses. Pero el que puede quedar como tópico definible de Carlos es su helenismo.

Nos vamos a detener en la definición de cultura de Steiner porque nos parece que es la que mejor puede englobar el mundo literario del poeta cordobés: «es una secuencia de traducciones y de transformaciones de constantes» cuyo estudio proporciona «una comprensión más clara del motor lingüístico y semántico de la cultura y de lo que conserva diferente entre sí a las lenguas y a sus campos topológicos» (Steiner, 1981: 490-491). Steiner integra los tópicos en el mecanismo de la traducción que, a su vez, es considerada como una re-lectura que tiene por objetivo amoldar la precedente a lo habitual. Es decir, el pasado como base del presente. Pero también se puede valorar por el uso que se hace del pasado. En la cultura europea, hay una tradición, y es la que sigue Carlos, que parte de la Antigüedad clásica y llega hasta ahora mismo, pasando por Montaigne y Rousseau, tradición que privilegia los saberes que son producto de la creación «respecto de los saberes acumulados de forma pasiva, y por lo tanto el juicio respecto de la memoria, la buena cabeza respecto de la cabeza llena, el sabio respecto del erudito» (Todorov, 2008: 54).

Ese retorno a Grecia, aunque no de un modo total, se percibe en la poesía de Clementson, siendo cierto que se ha vivido en otras épocas (Roma antigua, Renacimiento italiano, la psique romántica), y constituye «una respuesta psicológica al reto del colapso. [...] Nuestra cultura ha tendido a buscar en Grecia la gloria del pasado, la perfección, la belleza formal y la lucidez de la mente, del mismo modo que, cuando busca sus orígenes, nuestra cultura comienza con Grecia» (Hillman, 2007: 14). Los críticos tienen razón cuando ven en el retorno a Grecia un deseo regresivo de muerte, un escape de los conflictos contemporáneos y especulaciones con un mundo de fantasía (Hillman, 2007: 15). Pero, aunque es una exposición crítica que puede justificar en parte el "helenismo" de Carlos, entiendo que, en realidad, es provocado por la educación "inglesa" recibida por parte de su abuelo Alejandro, por parte de los profesores cordobeses de su bachillerato, por cuanto aprendió en la universidad murciana. Todo caía en esa base que eran las lecturas, sobre todo de poetas y creadores ingleses y porque Carlos comprende que su pervivencia emocional, cultural, humana, se avenía mejor con ese marco arquetípico y paradigmático que era el saber grecolatino, que no erudición, en sus orígenes, en el renacimiento, en el romanticismo. Además, «el helenismo nos aporta la tradición de la imaginación inconsciente; la complejidad politeísta griega anticipa nuestras situaciones críticas complicadas y desconocidas. El helenismo fomenta la renovación ofreciendo un espacio más amplio y otro tipo de bendición al abanico completo de imágenes, sentimiento y moralidad peculiar que conforman nuestra naturaleza psíquica. Para empezar, no necesita librarse del mal porque no son imaginados como malos» (Hillman, 2007: 17).

Poetología. Poetología del saber

Se entiende por *poetología* la comprensión e interpretación del poema, dado que la poesía crea mundos nuevos que exigen explicaciones nuevas. Los lectores de ese poema como mundo posible ya real son los encargados de relacionar texto y explicación de modo literario. El poema funciona en la interioridad como un proceso capaz de intercomunicar la *decidibilidad* (Derrida), de relacionar la correlación de los significados textuales reales y los considerados como posibles a efectos de interpretación de los mismos. Sin embargo, «tal y como se ha explicado previamente y con anterioridad, la praxis de las estrategias deconstructoras, según se desprende de numerosos estudios de Derrida, se encuentra alejada de cualquier tipo de formulación sistemática. Por tanto, no puede ser considerada ni siquiera como una metodología firme, propensa a ser empleada inequívocamente» (Higuero, 2023: 20).

El poema es un mundo de relaciones semiológicas, simbólicas, antropológicas, hermenéuticas, semánticas, pero también una reflexión del modo de construirse y definirse, concibiendo una fuerza poética reflejada en la *poiesis* a esas operaciones que facilitan el conocimiento y la interpretación, conjunto que conforma el escrito de un poeta. Carlos no efectúa su interpretación individual sino que recrea el contenido a través de su propia lectura sin entretenerse en analizar la estructura narrativo-poética, sino que aparece como creación en un poema suyo nuevo que, en cierto modo, se interrelaciona con los contenidos de la cultura clásica, considerando a la poesía como un hecho cultural que transcurre en un espacio temporal, y de ahí su condición de épico-histórico e innovador.

Forma parte de la poetología del saber. Cuanto se explicite, no es un ardid exposicional, sino una metodología utilizada cuyo uso puede enriquecer relacionalmente el texto a interpretar. Será solo un breve resumen que les permita ver las posibilidades de su uso. El que quiera saber más deberá acudir a los textos de los teóricos, textos no de un uso normalizado en el mundo occidental, mientras la deconstrucción sí es algo habitual en otras latitudes, EE. UU. por ejemplo. Una poetología del poder implica salir de la tradición normativa para una poética —tiene por objeto el conocimiento literario como *experiencia* (García Berrio/Hernández, 1988: 14)— de la tradición hispana. «Una poetología del saber opera con un concepto escasamente determinado que no coincide con la forma de un saber explicable en manera de proposiciones lógicas. De este modo, los "objetos de saber" no aparecen sencillamente como referentes dados y estables de sus respectivas proposiciones, sino que se revelan más bien como el centro de distintas prácticas cuya dinámica y cuyas huellas impregnan la forma de su área de conocimiento» (Vogl, 2018: 82-103). Una poetología del saber cultural se asocia con un área de objetos que constituyen ese saber.

La relación saber ↔ cultura «hace referencia a un conjunto dinámico compuesto de órdenes simbólicas, tecnológicas y otras estrategias que determinan la relación de las sociedades consigo mismas, con su historia y con otras formaciones sociales (p. 93)». Si la cultura "sirve" para comprender de lo que son capaces las sociedades, el saber cultural es un espacio de posibilidad social que refleja lo que puede expresarse en una sociedad de una época. Es decir, facilita la comunicación para la comprensión de todo lo expresado, son cosas que participan en la investigación sin que se busque una unidad de su objeto. «El vínculo entre "literatura" y "saber" consistiría más bien en relacionar el sustrato de saberes de los géneros poéticos y la interpretación poética de las formas del saber, así como en ubicarlos dentro del medio de su historicidad (p. 96)».

Viene esto a cuento porque pueden hallarse elementos de valoración o enjuiciamiento que se apoyan en el pensamiento racional científico de un uso no reglado de criterios personales en esta actualidad de ahora, pero que amplía los considerandos críticos que amplían la visión de una poesía que se ve más considerada que por los criterios críticos de enjuiciamiento tradicionales:

Metacrítica → situar un discurso desde el lugar histórico desde donde se enuncia y desde la posición personal sobre la que se sostiene;

Metahistoria → seleccionar una serie de acontecimientos que de manera aislada pueden resultarnos extraños y enigmáticos a los que el historiador les da forma de tal manera que se hacen familiares ante nuestros ojos (Baños, 2012: 16).

La poética de Carlos Clementson en sus paratextos y otras fuentes críticas cercanas

El hecho de que Carlos haya explicitado su *modus scribendi* en algún paratexto es lo que se conoce con el nombre de *poética explícita.* Una cita a pie de página es un *paratexto*; un comentario sobre la obra es un *metatexto*; la relación de la obra con el género a que pertenece es llama *architexto*. La presencia de un texto anterior (*hipotexto*) en otro posterior (*hipertexto*) es lo que Genette llama *intertextualidad*, que se inserta en el texto de una manera que no es la del comentario. Antiguamente, a todo esto se llamaba *tradición literaria.* Pero, con tanto avance en los estudios, *los clásicos dejaron de ser un modelo indiscutible* (García Jurado, 2005: 26-28). El subrayado me pertenece, pero, por eso, puede parecer *raro* el modo de escribir de un gran poeta que quizá tenga que entonar el mea culpa por ser así. Dios dirá.

Tras la lectura de cualquiera de los libros de poesía de Carlos queda en la consciencia la impresión de que «eso ya lo había leído yo». No se trata de una igualdad textual, ni siquiera temática, sí de haber entrado en un *totum revolutum*, pero organizado, en el que el trasfondo de la poesía es algo que se reconoce como familiar, como relacionado entre el texto leído anteriormente y lo conocido del tema, con lo que se enriquece la lectura y es óptimo para la comprensión e interpretación del texto. Es decir, que entonces se «penetra en el código literario, que ha ido cifrándose durante siglos y que supone una parcela del humus cultural de las colectividades. No olvidemos que el funcionamiento del sistema artístico requiere hitos básicos con tendencia a perdurar y por ello se repiten» (López Martínez, 2008: 9). Carlos es, por principio y casi definición, un artífice de la palabra. Es su oficio diario, no solo la palabra que conforma su vida particular, sino el artificio literario que hace que su escrito, no solo el poético, merezca la calificación de artístico: su efecto estético lleva a generar placer o sentimiento de belleza en los demás. No es que propugnemos la utilidad de la belleza, entre otras cosas porque «la idea de lo bello parece que ha dejado de tener importancia» (Raine, 2015: 66), pues no es nada material, aunque sí significa algo desde el punto de vista espiritual. Raine, de quien Carlos tiene alguna traducción inédita, clama al cielo, como también hace Carlos, porque el ideal de belleza ha sido sustituido por el de energía.

THE MOMENT

The write down all I contain at this moment
I would pour the desert through an hour-glass,
The sea through a water-clock,
Grain by grain and drop by drop
Let in the trackless, measureless, mutable seas and sands.
For earth´s days and nights are breaking over me
The tides and sands are running through me,
An I have only two hands and a heart to hold the desert and the sea.
What can I contain of it? It escapes and eludes me
The tides wash me away
The desert shifts under my feet.

EN ESTE INSTANTE

Para escribir todo cuanto contengo
habría de verter todo un desierto
resbalando por un reloj de arena
o un mar por su clepsidra:
grano tras grano y gota a gota de
todos los océanos y las arenas infinitas,
cambiantes y aún no holladas;
pues los días y noches de la tierra
hoy rompen contra mí:
mareas y arenales por mí corren,
y un corazón tan solo y mis dos manos
tengo para aguantar mar y desierto.
Así pues, ¿qué podría guardar de todo aquello?
Todo me huye, inestable, y me abandona;
las corrientes me arrastran mar adentro
y un desierto cede bajo mis plantas.

(Traduce Carlos Clementson)

La poesía de John Keats posee un criterio de belleza que lo conducía hacia «una melancolía de lo inalcanzable», que también parece hallarse en Carlos, pero también es un poeta de la naturaleza, su dinámica de unión con las cosas: «Keats necesita del alimento de la belleza proceda esta del paisaje, de una obra artística, o del amor» (Keats, 2010: 11-14), como sucede en Carlos. Son, pues, poetas de la belleza y sin ella su poesía pierde espontaneidad y finura. Herbert Read (1962), que escribe desde su propia experiencia de poeta, entiende que la creación artística necesita libertad, único modo de seguir el dictado de la inteligencia de cada uno, «como condición para la vitalidad misma de la sociedad de la que el artista forma parte y, en consecuencia, para la fructificación de su obra.» Ya veremos cómo para Carlos una de sus bases poéticas radica en la armonía con la Naturaleza, que, con la modernidad, se ha convertido en fidelidad al orden físico. Raine habla de dos culturas, situación que ya conocíamos pues, a la tradicional se oponía la que promocionaba la *sociedad de la ignorancia* (Antoni Brey), *la sociedad del desconocimiento* (Daniel Innerarity) o la *sociedad de la incultura* (Gonçal Mayos), pero ahora la ignorancia en sí es otra forma de conocimiento. Eso se debe a que «los saberes pensados son sustituidos por los "saberes" sin pensamiento» (Castillo, 2016). Aunque, «debemos hoy seguir construyendo nuestra filosofía del conocimiento sobre la tesis de nuestra falta de conocimiento», según Popper (2001).

Hay un cierto paralelismo de algunos momentos de la vida de K. J. Raine (1908-2003) y de Clementson. Ya conocemos cómo Carlos eleva a la categoría de mito las tierras de Lorca y Águilas, el mar de Calabardina y la casa solariega del Huerto de la Rueda. Raine hace de Northumberlang su Edén simplemente por haber pasado algunos años felices de su infancia en este lugar. Nunca supera su alejamiento de su pueblo cuando sus padres la llevan a vivir en su suburbio de Londres, que para más inri se llama el Hades, pues la alejan de la Naturaleza (Carbajosa, 2015). Carlos Clementson, cincuenta años después, sufre aún la nostalgia, la melancolía, por aquellos lugares que tanto le impactaron en su infancia. Los recuerdos poetizados por ambos poetas están relacionados con lo mítico, pues su vida queda referida al mundo grecolatino y barroco arropado por lo autobiográfico.

Geórgica para el siglo XXI

Van pisando, solemnes, sus sombras al ocaso
los bueyes que regresan de sus lentas labores.
Todo es lento y tranquilo con un blando cansancio.
Cansado el sol se tiende sobre un lento altozano.
Brilla Venus serena con su luz silenciosa,
huele a alfalfa y a establo, y el rumor de los álamos
subraya la cadencia de los lentos hexámetros
y lento asciende el humo en la paz de los campos.
Cierro el libro. Virgilio enmudece, y de pronto
por la urbana avenida un furor de cláxones
y motores horrísonos que cabalgan los bárbaros
irrumpe en el poema el fragor del asfalto.

(CCC. En *Donde nace el mar*, 2015: 63)

Mas el poeta se mantiene fiel a su propia tradición iniciada con la aparición de su primer libro que, significativamente, se subtitula *Razón de vida*. La Naturaleza, según Curtius (1995: 17-27), a partir del XIX se ha tenido en cuenta más que en siglos anteriores. Estos progresos «han modificado las normas de la existencia y están creando nuevas posibilidades» y generado la posibilidad de que podamos crear historias fabuladas por nosotros mismos. El poeta se mantiene instalado en los complejos culturales que conforman históricamente a Europa: la mediterraneidad y la cultura occidental. Sobre esta base se construye la poesía de Clementson: «la cultura europea es un todo orgánico, nutrido por una corriente vital que arranca de Grecia y Roma y que se mantiene con vigor y se renueva en originalidad a lo largo de la Edad Media» (Curtius, 1995: contraportada tomo I). Para Highet (1996: 13), «la literatura, la mitología, el arte y el pensamiento clásicos contribuyeron a realizar la unidad intelectual de Europa y de las dos Américas». Y añade: «cuando los revolucionarios volvieron la espalda al clasicismo de la época barroca no hacían a un lado a Grecia y Roma, sino que la exploraban más profundamente». Clementson es un poeta instalado en la tradición clásica que pone en movimiento, en él no se anquilosa, y se transforma sin caer en la vanguardia. Es una característica que se observa a lo largo de todo su escrito: 1974-2022.

HELENIDAD

Estos árboles no se acomodan con menos cielo

Lavó el tiempo esta tierra.
Lavó el sol estas piedras,
esta tierra severa, mineral y luciente,
donde todo es silencio, el mármol y la tierra,
donde tan solo canta la luz sobre la piedra,
esa luz que parece tallar todas las cosas
o un cincel de hierro bajo el sol de la siesta,
o escucharse en el alba con las rosas primeras
cual la flauta remota que viene de muy lejos,
diáfana y trasparente
como un agua en las rocas.
Piso antiguas pisadas:
ramblas adormecidas en un rumor de abejas,
cañadas perfumadas de romero y de sol,
de aire quieto y ardiente donde el mármol destella,
recién desenterrado, que ascendió de muy lejos,
o un hontanar que rompe con su música prístina
Una azada y un cántaro
junto al arado, bajo
el gran peso del cielo y la quietud del tiempo.
La sombra de una higuera.
Vivo, tan solo, el mar.

(CCC. De *Archipiélagos*, 1995: 16)

El tiempo en el poeta no es enteramente cronológico, aunque veamos o leamos no tanto el presente como el pasado, sino que todo es algo que se enfatiza o desgaja de momentos históricos concretos, aunque todo esté ligado por el sentido común. Ese entramado básico cultural, que llama mediterraneidad clásica, se inicia en el mundo de la Hélade, pasa al Latio —grecolatino— y se expansiona geográficamente hasta recomponer el conocimiento del mundo clásico que casi impuso el humanismo: Grecia → Francia → España (Cataluña, Galicia) → Portugal. Es posible que el desarrollo de esta situación en toda la obra poética de Carlos apenas tenga relación a simple vista con las tendencias literarias que devienen un tiempo poético desde los años setenta del siglo xx. Si tanto la Hélade como Ausonia —ambos nombres simbólicos— están siempre presentes en su poesía, y no menos la andalusí, se debe sin duda a que genera una imagen cultural en la memoria colectiva (imagotipo) de Occidente y por ende en la de Clementson. Quizá se advierte en el poeta la visión ideal de este paisaje que, si bien fue un tiempo objeto de deseo (*carpe diem, collite virgo rosas*), después es la realidad del paso del tiempo, ruina bella, arqueología estética, permanencia de un referente. Para Fellini, el conjunto de todas estas sensaciones «es la ilusión de un ideal lejano y el reflejo del paso del tiempo» (García-Badell/Navarro, 2017: 63-72), es decir, todo cuanto utiliza para comunicar y darnos a conocer su sentido y sentimiento de su propio pensamiento, como medio de hacer llegar a nosotros, lectores, sus mensajes estéticos. Carlos parece que se apropia el mundo sensual grecolatino que los poetas habían trasladado a su lenguaje poético. Así que, tradición y originalidad se dan la mano en la obra de Carlos. Ello y una continuidad personalizada de la cultura grecolatina y europea asumida por su formación dan sentido a su escrito poético. Todo esto es la secuencia que se extrae de su ingente obra. Destaca igualmente una comunicación que acerca las grandes corrientes del pensamiento europeo, universal entonces, desde la Hélade al humanismo barroco que une la cultura pagana trascendental con las grandes corrientes de la civilización occidental: la cultura judía, la árabe de los filósofos cordobeses y sufíes, y la cristiana —barroca y mística— que ha alimentado espiritualmente a Occidente durante siglos, hasta la declaración de Bolonia (1999), que inició su destrucción cultural y por ende la base de la unión europea sustituida por el culto al dólar o al euro. La eliminación del estudio del griego, del latín y de la filosofía antigua, Patrística incluida, ha supuesto una aculturación entre los estudiantes de la enseñanza obligatoria, con las consecuencias que hemos visto, bajada de los niveles de aprendizaje, eliminación de los elemento propios del pensamiento, con el objetivo de dominar el poder al pueblo no ilustrado, conseguir los votos y someter a la sociedad. Como si el poder fuese de quien lo detenta o la política fuese un medio para dominar a los (in)cautos ciudadanos y, al menos conseguir algo ajeno a lo que se conoce como servicio a la *polis*, al ciudadano. Ahora solo es un medio de vida. El poeta siente la particularidad de que todo eso se reúne, al menos lo parece, y sedimenta en Córdoba y en sus grandes sabios de la antigüedad. Pero en su poesía no aparece la tópica tradicional porque culturaliza e idealiza el paisaje popular de los patios, de la mezquita, del barrio judío, del Cristo de los Faroles y su folklore, aupando cualquier rincón urbano a la categoría de poema que, recogiendo su historia y tradición, la eleva a documento ornamental de uno de sus pilares poéticos: Córdoba y su serranía, con la suerte de que no incide en elementos teóricos e interdisciplinares.

SILENCIO DE CÓRDOBA
(Cuesta del Bailío – Plaza de Capuchinos)

Sin aliento, la tarde lenta y pálida
se derrumba por torres y tejados.

La buganvilla sangra en los bardales
y despliega, de púrpura, su palio.

Fatigada, levanta una palmera
desvalida en el aire su penacho.

La mansa cal exangüe y silenciosa
se recoge en el fondo de los patios.

Y el tiempo se ha quedado inerte y blanco,
detenido en el centro de una plaza
donde un Cristo de luna entre fanales
agoniza sin tregua año tras años.

Unos pasos resuenan fugitivos
y se pierden camino del ocaso.

Tras los blancos tapiales de algún huerto
se presiente un aroma de naranjos.

(CCC. De *Laus Bética*, 1996: 24)

La poesía de Carlos es la misma siempre y de siempre, la de su origen, evolucionada por su propia práctica desde su primer libro, *Canto de la afirmación*. Incluso su atisbo de poliglotismo es un procedimiento desarrollado desde la matriz nutricia que son griego y latín. Obviamente su dedicación a la traducción implica no solo un sentido agudo del ritmo, sino una lectura pausada de textos de otros idiomas, signo de un perfeccionamiento personal. El poeta escasamente acude a la teoría literaria y a los vaivenes de la crítica. Mas eso no es óbice para que prologue como paratexto algunos de sus libros, porque, de este modo, acerca la dirección que imprime a su poesía. De estos paratextos se puede extraer la norma que él mismo se impone como poética. Porque, otra de las características del poeta es, cada equis tiempo, autoantologar su poesía, publicada no tanto como selección de lo inmejorable de ella en ese espacio de tiempo —lo que deja atrás y sobre lo que regresa, o es barrido por las olas y los años—, cuanto como canonización de lo que considera salvable que, como es de esperar, varía a los pocos años.

Este paso del tiempo lo tituló primeramente *El fulgor y la ceniza* (1982) como indicando el sentido barroco del paso del tiempo —*tempus fugit*— y que se queda atrás hecho ceniza, por su escaso valor, porque se dio al olvido, o por un proceso natural de selección humana. En este libro, indica que esas palabras introductorias tienen por objetivo:

– «situar al posible lector en la onda espiritual y afectiva en que se desen-vuelven estos versos».

A continuación, se afirma en su sentido original al sentirse contrario a la:

– «casi irritante pose olímpica de un deshumanizado distanciamiento es-trictamente racionalista e intelectual, emocionadamente neutro».

Se manifiesta contrario a quienes abjuran del uso de las formas tradiciona-les, contrario a:

– «una inflexible inteligencia a palo seco», porque olvidan que
– «a través de la lucidez y la inteligencia a ultranza también puede llegarse a la esterilidad».

En definitiva, se muestra alejado tanto de la lírica neoclasicista y parnasia-na, como de una lírica que denomina de la «impasibilidad, fosilizada a veces en su propio narcisismo esteticista». Y frente a ese intelectualismo manifiesto en los *novísimos* como movimiento reformista de la lírica hispana de posgue-rras, sobre todo de la poesía escrita por los años 50, expone que este libro se halla «estrechamente vinculado a una muy personal experiencia humana, la experiencia de quien el consciente ejercicio cotidiano de la vida no le impide tampoco reconocerse otras veces en la grata ficción de la literatura, su más secreto e íntimo placer».

Así que confirma cuanto se piense desde la lectura de su primer libro, su uso libre de la literatura del yo:

– «hasta tal punto este es un libro de expresión íntimamente autobiográfica, e independiente con la cotidiana experiencia de estos años, que en algu-nas de sus más desamparadas secciones el autor hubiese deseado no ha-berse visto en la necesidad de tener que escribir», todo ello debido a «una serie de circunstancias adversas», cuyos motivos no nos son necesarios.

Y también hemos de destacar:

– un vitalismo natural, y a veces casi pánico, que viene a resolverse con los años en una melancolía desesperanzada, a una resignación desesperada, que se hace necesario asumir pues no hay alternativa».

Y, como conclusión definitiva, se trata de una poesía en la que fulgen varias razones:

– estar enriquecida por unas lecturas dilectas para él,
– no intentar desligarse de la realidad,
– no volver la espalda a la naturaleza
– sumergirse en las más hondas y eternas emociones del hombre.

RECONCILIACIÓN
(El poeta cuenta los pasos de la vida)

Y ahora queda quieto
en esta plaza
lenta de cal y de silencio, al caer la tarde,
mientras la fuente mana su canción sin palabras
y afuera rueda el mundo su cotidiano tráfago.
Si la vida no tuvo don alguno
o mejor que ofrecerte,
acepta sus contadas
monedas.
Piensa, pues, que en sus arcas
quizá no hubiera nada más para ti.
Así como tampoco
nada más, por tu parte, ni mejor que entregarle,
o entregar al olvido,
que el abrupto rumor
de algunos versos
humildes e imperfectos
como ella contigo.
Tú has cumplido con tu estéril destino
de ayuntar sentimiento y palabra
contra el vacío,
ese raro designio
de levantar precarios fantasmas o memorias

> contra el tiempo que pasa y desvanece
> el nombre de la cosas que amaste y fueron tuyas.

(Fragmento. Inédito)

En 1986, aunque el paratexto prologal, *Palabras del autor sobre veinte años de su poesía, las olas y los años*, sea de 1982, incide en casi lo mismo de las anteriores aportaciones al hablar de su poesía y definirla «como la peculiar manera de ser uno mismo, de afirmar la naciente y propia identidad, que al fin y al cabo no es sino la identidad propia de todo hombre con suficiente comienzo de individualización, frente a la soledad, frente a la sociedad modificada y degradante que se nos impone hoy, frente a lo turbio y gregario del tiempo que nos ha tocado vivir». Esto no quiere decir que da la espalda a la realidad social, sino que, cuando Carlos escribe, con referencia a la época que sea, manifiesta una preocupación: mostrar las consecuencias literarias de la relación entre los hombres a través de unos personajes históricos que ahora entran en la ficción poética. Así pues viene a añadir un nuevo matiz a su poética, cual es la defensa del individualismo frente a la vida, que se acerca a los tópicos clásicos. Y, como temas destacados, indica «el sentimiento poético del tiempo y el jubiloso de la Naturaleza, de la Naturaleza marina y mediterránea del Sureste, que el poeta gozara como un don en los años de su niñez y adolescencia irremediable». La Naturaleza, en Carlos, no es un elemento *invocativo* con el sentido religioso del paganismo. Desaparecidos los dioses aquellos relegados a su función, el cielo, la tierra, los ríos, el éter, el sol, la luz, etc., al perder su carácter de divinidad porque forman parte de la Naturaleza, en parte se humanizan hasta que los poetas las dotan de sentimientos. Mas, evolucionados ya, ocupan el lugar que en la actualidad tienen, forman parte de lo patético y se modifican según se comprueba en *La lamentación por Adonis*. Todo esto que sucede en el helenismo, la evolución que sufre en el medievo y sucesivamente hasta llegar al barroco es positivo para la libertad expresiva de la poesía actual que cultiva esta tendencia. En la poesía de Carlos, los elementos de la Naturaleza forman parte de ella misma de modo no idealizado, sino como componentes ornamentales de la expresión poética y, si acaso, se percibe una desilusión por el tiempo presente, por la juventud ignara. Pero siempre ha sido igual, siempre *florebat olim*.

Nueva perorata, de la que también extraemos datos para completar su poética, aparece en *Los templos serenos* (1994). La titula «Introducción a una luz y un espacio inextinguible». En contra de lo que afirman los puristas —la poesía no se explica—, expone Clementson que «me gustó de siempre ilustrar mis propios poemarios con ciertas observaciones personales introductorias que, sin intentar valorar, por supuesto, las cualidades intrínsecas del libro, vinieran a situar al mismo en las coordenadas físicas y espirituales desde las que escribiera». Y anota como verdades eternas el amor a la vida, la concordancia del hombre con la Naturaleza, en una línea clásica y humanista, alejada de otras especulaciones ascéticas o de otro tipo. Se dice que su poesía se inserta dentro de un humanismo mediterráneo, definido intelectualmente por Eugenio D'Ors o descubierto por Albert Camus en los literales de Argel. Es decir, su poesía reivindica una sencilla dignidad humana basada en las posibilidades de un cierto individualismo lúcido, «al margen de presiones ideológicas o masificadoras de cualquier tipo», porque las considera enajenadoras de nuestras facultades. Carlos busca la armonía, quizás la proporción áurea —vinculación del ideal de belleza a las simetrías y proporciones—, que quiere decir ecuanimidad, equilibrio interior, serenidad íntima —los templos serenos—, lo cual constituye una aspiración, como medio de recuperar esa tranquilidad anímica perdida a causa de los disturbios que genera la vida, aquella contrariedad al ver que huye el orden vital y aparece el conflicto. Es mi parecer que todo esto tiene que ver con su propia vida personal y que poco tiene que ver con ello una *imitatio* de una idílica edad de oro en la que el orden vital íntimo radicaba en la armonía entre la naturaleza y el Hombre, la vida. No busca el poeta de Córdoba lo mítico, ni lo misterioso ni lo esotérico ni lo desconocido, sino la consecución de la armonía como un paraíso perdido, sino la consecución de un *statu quo* que no es más que el restablecimiento de las relaciones normales entre cuerpo y psique como medio de evitar las disfunciones que crean las pequeñas distopías diarias que rompen el tejido armónico y provoca la rotura del ritmo de la vida, la conjunción del amor, la plenitud de la presencia, cosas que Carlos restaña a través de la poesía como utilidad comunicativa. Posiblemente la armonía sea para el poeta la belleza de lo emotivo conjuntado. Ya vimos como una de las características de su poesía es la búsqueda, la consecución mejor, de la emoción. Pero esa armonía no quiere implicar un conocimiento íntimo, sino evitar que las posturas de las personas cercanas, amadas, generen ansiedad, estrés, ira o miedo a la pérdida, a la ausencia de la presencia. Su insistencia en la convivencia con la naturaleza significa que, como Marco Aurelio expresara, era un camino bueno y verdadero para conseguir esa armonía necesitada. Se trata de algo relacionado con la convivencia del otro —de la otra— que, amado, tiende a romperse —a desequilibrarse— por una conducta inapropiada producida por el no buen manejo de las emociones, que el poeta reclama como válidas en la poesía. La pérdida de la armonía indica divergencia en las emociones personales, no literarias, sino conductuales. La aparición del conflicto urge a la práctica de la meditación y la contemplación emocionada de lo íntimo. Toda esta situación provoca o produce ansiedad, si no depresión, falta de bienestar que inmediatamente salta a la expresión literaria, poética en este caso. Incide en esto Carlos: «Postúlase, pues, a lo largo de este libro, un cierto horizonte de ecuanimidad y de consciente y tranquila posesión de sí mismo, en armonía con el radiante entorno natural de los primeros años, con el sol, con la luz, con el mar, al tiempo que una serena y jovial plenitud virginal, es decir, el claro goce de estar vivo, rechazando toda suerte de desazones y zozobras de índole existencial o trascendente». Esa armonía sería, en consonancia con la Naturaleza, un alejamiento de los conflictos como medio de mantener lo apolíneo, en cuanto que Apolo es el dios de la forma, como veremos en *El color y la forma*, pero también de la moderación, del control de sí mismo. No indica que el arte permite evitar las contrariedades del hombre (Schopenhauer) y quizá tampoco radique en la supremacía de la esencia espiritual del hombre sobre su sometimiento a la Naturaleza (Nietzsche): Carlos basa la consecuencia de la armonía en la perfecta relación hombre-Naturaleza.

Arte poética

HABLO de viejos nombres; de la áspera
claridad de unos muros bajo una luz dichosa.
De unos hondos salones con sus puertas, de par en par, abiertas al estío,
y de sus graves maderas de brillo atardecido, tocadas por un ascua del sol,
[en los ocasos.
De la vasta alegría de las noches y de la inextinguible dia dema de los astros
bajo un cielo imposible, de tan alto, en la sombra.

(–Escucha al ruiseñor como un viento sagrado soplando entre las frondas,
su férvido esplendor como una llamada
–ardiente flor de música– inflamando, de súbito, la noche de los árboles.)

Hablo de la blanca caricia del lino, tan liviano sobre el rostro de un niño,
cansado de jugar por los bancales.

De umbrales de armonía tan sencilla y hermosa como la vida entonces,
y voces apagándose como un leve rescoldo.

Del terso parpadeo de las caobas y su rojiza llama silenciosa

cuando vierte la tarde una penumbra profunda en los rincones,
y hace frío.

De la inocente frescura de unos frutos recién cogidos hace ya treinta años,
y unos hondos aromas dormidos en las arcas.

De unas manos amables dormidas en el halda; de una mesa
con sus limpios manteles, siempre puesta, a la espera.

Un agua oscura y lenta nos reitera noticias de lutos y naufragios
de una profunda edad que deshace la lluvia.

Os hablo de una historia cuyo nudo entrañable
fue hace tiempo cortada, de golpe, de un tajo solo, estricto,
sin un grito siquiera, sin ni siquiera un gesto.

Y aún sangra por su herida.

Los años ya no cuentan. Todo yace abolido
sobre unas pocas páginas sin valor, como una
mínima patria del corazón con todas
sus costuras abiertas:
                    la irreparable fábula
del ayer, tan vivida,
tan precaria e inerme bajo el viento y la lluvia.

Soy solo el mensajero de su propia derrota.
He de cerrar la puerta. Se hace tarde. Mañana
el mismo sol de siempre llamará a los cristales.
Pero ahora dejadme.

Arrastrando su cola, como un lebrel cansado,
el tiempo entre las ruinas
viene a comer su pan entre mis manos.

                              (CCC. De *Los templos serenos*, 1994: 56)

En 1987, la revista *Monteagudo*, nº 6 de su segunda época, UMU, a través del profesor Francisco Javier Díez de Revenga, compañero de estudios de Carlos y ocupado generosamente de su obra pues da cuenta de ella en varios momentos, ofrece una entrevista con el poeta de la que solo vamos a extraer detalles significativos de las contestaciones del poeta pues ayudan a nuestra tarea de descubrir las interioridades de su poesía y su poética. La entrevista se titula *Jardines abiertos*.

- Y eso es realmente la poesía: ver las cosas como por vez primera, con los ojos lavados de la imagen habitual y previa, con la húmeda frescura de las cosas de las cosas casi recién fundadas en el alba del mundo
- La poesía nace de la luz, de un relámpago, de una contemplación estética, del descubrimiento de un paisaje, de un aroma, de cierta gradación del color, de la temperatura del aire, todo ello unido siempre a la melodía del verso.
- Poeta es quien ve, como por primera vez, las cosas y devuelve su perdida virginidad a las palabras.

La extensa y bien llevada entrevista, en un momento dado, conduce al poeta a que exponga su *poética*. Carlos contesta extensamente. De todo ello sacamos unas breves conclusiones:

- la poesía es un lugar de descubrimiento, de análisis, de enriquecimiento y afirmación de mí mismo
- la poesía es un medio de descubrimiento del mundo, del precario e incierto sentido del vivir
- la poesía es un intento de explicación del mundo por la intuición y el temblor
- el máximo ideal poético al que aspiro se constituye por la debida síntesis y conjunción, en el poema, de sensación, emoción y pensamiento, junto a un amoroso cuidado del lenguaje
- toda poesía que ingenua o candorosamente no me emocione, no me haga sentir, o pensar, o estremecerme de arriba abajo; de vibrar en una sacudida espiritual, cordial o sensitiva, que puede ser también intensamente estética, no me interesa en absoluto
- la poesía nos ha de impregnar de su alegría, de su entusiasmo, de su angustia, de su melancolía, de su fulgurante vibración estética, es decir, de la onda vital de la existencia. No nos puede dejar indiferentes.

Como se comprueba, no se aparta ni un ápice de cuanto viene diciendo y escribiendo desde 1974, ni de lo que dirá en años sucesivos. Carlos posiciona la "emoción" provocada no solo por el mensaje del texto sino por el lenguaje para ello utilizado porque, con el paso del tiempo, cambia y (con)forman y/o (re)forman, modifican, en definitiva, los recuerdos que aquella acumula. Carlos, hasta que no supo ordenar sus emociones y recuerdos, no de los hechos que no vio en vivo, sino de lo contado sobre esos hechos que han permitido y modificado su conducta, no idealizando, sino sublimando la memoria de los sucesos ocurridos durante su nacimiento, no es capaz sino de conocer el significado de la ausencia materna y el modo de asumirla por medio de la poesía. Los sucesos tienden a navegar hacia el Leteo, hacia el olvido, y su recuerdo parece una simbiosis entre lo sucedido, el hecho en sí, y los relatos que en torno a él se construyen. Bien es verdad que vamos almacenando sucesos en nuestra memoria, pero tienden al olvido porque la presión de los mismos modificaría esos actos inmateriales e influirían excesivamente en un comportamiento emotivo y afectivo de un modo no conveniente porque podría haber impedido un comportamiento social normalizado. Es obvio afirmar que sin ese suceso, por el que pudo —o lo hizo— culpabilizarse sin sentido el poeta cordobés, sin la relación con él a través de la poesía, el pasado podría haber decidido lo que somos en este ahora. Y digo ahora porque este proceso ya estuvo casi siendo futuro en el orden psicológico que supuso "aceptar" el suceso: yo soy yo y las carencias que he de llevar conmigo toda la vida, pudo decirse el poeta. Son solo sensaciones que justifican la modificación de los recuerdos de antaño y sus titubeos en su enfrentamiento individual contra la vida.

Canto de la afirmación de mí mismo

En la noche de mis 20 cumpleaños y en el 20 aniversario
de la muerte de mi madre, a ella sola su hijo le dedica este
poema tan nuestro de los dos.

Porque sé lo que es eso,
porque nací a la vida mordiéndole a la muerte
y mi llanto primero
aún lo llevo clavado en la garganta,
como un largo cuchillo de acero inacabado,
porque sé del fulgor de los blancos quirófanos
y la marca del hierro
me quema encarnizadamente,
porque sé qué es el grito de una madre partida
y el calor de su vientre lo llevo entre las mano,
porque mamé el dolor en pechos ambulantes
y aprendí

la desnuda soledad de las cosas.
Porque sé,
porque sé lo que es eso
hoy me canto a mí mismo.

(CCC. De *Canto de la afirmación*. 1974:13. Fragmento).

Otra cosa es la nostalgia de ese pasado que todo niño, sin saberlo, quiere idílico porque es lo que va a tener base cuando, al no sentirse ya niño —desprovisto—, aunque siempre lo llevemos en el interior, se sienta dentro de lo que llamamos la lucha por la vida. Asumir ese pasado, que conlleva un espacio temporal desquiciado, es lo que va a permitir gestionar otras crisis futuras. Porque, cuando, en verdad, hay cierta "culpabilidad" en la acción u omisión, sí se abre una línea de responsabilidad, mas en este caso la emotividad, la emoción de la dignidad de un acto de amor materno al dar a luz, solo puede permitir vivir con todo el hecho en sí de forma positiva. De ahí, la tersura, la suavidad que, dentro del daño que produce la narración del hecho y la carga psicológica creada, modifica la recepción por medio de la emoción que en este caso personifica y permite diálogos madre/poeta de modo amniótico: nunca hablaron los dos con lenguaje humano, pero Carlos he recreado el diálogo madre no madre aún con el hijo no nato aún.

2007 se abre con una nueva antología de la poesía de Carlos con poemas seleccionados por Luis Alonso Girgado, con un acercamiento a la poesía de Carlos Clementson, a cargo del profesor y traductor gallego, en sustitución a la introducción del mismo poeta del que iba extrayendo su poética. Su título, *Las razones del mar. Antología poética (1974-2006)*. Por consideración al lector, vamos a hacer una breve cita del este texto del profesor Alonso Girgado porque acierta plenamente al situar la poesía de Carlos. Considera que persiste aún «una noción confesionalista de la poesía» que permitió superar los límites del academicismo al paso que arrasaba también con todo el sistema clásico. Mas, junto a la poesía que se adscribía a lo personal y a su inefabilidad, tendencia que prosiguió Mallarmé y las vanguardias, «continuó latiendo y dando frutos una poesía arraigada en lo más profundo del sustrato clásico y enriquecida, como no podía ser menos, con las aportaciones románticas». De cuanto escribe, nos interesa particularmente lo que sigue por cuanto va a situar a Carlos en el lugar que le corresponde por tendencias e influencias poéticas a partir de su aparición en el panorama de las letras hispanas. «A mi juicio, a ese reino pertenece la poesía de Carlos Clementson y en su horizonte adquiere pleno sentido su escritura, impetuosa como un torrente y dilatada en todos los sentidos de la palabra, extendida como el mar erigido en imagen tutelar, metáfora y deseo de su versos».

Y atendemos a una nueva apreciación que sí ayuda a nuestro cometido pues tratamos de definir su poética con sus mismas palabras, de poder. Nos apoyamos en el profesor Alonso Girgado: «Una de las más perceptibles manifestaciones del sesgo —posterior— de este autor es la progresiva desaparición de la realidad inmediata, la del mundo exterior, representada, en complementaria pareja por los añorados espacios marinos y por la amenazante presencia de la rutina urbana.» La presencia de lo anterior queda mermada por el triunfo de la palabra: «la función del poeta no es dar cuenta de sus conocimientos, sino la de hallar la forma en que puede potenciar en el lector la experiencia estética.» Todo esto sucede a partir de la aparición de *Non omnis moriar*.

Carlos no se sitúa frente a la vanguardia, sea propugnada por Baudelaire, Mallarmé, Verlaine, de los que tampoco se ocupa excesivamente en sus traducciones o estudios, o las conocidas por los textos o vividas durante el ejercicio de su quehacer poético. La vanguardia conlleva una ruptura con la anterioridad y una novedad que, poco a poco, es asumida a pesar de su innegable influencia momentánea —no siempre definitiva pues no acaba de fracturar el canon—, que añade novedades a su línea base, el clasicismo que aún perdura, por continuismo o por absorción de los poetas que sufren su influjo y del que casi siempre abjuran. Mas es también perceptible que los vanguardistas bebieron del clasicismo bajo algunas de sus formas o a causa de *la angustia de la influencia* (Harold Bloom). Bloom propuso para la enseñanza secundaria en EEUU que el estudio de las literaturas clásicas fuese obligatorio, tras comprobar el fracaso escolar de los alumnos después de ser eliminados de los estudios obligatorios. Él creía en el papel de la literatura en la formación de la conciencia poética y de la individualidad. Bloom, en realidad, lo que deseaba era desarrollar «una teoría de la poesía por medio de una descripción de la influencia poética, o sea, la historia de las relaciones». En definitiva, fija la naturaleza intertextual de la poesía mediante una lectura de los poetas como poetas, no del poeta como persona (Bolaño, 2011: 26-27).

Si para Huidobro no se trataba de imitar a la Naturaleza, sino de hacer como ella, en Carlos la Naturaleza forma parte de su yo poético. Si la vanguardia factualiza (propone) el ingenio frente a la realidad y el lenguaje, Carlos, teniendo como base la realidad, toma conciencia del acto creador por medio del lenguaje, menos gongorino de lo que se piensa a pesar de *La selva oscura* o

Non omnis moriar, concentrado siempre en la búsqueda de la emoción. El que su verso sea en ocasiones más largo de lo común y de que el encabalgamiento parezca romper la regla gramatical forma parte de su sentido del poema. En la dedicatoria del libro que poseo, expone que estos versos van «en busca de la luz entre un bosque de preguntas y dudas sin respuesta». Se manifestaba así en enero de 2002.

EPITAFIO PARA UN POETA

A Marià Manet,
traductor que diera nueva voz nuestra a tantas voces ajenas

Pues que tu reino ha sido la palabra
plural, sellada y pródiga;
puesto que hiciste tuyas
tantas voces distintas, tantos lejanos cantos,
y hacer vibrar supiste
su lira hasta ahora muda
cerca de nuestras almas;
pues en tan varias notas, gozoso, adivinaste
la identidad del ritmo con la unidad del mundo,
y en la flor de la altura o la palabra viva
de los hombres oíste la divina armonía
del viento y de los orbes celestiales cantando;
pues que más ancha hiciste la voz de los poetas,
más compartida y nuestra,
cual eco que hoy retorna a su antiguo instrumento,
en su ancho mar de música

te acoja el Verbo eterno.

(CCC. De, *La selva oscura*, 2002: 17)

Todo eso que acabamos de decir, y que hemos dejado reposar con la lectura del poema de Carlos, se sitúa frente a *la poesía de la experiencia* y la metafísica, abandonado ya el *venecianismo* o el correlato objetivo de algunos novísimos o el monólogo interior de Gil de Biedma. Carlos caminaba por su sendero, opuesto, por ejemplo, al de Víctor Botas, junto al que figura en una antología e incluso la nueva *sentimentalidad* parecía disuelta. Carlos seguía con su personal poética, ajeno a otros planteamientos ideológicos o propios de la nueva crítica de J. Derrida, la deconstrucción, por ejemplo, ajeno a la diversidad poética que no alteraba su credo basado en la emoción y en la longura de la armonía en sus versos retóricos, en los que destaca un lenguaje majestuoso. Es ajeno, además, al materialismo dialéctico de raíz marxista, e incluso a la poesía arraigada, porque su compromiso era con la sociocultura del pasado glorioso manifestado en sus libros sobre Córdoba y la sabiduría de las tres civilizaciones y sobre la palpitación que le produce la visión de su propio yo afectivo y el caudal estético que desarrolla mientras recrea su vida y sentimentaliza delicadamente el óbito de Estrella Cerezo, su madre, fallecida a su nacimiento, la generosidad del abuelo Alejandro que le salva la vida, aquellos maestros que le hacen amar los libros, la poesía, y la misma Naturaleza que le lleva a palpitar a través de la mediterraneidad, de lo grecolatino, del iberismo de última hora, a lo que quizá haya que añadir los sentidos poemas de la pléyade. ¿Por qué la pléyade más que los simbolistas? Simplemente por el ideal de belleza de los siete poetas que la componen en el siglo XVI y a los que Clementson traduce en parte. Simplemente por la presencia de la tradición grecolatina en un país cultivador del humanismo basado en el conocimiento, comentario y traducción de los autores básico del mundo grecolatino en la enseñanza de lo que hoy serían las "letras". Para Martínez Cuadrado (1985: 5-20) es un criterio de gusto que se ajusta al de Clementson y en el que también predomina la armonía entre expresión y contenido, y como contrapunto a una ornamentación muy personal aporta además claridad a pesar de la referencia constante a aquellas civilizaciones que se hace como contraposición a la nuestra actual y a la conservación y mantenimiento de este mundo posible recreado con inteligencia. Es, pues, una gestión personal de lo que Carlos entiende por belleza idea o una estética que es la manera de poner en el escrito lo que caracteriza su poética.

Pero esa sensación de estar/ser ajeno a cuanto sucede socialmente a su alrededor solo indica que no lo hace materia poética, que trasciende una estabilidad íntima que deriva en una plasmación artística utilizando cuanto de representativo halla en el lenguaje. Cuando manifiesta esa especie de emanación confesional —autobiográfica— que supone desnudarse, desnudar su yo y aseverar su condición humana, lo que sugiere es una ruptura de estereotipos teóricos que facilita el conocimiento de una *vita beata* (feliz) en un *hortus clausus*, clásica, ascética si se quiere. Ascesis que significa conocimiento interior para desprenderse de lo que sobra y pulir la conciencia: es un autoperfeccionamiento que se manifiesta incluso en la mesura exterior. Solo hablamos de lo que extraemos de su lectura. Ese ascetismo que lleva a vaciarse interiormente para dar paso a cuanto le lleva a la expresión poética da a entender la consecución de una armonía que no excluye la realidad, sino que la supera, a pesar de que no la hace materia poética en su producción conocida.

Si leemos a Luis Bagué, nos daremos cuenta de que se acerca a este estado, aunque parece que el acercamiento a este neoclasicismo no semeja a una nueva tendencia o movimiento estético-literario, mientras en la periferia, en este caso andaluza, como sucede a Carlos, ha permanecido siempre en este estado, es este criterio, en esta poética: «Desde mediados de los años setenta, el regreso al universo clásico es indisociable de la restauración de un humanismo que se basa en el equilibrio entre los aspectos artísticos y vitales que se vierten en el poema. De acuerdo con esta reivindicación ha de entenderse el reencuentro con los maestros (Catulo y Marcial) y con las fuentes (el epigrama, la sátira y la elegía) de la tradición grecolatina. Más allá de la utilización ocasional de la referencia mitológica o del apunte erótico, se gesta una nueva cosmovisión vinculada con una manera personal de interpretar el clasicismo» (Bagué, 2004: 11-34).

Cada uno en su caso puede manifestar en qué consiste su regreso a la Hélade o a la Ausonia, a su Ítaca particular, pero, en el caso de Carlos, no hay regreso a ningún lugar ni inserción en culturalismo alguno dado que esa es su manera habitual de manifestarse poéticamente. Con solo leerlo, sobra. Lo que sucede es que a Carlos, siempre en su canon, en su poética, no se le tiene en cuenta al enumerar los criterios, las tendencias literarias, no hablaré de modas, en sus años de escritura. Carlos parece solo en su periferia cordobesa, ajena a esos arbitrios, siempre en ese intimismo emotivo pagano, emocional, equilibrado. Porque Carlos es el poeta del equilibrio emocional interior y del lenguaje apropiado a ese estado anímico.

Esta noche

Esta noche
has llenado dos vasos de vino hasta la boca,
de un vino espeso y agrio, como sangre de Dios,
y has brindado por todos los hombres de la tierra,
su historia cotidiana, su pequeña tragedia.

Apuraste la copa —las heces de este humano
cáliz—
de un solo trago

          —amargo—

mientras el otro vaso quedaba hasta los bordes
de vino y de tristeza,
                                        aguardando unos labios
sobre la tabla desnuda de la mesa.

Luego,
con un gesto cansado,
has salido a la calle
y te has sentado sobre una piedra cualquiera del camino
a ver pasar los hombres
con su misma miseria de siempre entre los hombros.

(CCC. De Canto de la afirmación, 1974: 41)

El mes de noviembre de 2008, sale a la calle el nº 6 de *Buxía, arte y pensamiento*, al cuidado de Domingo Nicolás. Es un monográfico dedicado a Carlos Clementson. Su lectura es muy interesante porque los colaboradores son varios y variados sus textos críticos y opiniones casi siempre admirativas, sin obviar las semblanzas que nos dan a conocer su personalidad y el anecdotario que rodea su figura. La entrevista que Domingo Nicolás le hace a Clementson es realmente aprovechable para descubrir alguna faceta de la poética del poeta cordobés, por no decir lorquino. Se reparten por igual las colaboraciones de profesores universitarios y amigos tanto de Murcia como de Córdoba y otros lugares. La nómina de quienes acuden al homenaje al poeta es dilatada y de calidad. Destaca por su aportación el profesor Díez de Revenga que, sin duda, conoce perfectamente a Carlos desde los tiempos universitarios de Murcia, como sucede con Victorino Polo. Para Justo Jorge Padrón, «sus poemas abren puertas renovando conceptos: los reinos de la amistad, el viaje de los héroes, el erotismo, la deslumbrante belleza, el fulgor de la memoria para contraponerla a la envidia, la hipocresía, la crueldad. […] Un refinado poder metafórico y un genuino culto a la imagen brillante muestran la poesía de Carlos Clementson. Emana de un sorprendente impulso encantatorio, grácil, en ocasiones majestuoso, revelando su inmersión en lo onírico para ofrecernos el paisaje inesperado de lo maravilloso. Posee algo verdaderamente inusual en sus ancestros arábigo-andaluces o del mismo Lorca, eso que los españoles llamamos *duende*. Un componente que aporta magia verbal, transparente seducción, capacidad de asombro, algo que queda flotando entre la retina y el alma para conmovernos con su aleteante misterio y su decir inefable» (Padrón, 2008: 42-43).

De la entrevista a que nos hemos referido que podemos leer en *Buxía*, hay alguna afirmación del mismo poeta que puede contrastar con lo que apreciamos los críticos, que, sin embargo, ayuda al conocimiento del poeta, a sus criterios críticos que nos pueden ayudar a la comprensión e interpretación de su poesía. Clementson entiende que la poesía es «ver las cosas como por vez primera, en su profundo y esencial significado, con los ojos lavados de su gastada imagen habitual y previa; en ese momento, los seres, las criaturas, las cosas —o el recuerdo de las mismas— nos hablan con la húmeda frescura de los seres casi recién fundados en el altar del mundo» (Nicolás, 2008: 72-73). Preguntado por su evolución, contesta: «Intuyo que mi personalidad poética y humana está fundamentada en un constitutivo vitalismo que me lleva a enamorarme continuamente de la vida y del mundo que nos toca vivir, de la realidad en torno, pero esa gozosa afirmación en la realidad está contrapesada por una insoslayable conciencia del dolor, del mío y del de los otros, pues conozco mi historia y creo que igualmente conozco bastante bien la Historia y ello me impide forjarme ilusiones. Así que toda mi obra oscila entre dos polos de atracción: el himno y la elegía. A todo ello habría que añadir la vivificante contribución que a mis poemas y a mi propia personalidad ha proporcionado la cultura, un atento y vocacional conocimiento de la literatura, de la filosofía, del arte, que para mí pueden resultar tan necesarios como el aire, o mejor, los alimentos, y que constituyen quizá la mejor y más noble parte de mi vida, y que, no podía ser menos, ilustran y fecundan mis creaciones» (Nicolás, 2008: 72-73). Cuando le piden que enjuicie su propia labor como poeta, que descubra su poética y su estilo, contesta: «En poesía me gusta aunar emoción, sensación y pensamiento. Poéticamente soy omnívoro. Solo no comulgo con esa poesía fría y distanciada, en la que su autor parece presumir de una ironía de vuelta de todo, la mayor parte de las veces impostada. La prepotencia autosuficiente de ciertos poetas de mi generación, me resulta poco gratificante». Posiblemente, en el fondo de cuanto se percibe en la poesía de Carlos, aparece un sabor decadentista que se vislumbra por su enemiga con la trivialidad y la vulgaridad, en la aceptación de una cultura que acepta una estética refinada que venera la ruina y se caracteriza por el detalle. En el mundo de poeta de Córdoba no ha lugar la frivolidad pero tampoco se refugia en esa quietud que transmite la égloga o la bucólica. Carlos no es un poeta maldito, sí transgresor en algún momento. De todos modos, los ecos que hallemos en nuestro poeta proceden más de sus lecturas que de su atracción por sus vidas y/o conductas, o por su relación con el modernismo tanto de Rubén Darío como el de Antonio

Machado. Quizá se note más ese influjo en el simbolismo que aparece en su obra. Pero, por otro lado, Carlos forma parte de los autores contemporáneos en cuya obra podemos hallar, no en exceso, hipertextos de los autores greco-latinos a que se refiere en sus poemas. Es obvio así que un texto quede representado en el otro. Aunque esto sucede no de modo parco, sí podemos hallar con relativa frecuencia el "espíritu" grecolatino como sello personal del autor, como una capa básica subyacente sobre la que se sostiene el andamiaje de su poesía, sobre todo en los libros que comprenden su poesía primera que puede concluir en *Archipiélagos*, lo que significa la recreación, más o menos idealizada, de una cultura, porque obedece a un cambio de sentido de la percepción no de tal o cual escritor grecolatino, que sí ejecuta en la antología *La música de Orfeo*, sino por el fervor que le produce dicha cultura.

Como la poesía se presta menos al comentario, apenas existen metatextos. Es la recreación estética, armoniosa, de un ambiente pleno de belleza lo que prima, belleza que es captada y recreada por medio del lenguaje. Así que solo nos es dable constatar la vigencia del mundo clásico porque es, o puede ser, fuente de inspiración o de recreación de un ámbito natural que ya es propio del poeta y lo manifiesta en su escrito, como sucede en su obra, postura trascendente para el recuerdo recreado de la tradición humanista, o la reactualización de la Naturaleza frente al decadentismo artificial.

XXX
Santuario
(Delfos)

HASTA aquí,
bajo el viento escarpado que baja de las cimas
del nevado Parnaso,
suspendido en su vuelo,
desde el haz de la tierra y el ombligo del mundo
y a los pies
los olivos infinitos de la sacra llanura
que bañan sus raíces en las ondas de Itea,
hasta aquí he ascendido
no a escuchar al oráculo ni a la pitia agorera:
a oír respirar el mundo.

(CCC. *De Archipiélagos*, 1995: 49)

El uso de las ruinas con el sentido que les proporciona el barroco ayuda a encontrar la melancolía. Pero es muy complejo o difícil conocer el misterio en la melancolía porque no es una cualidad de los escritores: «La melancolía es producida por el movimiento del autor alrededor de su objeto, por el roce ocasionado por este movimiento giratorio próximo» (Jouannais, 2017: 11). En estos momentos no nos interesa el análisis de la melancolía, nostalgia, saudade o como se quiera llamar desde el punto de vista de la psicología o psiquiatría. Eso haría explicar una característica literaria que es nada más ni nada menos que una característica del estilo de Clementson. Es un poeta formado en el mundo clásico: primero ahonda en el mundo grecolatino, después abreva en el barroco, que introduce nuevo significado y matices en el tema, bucea en la literatura de países que fueron y son helenistas o poetas romanos, dueños de la oda, la égloga, la elegía y del sentimiento que produce la ruina, el pasado ido, la ausencia de lo amado, y, a partir de aquí, traspone cuanto está sucediendo a su alrededor y lo (re)-sitúa en aquello que constituye una cultura fundada por la civilización romana, aunque llevase la guerra, a cambio de haber dejado su lengua, su orden social, su derecho cívico. De ahí la parodia de Jouannais que viene a decirnos, sin nombrar a esta gente que destruimos la belleza, la hacemos ruina y la adoramos porque ha venido a crear otro tipo de belleza, como dije antes. Por eso, Clementson no se acerca a ningún autor o época que no participe de esos sentimientos y principios culturales. No por ello piensa en la utilidad de la belleza, sino en aquella vida bucólica que ansiara en estos nuevos tiempos que no participan de aquellos ideales. Por eso, dota a su poesía de una dimensión emocional que aprendió de aquella familia culta que en la campiña de Córdoba le transmitió una forma de vida que poco a poco se fue agostando. Clementson se ha resistido a su desaparición y ha sabido pasar su vida en estos tiempos con los ideales de aquellos.

Lugar de la memoria

La recreación de la memoria histórica se ramifica en diversos aspectos, cada uno con su sentido ideológico. Mi reflexión me conduce a creer que la reconstrucción del pasado heleno-romano, además de servir de guía en el presente, no tiene como fin el conocimiento del mundo antiguo, sino una visión pagano-romántica que mira y atiende al mundo antiguo tal cual es en el presente, quizá por razones intelectuales que permiten la idealización de un panorama cultural en el que caracteriza a ese pasado glorioso con un telón de fondo en el que se desarrolla una pasión literaria, sin otras razones que añadir (Sancho Rocher, 2015: 9-17). Porque en ese mundo antiguo suceden escenas de espíritu heleno, pero el clima es el mismo cuando se relata una ausencia, una presencia ausente, una sugestión amorosa o la elegía por la ruina, por los tópicos de la brevedad de la vida, más corta que la brevedad de las cosas transformadas: una columna se quiebra y cae, el capitel, quizá por su práctica o su utilidad se entierra, cae en el olvido y cobra la belleza de una ruina, revive, crece el prestigio intelectual de los artistas. Toda esta tradición ingénita en Carlos es la que se recrea en este libro. Así pues, se puede deducir que la afición de Carlos por los escritores de finales de XVIII y comienzos del XIX, se origina en el prerromanticismo, que exalta lo individual frente al uniformado modo de las escuelas. La ilustración pretendía, a través de la democratización de los conceptos belleza y conocimientos, hacer mejorar a los hombres, dado que la libertad, bien absoluto, la lograrían mediante el bien común y la cultura: la educación estética era un complemento decisivo de esa aspiración. Redimir de la ignorancia era ser propicio para nuevas empresas y experiencias. Bien es verdad que «la historiografía constituye una rama de nuestra disciplina que analiza las circunstancias que determinan las particularidades interpretaciones que, en momentos culturales diversos, se ha hecho del pasado; en nuestro caso la Antigüedad. Este ejercicio puede desvelar la reacción y divulgación de mundos ideales o delirantes que nunca existieron» (Sancho Rocher, 2015: 9-17). En la poesía de Carlos no existe interés alguno de resolver en sus poemas problemas reales ni objetivos disparatados. Solo deja caer las palabras que forman un poema en un cronotopo generado en la antigüedad grecolatina, renovado en el renacimiento, revitalizado en el romanticismo para que de este modo llegue a nuestros días.

Geografía cultural: el paisaje como ficción

La geografía cultural estudia los fenómenos y productos culturales de las distintas poblaciones humanas a medida que las poblaciones migrantes se desplazan o asientan durante un periodo de tiempo determinado. Son, pues, las obras humanas las que se inscriben en la superficie terrestre e imprimen una expresión característica. Es decir, la acción del hombre modifica la superficie terrestre. La huella del hombre en el planeta tierra se relaciona con disciplinas humanísticas y sociales: antropología, sociología, historia, lingüística… Fue Sauer (1925) el que, con la publicación de un artículo que causa un gran impacto cultural, obliga a buscar otros derroteros y el paisaje como tema en los estudios literarios evoluciona. Pero, en realidad, me vengo a referir a aquellos hechos poéticos, en este caso los de Carlos, que vienen a hacer un poema de esa acción del hombre, por ejemplo, los poemas sobre el Huerto de la Rueda y los de Calabardina, incluido el paisaje que lo componen o modifican, que eso es lo que el poeta traslada a su texto. Además, se puede tener en cuenta la religión, la lengua, la psicología, la manera de ser, el poder simbólico del territorio sobre los individuos y las colectividades en su identidad. Esto sucede así porque son las percepciones de la sociedad posmoderna, aunque quedan restos de la corriente humanista anterior. Así que se puede cultivar una lectura cultural del paisaje entre otros: «interesa trabajar sobre el origen y la polisemia del término paisaje. El paisaje a través de la plástica, la literatura o el cine; paisaje, patrimonio edificado y proyecto urbano. Por supuesto el paisaje subjetivo y existencial (p. 44)». Hay que tener muy en cuenta el valor simbólico de los cascos urbanos históricos, los monumentos y las ruinas que ya hemos mencionado. Esto puede explicar que el mar conocido e idealizado, el Mediterráneo, el más cercano a la Grecia clásica o esas calas desiertas y casi vírgenes, no contaminadas aún, sea el lugar de los héroes y templos paganos y lugar de la poesía de Carlos.

PIEDRAS DE LORCA

A Manuel Muñoz Barberán,
que hizo de ellas patria y color de su pintura.
In memoriam.

Esta piedra que al sol cuenta su historia.
Esta historia que aún late en nuestras venas.
Esta luz, este azul, este universo
de heráldico sillar y augusto cielo.
Este cielo oriental de altos zafiros.
Esta copa de luz tallada al fuego.
Este oro cansado y prestigioso.
Esta piedra que al sol dora su espalda,
levantada y total, y se corona
fronteriza y real, proa alfonsina
hacia el Sur nazarí entre arrayanes.
Esta espada, esta llave, este castillo
que forman parte ya de la leyenda
y en tu color deviene historia viva,
compartida mansión, luz de los ojos.
Estas piedras litúrgicas en ruinas
sobre el flanco tenaz de la montaña,
este afán de seguir –tallo y cimiento–
renovándose en torres escalares.
Este viejo paisaje de la infancia
y su umbría alameda adolescente.
Este río violento y silencioso,
el ruiseñor aquel del huerto puro
a salvo ya en su cielo azul platónico.
Este sueño real pero imposible.
Esta herida de gozo y de tristeza.
Este rayo de luz entre la niebla.
Esta Lorca que al sol levanta el vuelo.
Este sol que es el dios de nuestra historia.

(CCC. De *Rapsodia Ibérica.* 2018: 275-276)

Espacio antropológico

Gustavo Bueno definió en 1978 el espacio antropológico y viene a ser la relación de los hombres con otros hombres (eje circular), la relación del hombre con entidades no humanas y no personales (eje radial) y el hombre en su contexto con otras entidades no humanas pero parecidas al hombre (eje angular). Este concepto pertenece al materialismo filosófico en donde el hombre no puede definirse a sí mismo, sino que está siempre dentro de un contorno o entorno en el que se relaciona con las cosas que no son él mismo. Una vez más renunciamos al resumen del contexto no literario, sino antropológico, que bien por la intertextualidad o la interrelación de los géneros utilizamos con la intención de conocer al hombre a través de su escrito. Hay, pues, una contaminación cultural entre el cuerpo y el espíritu. El lugar indica el orden de los elementos en relación de coexistencia. La operaciones atribuidas a lugares físicos especifican espacios (De Certeau, 1996). Quizá pueda ser útil pensar y determinar que la obra literaria —poesía, traducción, ensayo, crítica literaria— produce un *espacio cultural* que ocupa esa misma obra, y que aglutina, como lugar de memoria, una tradición cultural que cultiva. Pierre Nora (2008), antropólogo francés, acuñó el término *lugar de memoria* para designar los lugares en los que se cristaliza y se refugia la memoria colectiva: la Fuente de la Piedra Escrita (Córdoba), la Casa de las Columnas (Lorca). Lugar de memoria es una propuesta historiográfica que ofrece un modo específico de analizar la memoria. Con el paso del tiempo, ha venido a definirse como «toda unidad significativa, de orden material o ideal, de la cual la voluntad de los hombres o el trabajo del tiempo ha hecho un elemento simbólico del patrimonio memorial de cualquier comunidad […] Un lugar de memoria abandonado no es, en el mejor de los casos, sino el recuerdo del lugar».

A la manera de conocer lugares con memoria se le llama *Ars memorativa*. Se trata del conocimiento de espacios públicos que los seres humanos han utilizado como lugar para la memoria. Posiblemente como signo de los tiempos, hay pocos espacios de significación religiosa. Son más abundantes los espacios en los que se emiten discursos ideológicos, pero son personas las que emiten discursos literarios. Entonces, sucede que la arquitectura se vuelve significativa desde el punto de vista semiótico, hermenéutico o fenomenológico. Lo sea o no, Carlos escribe sobre los lugares de memoria. Pero este escrito apenas nada tiene que ver con las construcciones imaginarias de nación, si es que en España se trabaja en este sentido, pues busca analizar qué del pasado ha cristalizado en el presente. No nos corresponde ni sabemos cómo analizar esta propuesta, sobre todo cuando la relación historia-memoria no es la misma desde 1989, con el fin de la propuesta socialista de futuro, pues surge un fenómeno nuevo, cual es «una memoria cautiva de la memoria» (Allier, 2008: 165-192), que entiendo politizada. Solo se plantea esta situación para que sea tenida en cuenta cuando se considere la poesía de la memoria de Carlos como la manifestación de una ideología intelectual o cultural.

El texto es un espacio de comunicación en el que el yo se conoce como poeta que elabora un discurso a través de la tendencia helenista y la cultura grecolatina perteneciente a un humanismo liberal y, sobre él, se gestionan las experiencias psíquicas, semióticas, cuyo uso constituyen su estilo. Si los libros ponen algún tipo de auto-prefacio, indican sujeción a un dinamismo semántico. La experiencia se lee, el acto debe producirse como consecuencia de aquella, así se establece la comunicación de modo que se pueda celebrar una actividad mental acerca de la comprensión e interpretación de cuanto el texto sugiere. El estilo lírico del poeta proporciona la base del espacio que configura el poema relacionado siempre con la Naturaleza o con la Cultura. Pero es posible que la lectura proporcione material para que la experiencia se transforme en materialidad asumida que, a su vez, crea imágenes mentales generadas por esa lectura sensual a que hemos aludido. Todos esos espacios si no dan lugar a diálogos, sí lo hacen a meditaciones activadas por el discurso que genera una construcción poetológica que permite situarse en el lugar del otro. Es posible hasta imaginar un lugar sobre los terrenos físico-marítimos que constituyen un hábitat sin que se genere un desplazamiento psicológico, porque ese lugar de encuentro lo marcan las relaciones ficcionales de Carlos con su madre, la naturaleza, la cultura y la escritura del poema. Su poesía ocurre en un paisaje cultural —relación del hombre con la naturaleza que permite comprender la intervención del ser humano en ella— que cobra sentido a través de la memoria y crea una poesía apegada a la tierra que es una forma de geopoética cultural. Estos paisajes culturales permiten diferenciar el espacio social —el espacio de las interrelaciones con los grupos sociales y con los lugares— del espacio geográfico (García López, 2015: 521-532). Sus espacios habituales cobran vida desde una mirada antropológica consumada a través de la experiencia. Y, aunque son lugares concretos —el Huerto de la Rueda, el mar de Calabardina, Medina Azahara, Corduba antiqua— quedan envueltos por una magia idílica que los hace lugares espirituales ideales, porque Carlos mantiene una concepción humanista de la geografía cultural. Casi toda su poesía es una expresión del recuerdo que ahora es memoria desde que el abuelo es casi su todo tras salvarle la vida y termina en él mismo escribiendo poemas épico-míticos, sagrados, en menor medida históricos. Pero no se ha especificado que la suya sea una *poesía testimonial*, porque su escrito se ocupa de una historia de todos, aunque no entra en fabulaciones históricas, a qué no se va a sobreponer la poesía:

historiografía → se ocupa de lo histórico
crítica literaria → se ocupa de lo literario

De este modo, se genera un metadiscurso, en el que también interviene la intertextualidad, que proporciona a la crítica las herramientas propias de la historiografía. A pesar de todas estas implicaciones que relacionan la poesía de Carlos, podemos considerarla como poesía de la experiencia que vivencializa el pasado, con lo que elabora una relación con la Cultura y con la Naturaleza. Y también se puede hallar en ella un *anticanon*, porque lo primero que se percibe es el mantenimiento del buen gusto, que le proporciona esa pátina que ilumina lo decadente.

Lugar de la traducción

«En el poema, cada palabra casi debe ser empleada en su sentido original. Algunas palabras, separándose, se hacen Plurivalentes. Las hay amnésicas». «El poeta no retiene lo que descubre: una vez transcrito, lo pierde enseguida. En eso residen su novedad, su infinito y su peligro». Con estas dos citas de René Char abre Alicia Bleiberg su *Nota preliminar* a la traducción de la edición bilingüe de su autoría (2007). Traduce Alicia Bleiberg *Común presencia*, una antología que el mismo Char compone en 1964 y amplía en 1978. Si me entretengo en estas anécdotas, lo hago no por capricho sino porque las creo relacionadas con lo que nos ocupa. Porque las opiniones diferentes enriquecen las interpretaciones de los textos de los otros (la otredad). «Si la poesía es el menos traducible de los géneros, si incluso es imposible transferir en la misma lengua palabras o significados, o explicar en otras palabras una imagen sin empobrecerla ni traicionar una parte fundamental de su contenido y su expresividad, traducir poesía de una lengua a otra plantea dificultades añadidas. Y si además el autor que hay que traducir es alguien como Char, autor de una obra especialmente hermética y elíptica, entonces el reto es para hacer desistir a cualquiera. No en este caso, en el que Alicia Bleiberg no se ha limitado a hacer una traducción literal de esos textos que plantean enigmas y muchas zonas de sombra al lector francés culto» (Domínguez, 2007). Me alegran estas opiniones por Alicia, hija del poeta Germán Bleiberg (Molina, 2016). La traductora entiende que lo verdaderamente importante es referir al poema original y esperar que la traducción ayude un poco al lector.

Es normal que cada uno de los teóricos de una especialidad, *traducción* en este caso, sean autores de una definición de este campo de la filología, traducción e interpretación de idiomas. Eso es bueno porque cada una aporta matices o sensaciones que aunque no vayan a llevar a una definición aceptada por la mayoría, sí sirve para encontrar la que uno busca. Nuestra misión en este sentido es dar a conocer la dedicación de Carlos a la misma y qué libros son los que ha traducido y en qué idiomas. «La traducción es, ante todo, un discurso y un espacio de reescritura, de interpretación de un texto que guarda un compromiso con un texto original. Interpretar el texto es tomar en consideración la forma, «es dar a las palabras su valor estético pertinente considerándolas como parte del sentido» (Bueno, 1997: 517). «El traductor es un creador que intenta emular la creación de otro, valiéndose de recursos distintos para hacerlo y obteniendo, por lo tanto, un nuevo texto, de tal forma que los problemas que se presentan al trasladar la información de un código lingüístico a otro, además de revelar tanto el funcionamiento de las lenguas involucradas, como de la obra misma, dejan ver al traductor como segundo autor, pues son las soluciones que da a estos problemas los que lo vuelven un agente activo —y creativo— en la traducción, y no solamente un intermediario entre autor y lector» (Candia Castro, 2018). Rocco Mangieri expone que la traducción no es únicamente «la búsqueda de ambivalencias semánticas en la traslación de un texto inicial a un texto de llegada, sino como sinónimo del proceso interpretativo, como desencadenamiento de procesos de semiosis ilimitada y que, por tanto, implica no solamente la denotación sino también y sobre todo los procedimientos de connotación» (Mangieri, 2000: 132). Pero, enseguida regresa al redil: «traducir es interpretar un texto».

Ante estas definiciones y otras que no traslado a nuestro texto por no importunar al lector, quiero señalar que sí hay algunas apreciaciones de las que voy a extraer una que me parece interesante.

CANCIÓN DE ANIVERSARIO

Tempus fugit, sicut nubes, quasi naves, velut umbra. Virgilio

Pasan los días, los meses,
pasan los años igual
que vamos pasando todos,
igual que pasan las naves,
igual que las nubes pasan
como sombras por el cielo,
igual que pasan los ríos,
como cantara el poeta,
que van a dar en la mar,
en donde nos perderemos
(o quizá nos salvaremos)
por toda la eternidad

con todas nuestras heridas,
nuestros sueños, nuestro afán,
con todas nuestras quimeras,
para no volver jamás.

CCC. Inédito

El sentido que me lleva a hacer estos comentarios radica en que la lectura de estas traducciones, muchas de ellas, provocan en mí como una semejanza con el escrito poético personal de Clementson, por lo que creo, en verdad, que lo que estoy leyendo traducido es (me lo parece) una magna interpretación del poeta autor, hecha por Carlos. Esto me ha conducido no a comparar, que no me gusta la acepción, sino a leer diferentes traducciones de poemas conocidos, con verdaderas dificultades, y tratar de "percibir" las características de las de Carlos. Así he hecho con algunos de los sonetos de Shakespeare, con algunos de los poemas de las *Elegías de Bierville* de Carles Riba, con alguno de los poemas de *Cimetière marine* de Paul Valéry, o con *L'infinito* de Leopardi, quizá por su complejidad, por ser unos poemas conocidos e ilustrativos por tantos traductores que se han atrevido con ellos quizá sin conocer algunos del todo los finos entresijos de esas lenguas vernáculas. Este ejercicio ya lo había hecho a un lado la traducción de Carlos Clementson, al otro los libros de otros traductores, modo de darme cuenta de cuál de ellas llegaba más a mis sentidos o eran mejores garantes de literariedad.

El infinito

Siempre grato me fue este alcor desierto
y estos arbustos que tan amplio margen
del último horizonte ver impiden.
Mas, sentado y mirando, interminables

espacios me imagino y sobrehumanos
silencios y una calma profundísima
que al corazón espanta. Y como al viento
lo escucho susurrar entre estas frondas,

tal silencio infinito a esa voz suya
comparando voy yo y lo eterno asáltame
y las muertas edades, y está viva

y presente y el son de ella. Así en esta
inmensidad se anega el pensamiento,
y naufragar me es dulce en este mar.

(G. Leopardi. Traducción de CCC en *Bellas estrellas de la Osa*. 2023: 313)

Los premios recibidos por sus traducciones testimonian el buen hacer de Carlos. Pero eso no es algo que la amistad provoque, porque, sin entretenerme en contarles, ha debido publicar más de cuatro mil, que no sé las traducidas, de poetas portugueses, italianos, franceses, ingleses, gallegos y catalanes.

La consideración despectiva a la que se sometía al traductor (traduttore → traditore) parecía algo que debía someterse a revisión, siquiera por defender la dignidad de un trabajo cultural. Parecía doctrina común hace unos años que a la traducción había de concedérsele el valor de instrumento válido para examinar las relaciones existentes entre literaturas y culturas distintas, y que, aunque traducir es trasladar, también es interpretar (Colomer, 1991: 391-393). Mas, desde no hace tanto, el proceso de investigación determina que la traducción hay que entenderla como creación frente a recreación, es decir, considerar al traductor como creador de un nuevo texto (Álvarez Calleja, 1995: 703—704). La misma Álvarez cita a Bárbara Folkart porque «ve la traducción como un acto creativo, un proceso de recreación que extiende el potenciar interpretativo y añade virtualidades y resonancias propias del texto fuente». Para otros, «los escritores/traductores son mediadores hiperespecializados en la formación del canon literario, en la transmisión de ideologías y de la imagología» (Giné, 2017: 569-573). Sánchez Robayna (1998), años atrás, advertía «que los estudios sobre traducción corren el riesgo de sucumbir bajo el exceso de teoría», pero bien es verdad que sobre algún aspecto científico han de sustentarse. Al menos es lo que le da carácter. Así pues, el estado actual de los estudios de traducción radica en la relación entre creación y traducción en el ámbito literario, en su función en la formación del canon literario, en la transmisión de ideología y de la imagología. No se trata, pues, de conocer quién traduce a quién, sino de entender que la labor de los traductores es humanística, que contribuye a la divulgación de las ideas estética de un autor y ayuda a entender que la traducción ha de ser considerada como creación literaria.

Se ve así la relación de la traducción y la imagología dentro de la literatura comparada. Para Dyserinck (2016: 281-192), uno de sus objetivos debe ser una verdadera desideologización de las relaciones internacionales literarias, dado que obstaculiza el entendimiento entre las culturas. Sin embargo, al aprovechar las herramientas de análisis que otras disciplinas ponen a nuestra disposición, utilizamos el potencial de la imagología para la interpretación, comprensión y versión de los textos. Mas otras opiniones se abren paso y certifican la rápida evolución del marbete. Tanto que la anterior opinión de Dyserinck queda superada. Si parecía que la sociología y la psicología podían solucionar determinados problemas —la sexualidad, los problemas sociales— mejor que la literatura, se asevera que la literatura ya estaba utilizando medios de otras ciencias sociales y humanas para complemente su valor teórico-crítico. Pero desde la existencia de la imagología, nacida en la literatura comparada, es perfectamente utilizable por haber definido un campo de trabajo, un objeto y un método propio. Es decir, la imagología trabaja con las imágenes de los países (y la de sus autores), «que emergen de los textos literarios y cómo estos son leídos, asimilados y consolidados por sus lectores y sus comunidades» (Pérez Gras, 2016: 9-38)

No citamos el clásico análisis de Octavio Paz por conocido, pero podemos entender, con otros autores, que «la tarea del traductor literario representa muy bien la dialéctica de la exploración de mundos imaginarios en la lengua extranjera como un trabajo metodológico y científico, una realidad que nos hace reflexionar sobre el autor como representante de una cultura heterogénea, sobre el lenguaje utilizado en determinado tiempo de la historia y, más aún, sobre el mensaje que transmite y a quién» (Dos Santos/Alvarado, 2012: 221). Más cercana a nuestra fecha, el avance es notable y se entiende al traductor como autor. Así lo entiende Regina López Muñoz, quien considera una responsabilidad enorme «sondear todas las capas de que se compone el texto» y, a partir de ahí se traslada a la lengua en cuestión. Si esa reconstrucción es creativa, no queda duda de que el traductor es el autor de dicho libro (Vessel, 2022). Paolo Valesio (1996) inscribe la traducción poética en una poetología general.

La necesidad de la teoría literaria es constatable para determinar si las propuestas del investigador tienen sentido como pertenecientes al canon existente dentro de la literatura comparada. Hay otro sentido en esta dedicación que es la orientación retórica como parte de un discurso. Albaladejo entiende que la traducción es un componente imprescindible de la comunicación. Si los participantes de esa comunicación no poseen el mismo código lingüístico es necesaria la traducción porque supone una prolongación de la comunicación más allá de la producción del acto comunicativo (Albaladejo, 2007: 179). Mas también entiende que es un proceso discursivo «en el que se combinan la interpretación y la producción textual, en un planteamiento comunicativo que engloba la totalidad del proceso que comienza con la producción del texto que es objeto de traducción, es decir, el *texto origen*, y se proyecta en la interpretación del texto resultado en la traducción, es decir, el *texto traducción* (Albaladejo, 2007: 180). Así que el traductor, al interpretar el texto origen, se centra en dicho texto sin dejar de tener presente el desarrollo de ese proceso. Y en lo que se refiere a la producción del texto traducción, el traductor tiene en cuenta los procesos interpretativos de los que será objeto dicho texto traducción. El traductor no se limita a interpretar el texto origen y a crear un texto que lo represente adecuadamente en otra lengua, sino que su perspectiva se extiende por todo el proceso comunicativo: producción del texto origen, su interpretación, la producción del texto traducción y su interpretación (Albaladejo, 2007: 180-181). Así que la traducción forma parte de un texto discursivo en la retórica: «la traducción de una obra literaria es traducción de un discurso y es, en consecuencia, traducción de la propia sociedad que, expresada en un texto de una determinada lengua, el texto origen, para serlo también en un texto en otra lengua, el texto traducción» (Albaladejo, 2007: 187).

Queda por conocer qué sea traducción para la última de las grandes corrientes críticas del panorama mundial. La teoría de los polisistemas se ocupa de la traducción y del modo de considerar la obra traducida como sistema (Even-Zohar, 1999: 223 y ss.). Su tesis es que las obras traducidas, sí se relacionan entre sí por el modo en que los textos de origen son seleccionados por la literatura receptora y por el modo en que adoptan normas, hábitos y criterios para su utilización del repertorio literario: «Considero la literatura traducida no solo como un sistema integrante de cualquier polisistema literario, sino como uno de los más activos en su seno» (Even-Zohar, 1999: 224). Para Toury (1999: 233), «ser traductor no puede quedar reducido a la pura y simple tarea de generar productos que puedan ser considerados traducciones según cualquiera de estas disciplinas», porque hay que considerarlas dentro de su significación cultural. Por ello, la traducción significa «ser capaz de desempeñar un papel social», es decir, realizar la función que recomiende la comunidad a tal actividad» (Toury, 1999: 233). Pero se han de estudiar las normas de traducción: a) de carácter textual (los textos traducidos), b) y extratextual (formulaciones teórico críticas).

Para Bourdieu, el campo de la traducción no es una mera copia del original, pues lleva adscritos otros elementos que permiten al poeta hacer público lo que ama y que refuerza su posición, aunque sea con usos instrumentalizados (Bourdieu, 1999: 16).

GIACOMO LEOPARDI CONTEMPLA LAS ESTRELLAS

A Pedro Luis Ladrón de Guevara

Escuchaba el silencio, el melodioso
fluir de las estrellas por su espalda
con un escalofrío de posible
o soñada belleza entre la sombra.

Sentía como un indicio
de anterior plenitud
el aldabón de Aldebarán batiendo
contra su pecho abierto
de par en par al viento
campesino y feliz.

Quizá el recuerdo antiguo
de un más puro existir que esta precaria
inquisición de inútiles memorias
en sus viejos infolios y en los libros,
su reconocimiento filial en el misterio
germinal de las cosas que no pasan:
el albor de la luna, la retama
o la torre de música en el alba
del ruiseñor nocturno,
o el cantor solitario
de amor rendido a otra pasión más alta.

Bebía de la belleza
aquella eternidad que le negaba
su conciencia mortal.
El pecho hundido entonces recobraba
su pulso universal bajo la noche,
redimido un instante por su música
de una heredada culpa
o un oscuro designio.

Su corazón volvía
de un duro exilio a una patria feliz,
en tanto su estatura se acrecía en el misterio,

confundida
con la belleza eterna,
y el dolor se anegaba
en mar tan dulce que al pensamiento excede.

Situados ya en los criterios expuestos y conocidos los libros traducidos de Carlos Clementson Cerezo, vamos tratar de localizar los criterios traductológicos del poeta.

01. Lamentos y añoranzas (*Les Regrets*)

Con introducción y notas de Miguel A. García Peinado, aparece en 1991, en el Servicio de Publicaciones de la UCO. A pesar de la división de trabajo que se nos anuncia en la página tres, en la cuarenta y cinco se nos avisa de que han colaborado en todas y cada una de las áreas que componen el libro. De *Les Regrets* posiblemente le atraiga la melancolía que se desprende de la poesía de Du Bellay. Según Carlos, «Du Bellay inaugura en la poesía francesa un tono intimista y cordial, lleno de apuntes y notas realistas secadas de sus experiencias más directas, al margen de los convencionalismos estilísticos de escuela, no exento, por otra parte de una sobria elegancia y dignidad expresiva» (Clementson, 1991: 35).

16

Cependant que Magny suit son grand Avanson,
Panjas son cardinal, et moi le mien encore,
Et que l'espoir flatteur, qui nos beaux ans dévore,
Appâte nos désirs d'un friand hameçon.

Tu courtises les rois, et d'un plus heureux son
Chantant l'heure de Henri, qui son siècle décore,
Tu t'honores toi-même, et celui qui honore
L'honneur que tu lui fais par te docte chanson.

Las, et nous cependant nous consumons notre âge
Sur le bord inconnu d'un étrange rivage,
Où le malheur nous fait ces tristes vers chanter:

Comme on voit quelque fois, quand la mort les appelle,
Arrangés flanc à flanc parmi l'herbe nouvelle,
Bien loin sur un étang trois cygnes lamenter.

16

En tanto que Magny sigue el gran Avanson,
Panjas su cardenal, y yo al mío a mi vez,
y artera la esperanza nos devora los años,
y con dulces señuelos seduce nuestros sueños,

tú frecuentas la Corte, y con sones dichosos
de Enrique, honor del siglo, la ventura cantando,
a ti mismo te honras, honrando a quien valora
el gran honor que le haces con tus doctas canciones.

Mas, ay, no, sin embargo, consumimos los años
en los remotos bordes de esta extraña ribera,
en donde la desgracia tristes versos nos dicta,

igual que a veces vemos, cuando sienten la muerte,
agrupados muy juntos, entre la hierba fresca,
lejos, sobre el estante, lamentarse a tres cisnes.

02. Sophia de Mello. *Antología griega.* 1999

Es un ejemplo de cómo Carlos, incluso en su oficio de traductor, se ocupa de poetas cuya producción está dentro de sus intereses: mundo idílico de la infancia en brazos de la naturaleza, el descubrimiento del mar y el recuerdo de las cosas a través de una saudade tranquila y nostálgica.

O Efebo

Claro e esguiamente medido como a amphora
Como a amphora
Ele contém um vinho intenso e resinado
A lucidez da sua forma oculta a embriaguez
A sua claridade conduzca-nos ao encontro da noite
A sua rectidão de coluna preside à imanència dos desastres (p. 36).

El Efebo

Claro y esbeltamente calculado como el ánfora
Como el ánfora
contiene un intenso vino de resina
La lucidez de su forma oculta la embriaguez
Su claridad nos conduce al encuentro de la noche
Su rectitud de columna preside la inmanencia de los desastres (p. 37).

03. *Alma minha gentil.* Antología general de la poesía portuguesa. 2009

En la página veintitrés de la introducción de Carlos, ya podemos leer un apartado que titula «Acerca de la dignidad de la tradición. La tradición creadora.» Nos interesa no solo su traducción sino su aportación a este campo cultural tanto en referencias teóricas, casi inencontrables, cuanto a sus criterios de selección de poemas y elección de poetas. En el prólogo, entiende Carlos que la traducción artística es todo un género literario. O sea, que, casi con palabras suyas, una gran traducción puede fundar toda una literatura, porque, añado yo, las obras traducidas de otros idiomas se incorporan a nuestra literatura, formando un género aparte llamado TRADUCCIONES que lo forman obras de otros idiomas en lengua castellana o española. Y nos interesa destacar dos cosas, la una que traduce por su propio placer estético, y dos que traduce a los autores según su preferencia y gusto. No hay nada impuesto.

Mas escoge una cita esclarecedora que transcribimos al completo: «el oficio de traductor —del buen traductor de poesía— consistirá en suplir, con nueva poesía, el desgaste del trasvase idiomático: nueva poesía, suya, que ha de ser, o ha de intentar ser, una equivalencia, en sentido, pero también en sonido (el sonido deberá ser un eco del sentido, aconsejaba Pope a los poetas —y el consejo vale también para los traductores)» (Crespo, 2011: 15).

Pesadelo	Pesadilla
Há um terror de mãos na madrugada	Hay un terror de manos en el alba,
Um rangido de porta, uma suspeita,	un chirrido de puerta, una sospecha,
Um grito perfurante como espada,	un grito penetrante como espada,
Um olho exorbitado que me espreita.	desorbitado, un ojo que te espía.
Há um fragor de fim e derrocada,	Hay un fragor de fin y de derrumbe
Um doente que rasga uma receita,	un enfermo que rompe una receta,

Uma criança que chiora sofocada,	un chiquillo que llora sofocado,
Um juramento que ninguno aceita,	un juramento que ninguno acepta,
Uma esquina que salta de embiscada,	una esquina que salta de emboscada,
Um risco negro, um braço que rejeita,	un surco negro, un brazo que rechaza,
Um resto de comida mastigada,	un resto de comida masticada,
Uma mulher espancada que se deita.	una mujer golpeada que se acuesta.
Nove círculos de inferno teve o sonho,	Tuvo el sueño infernal sus nueve círculos,
Doze provas mortais para vencer,	doce pruebas mortales que vencer,
Mas nasce o dia, e o dia recomponho:	mas nace el día, y el día reconstruyo:
Tinha de ser, amor, tinha de ser.	Tenía que ser, amor, tenía que ser.

(Saramago, pp. 930-931.)

04. *Esta luz de Sinera. Antología general de la poesía catalana.* 2011

En confesión personal, a una pregunta mía, responde: «Me hablas de Figueras; yo le tengo gran simpatía a aquella ciudad, a su costa y a todo el Ampurdán, pues, mis dos hijos, por diferentes motivos, nacieron allí, en 1970 y 1971; y como nos trataron muy bien (eran otros tiempos) de ahí me viene mi afición a la lengua catalana.» Pero, en la introducción a esta antología, explica que en abril de 1970 y, sintiéndose su esposa de parto, quisieron que su hijo naciera en España, pues ambos estaban en el norte de Francia, eran lectores de español en Le Mans, por lo que cruzaron Francia para que naciera en Figueres, como cuenta, con todo tipo de detalles, en la página once. Recupera, con algún que otro añadido, el apartado que ya incluyó en la antología de la literatura portuguesa «Acerca de la dignidad de la tradición. La tradición creadora (p. 13).» Damos a conocer un aspecto que se debe tener en cuenta: «Y si la obra *cambia*, por el tiempo o por la lengua, igualmente cambian los lectores: los sistemas de preferencia estética, la dirección de la sensibilidad, el substratum cultural, varían de una época a otra e incluso, aunque bastante menos, de un país a otro» (Crespo, 2011: 16).

PARLA PLATÓ	HABLA PLATÓN
El triangle equilàter, l'ordre dòric,	El triángulo equilátero, el orden dorico,
les rectes paral·leles, els acròstic,	las rectas paralelas, los acrósticos,
la caverna y los ombres dels seus murs.	la caverna y la sombra de sus muros.
Els arquetipus substituiran	Los arquetipos sustituirán
l'ombra que som, fugç i canbiant.	la cambiante y fugan sombra que somos.

Colgarem Sòcrates en algun lloc,	Enterramos, en algún sitio, a Sócrates
L'home mor i la seva pols s'ajunta	El hombre muere y su polvo se une
al tresor de la terra, però resten	al tesoro de la tierra, pero quedan
Aquil·les, Prometeu, Èdip, Helena.	Aquiles, Prometeo, Edipo, Helena
Mès reals que la cendra amb anells d'or	Más reales aún que esa ceniza
que por haver hi a un nínxol quelsevol,	con anillos de oro de algún nicho,
són travessars per sol i per la llum	que, atravesados por la luz y el sol,
i ens representen, inmortals i purs.	nos representan puros e inmortales.

(Joan Margarit, p. 742-743)

05. *Sinfonía Atlántica. Antología general de la poesía gallega.* 2012

No podemos ocuparnos del contenido ni estructura de estas magnas obras porque lo que, en realidad, buscamos es el sentido teórico personal que le da a la traducción. La obra de Carlos es tan amplia y tan enorme, esta edición tienen Ochocientas páginas, que en un acercamiento a su persona y obra, apenas podemos hacer lo que hacemos, citarla. Esta antología, según el traductor, está enfocada desde fuera de Galicia y por un no hablante gallego que, eso sí, ha leído cuanto a su mesa de trabajo ha llegado.

HOMENAXE A PERO MEOGO	HOMENAJE A PEDRO MEOGO
—Dime a ónde vas, miña cerva ferida,	—¡Dime a dónde vas, mi cierva herida,
dime a ónde vas, pólo meu amor!	dime a dónde vas, por mi amor!
—Vou para o verso dunha cantiga,	Voy hacia el verso de alguna cantiga,
meu cazador!	mi cazador!
—Dime a ónde vai teu cabelo, doncela,	—¡Dime a dónde va tu cabello, doncella,
dime a ónde vai, pólo meu amor!	dime a dónde va, por mi amor!
—Vai pra unha fita verde de seda	—¡Va para una cinta verde de seda
meu cazador!	mi cazador!
—Dime unha cita de i-alba, amiga,	—¡Dame una cita en el alba, mi amiga,
dime unha cita, pólo meu amor!	dame una cita, por mi amor!
—Onde o cervo do monte a i-auga volvía	—¡Donde el ciervo del monte el agua movía,
meu cazador!	mi cazador!
—Nunca vi cerva nios beizos deitada,	—¡Nunca vi cierva en los labios tendida
nunca vi fita que atase no vento	nunca vi cinta que atase yo al viento,
nunca vi cervo que volvese o alto,	nunca vi ciervo que agitase el río.

(Álvaro Cunqueiro, p. 462-463)

06. Fernando Pessoa. *Los dioses desterrados. Antología poética de Fernando Pessoa y sus heterónimos* (Alberto Caeiro, Álvaro Campos y Ricardo Reis). 2014

Precede a la antología un estudio sobre el poeta y sus heterónimos al tiempo que proporciona datos para los estudiosos. Pero sí anuncia por qué se dedica a traducirlo: «La obra de Pessoa se nos constituye en todo un océano de nueva poesía, y de un espíritu, antiguo e innovador, a la vez, con su sereno trasfondo clásico, así como nos actualiza y hace presente la historia de los espíritus rectores que a través de los océanos y los siglos marcaron los rumbos universales de esta talasocracia con cuyos descubrimientos se abre e inaugura la edad moderna, pues no en vano, según la tradición mítica, el azaroso Ulises, el griego Odiseo, en los tiempos antiguos había llegado a fundar un enclave de nombre Olisipo, en las riberas que luego acogerían a la ciudad de Lisboa» (p. 24).

TIENEN NIEVE LOS MONTES AL SOL EN LONTANANZA

Tienen nieve los montes al sol en lontananza
mas ya es más suave el frío atemperado
     que afila y abrillanta
     los dardos del sol alto.
Hoy, Nerea, no nos escondamos,
nada nos falta, porque nada somos.
     No esperamos nada
     y al sol tenemos frío.
Mas tal cual es, gocemos el momento,
solemnes en el gozo levemente,
     y aguardando a la muerte
     como quien la conoce.

(Ricardo Reis, p. 157).

07. *Las rosas de la vida. Antología de poesía francesa.* (De François Villon a Paul Valéry). 2014

Es significativa la dedicatoria que abre el libro: «A mi antigua alumna de *Estilística Francesa*, en la Facultad de Letras de Murcia, durante el curso 1968-1969, María Isabel Domínguez Agut, con invariable amor. A Alfonso y Carlos, que nos acompañan desde entonces». Casi un puro amor petrarquista. Esa señora es su esposa Maribel.

ORFEO

Yo compongo en espíritu, bajo mirtos, a Orfeo
el admirable… El fuego desciende en puros círculos;
y él cambia el monte yermo en augusto trofeo
del que se exhala el acto resonante de un dios.

Si el dios canta, se rompe el sitio omnipotente;
el sol ve con horror las piedras removerse;
inaudita planicie llama a los deslumbrantes
altos muros armónicos de un santuario de oro.

¡Canta, sentado, Orfeo desde un fúlgido cielo!
¡La roca anda y tropieza; y cada piedra feérica
se siente un peso nuevo que hacia el azul delira!

¡La tarde baña el auge de un templo despojado,
y él mismo se congrega y se ordena en el oro
en ese alma inmensa del gran himno de la lira!

(Paul Valéry. *Las rosas de la vida*, p. 745)

08. Pierre de Ronsard. *Poesía I y II*. Selección, traducción, prólogo y notas Carlos Clementson. 2017

Al final de la introducción, aparece un apartado titulado «Criterios para la traducción». Nunca hay nada definitivo, pero las ciento sesenta y tres páginas introductorias intelectualmente hablando son de una fuerza y dignidad teórica y erudita que esta traducción debe sentar cátedra, a expensas de los vaivenes comerciales. Repite palabras de Carles Riba y nos vamos a detener en su primer criterio: «Perseguimos, así, la creación de un nuevo poema, autónomo, castellano —no una versión ancilar, más o menos literal, del texto originario— con la máxima fidelidad posible de tono, de espíritu, de forma y expresión al poema francés, asimilándonos el estilo y el movimiento característico del verso rosardiano, pero adaptándolos igualmente al genio y la prosodia de nuestra lengua, gracias sobre todo a la elección de conceptos y vocablos equivalentes a los del poeta renacentista». Intenta, como traductor, resaltar sus valores estéticos permanentes, «sin renunciar tampoco a una cierta fidelidad a unas determinadas características históricas y a un cierto sabor de época, en el presente caso, de imaginería petrarquista y aparato mitológico, dimensiones léxicas y sintácticas, que hemos procurado adaptar a la medida que nos ha sido posible —por sus similitudes temáticas y estilísticas— al lenguaje poético coetáneo de la lírica española (Clementson, 2017: 157).

IX

Je voudrais bien n'avoir jamais tasté
Si follement le tetin de m'amie:
Sans ce malheur l'autre plus grande envie
Ne m'eust jamais le courage tenté.

Comme un poisson, pour s'estre trop hasté,
Par un appast suit la fin de sa vie,
Ainsi je vais où la mort me convie,
D'un beau tetin doucement appasté.

Qui eus pensé que le cruel Destin
Eust enfermé sous un si beau retin
Un si gran feu pour m'en faire la proye?

Advisez donc quel seroit le coucher,
Quand le peché d'un seul petit roucher
Ne me pardonne, et les mains me foudroye!

IX

Yo bien quisiera no haber tocado nunca
tan locamente el pecho de mi amiga;
sin tal desgracia otro mayor deseo
nunca me hubiera el corazón tentado.

Igual que un pez, por ser harto afanoso,
tras cualquier cebo pone fin a sus días,
así yo acudo donde el morir me aguarda,
de un pecho hermoso dulcemente cebado.

¡Oh, quién pensara que el áspero Destino
guardado hubiera bajo un seno tan bello
tan grande incendio para ser yo su presa!

¡Advertid, pues, lo que sería acostarse
cuando el pecado de solo una caricia
no me perdona, y me quema las manos!

(Ronsard I, 2017: 446)

09. *La música de Orfeo* (Una antología del espíritu griego) o *De la vida, muerte y renacimiento de los dioses* (Visiones, recreaciones y paráfrasis de la poesía clásica y moderna). 2022

Mucho habríamos de hablar de estas primeras páginas de este libro si hubiésemos espacio para ello. La fecha de su publicación engaña porque este es uno de los libros que debería haber publicado al comienzo de su carrera, ya que es enteramente necesario para comprender bajo qué parámetros escribe su poesía y se nutre su helenidad (helenismo) que mejor debería ser llamada mediterraneidad. Y digamos que, al tiempo que leemos, estamos haciendo una geografía antigua y nueva. Es un país nuevo compuesto por los restos de aquel paisaje grecolatino y de los países romanizados con los cuales podríamos generar una rapsodia ibérica, la ansiada federación ibérica del socialismo originario. Portugal, Galicia, Cataluña, algunos poetas franceses (Ronsard y Du Bellay) y la Grecia y Roma antiguas. Es raro que intente denominar la poesía de una época como la de un grupo nazarí, cuando siempre se ha mostrado contrario a los nacionalismos regionalistas o arábigo-andalusí. Aunque creo que llega tarde esta explicación, expone su trayectoria de experiencia que le lleva de la mano de su profesor de griego y latín Francisco López Pozo, hasta esa admiración por el legado griego y a la tradición clásica, «a aquellos horizontes de liberación, pensamiento y belleza, que se me fueran abriendo en mi remota adolescencia, que, pasados los años, nunca me ha defraudado y cuyo imprescindible esplendor aún me ilumina».

A pesar de la desaparición de las Humanidades, este libro podría decir mucho a los alumnos del la ESO y a los universitarios de hoy que llegan a la universidad con un déficit importante de conocimientos sobre la Hélade, Roma, el helenismo y el romanismo, básicos en la vida estudiantil en otros tiempos menos convulsos, más cercanos a un modo de vida basado en los principios que nos educaban.

¡OH SUNION, SUNION, SUBLIME PROMONTORIO…

¡Oh Sunion, Sunion, sublime promontorio
    bajo el más bello cielo,
del alma y del espíritu, de toda humana gloria
    cuna y sepulcro a un tiempo!
Antaño, aún joven, cuando el día rutilante
    triunfaba de las sombras,
como un fulmíneo rayo tu imagen traspasaba
    mi corazón de roca.
¡Y cómo aún sangra ahora! Ojos míos mortales,
    guardadme duplicado,
sobre un mar reflejándose de azul y claras ondas
    su templo mutilado!

(Jean Moréas, *Las rosas de la vida*, p. 697)

JÓNICA

Por más que destrozaran sus estatuas,
por más que los echaran de sus templos,
no por eso murieron nuestros dioses.
A ti, tierra de Jonia, aún te aman
y sus almas conservan tu recuerdo.
E incluso en mañanas como esta
que hoy sobre ti despunta, y por su atmósfera
corre como una savia de sus vidas,
y, a veces, una vaga forma ingrávida
y juvenil con rápida andadura,
sobrevolar parece tus colinas.

(Constantino Cavafis, p. 180)

10. *El ruiseñor y la alondra*. Antología de la mejor poesía en lengua inglesa

Es una antología recién aparecida, marzo de 2023. 561 páginas. Contiene cuatro capítulos antes de llegar a la antología bilingüe:

a) Sobre la recepción de la poesía inglesa en España con algunas notas crítico-biográficas
b) Miguel de Unamuno y su personal reivindicación de la lírica inglesa

c) Juan Ramón y Cernuda

d) Un insigne traductor de la poesía inglesa (Marià Manent, 1898-1980)

En su antología, tiene por objetivo «ofrecer un estimulante panorama, acompañado de algunos ejemplos señeros vertidos por nosotros al español, de este rico tesoro de lírica en lengua inglesa, fijándonos en sus voces más significativas y actuantes, y prescindiendo de su no menos espléndido período medieval, más lejano a nuestra sensibilidad, así como de la más reciente lírica del XX y contemporánea (que nos superan), todo lo cual hubiera conferido a este trabajo un volumen excesivo y de difícil publicación y manejo, muy por encima de nuestras intenciones y posibilidades». «A lo largo de nuestro ensayo, entre otras observaciones de carácter crítico-estilístico, o temáticas y biográficas, cuya intención es claramente divulgativa, valoraremos asimismo, dos decisivos motivos axiales sobre los que —creemos— ha venido girando esta poesía, dos motivos inspiradores que a lo largo de los siglos han actuado sobre esta tradición literaria, confiriéndole una peculiar constante y un sello característico: *el espíritu romántico* y *la tradición clásica*; dos elementos que con gran insistencia y regularidad han operado sobre esta lírica tan individualizada y ajena a toda suerte de academicismos y normas preestablecidas, confiada a la libre inspiración y autonomía personal de sus autores; una tradición lírica a la que diacrónicamente vemos con la mirada casi siempre puesta en el fecundo ejemplo de la tradición grecolatina, particularmente la helénica, con todo el supremo prestigio estético y cultural del mundo clásico, como proverbial motivo inspirador a lo largo de sus diversas etapas».

(NOR MARBLE, NOR THE GILDED MONUMENTS…)

Nor marble, nor the gilded monuments
Of princes, shall outlive this powerful rhyme;
But you shall shine more bright in these contents
Than unswept stone, besmear'd with sluttish time.

When wasteful war shall statues overturn,
And broils root out the work of masonry,
Nor Mars his sword nor war's quick fire shall burn
The living record of your memory.

'Gainst death and all-oblivious enmity,
Shall you pace forth; your praise shall still find room
Even in the eyes of all posterity

That wear this world out to the ending doom.
So, till the judment that yourself arise,
You live in this, and dwell in lovers' eyes.

(Ni el mármol ni los áureos monumentos reales…)

Ni el mármol ni los áureos monumentos reales
habrán de vivir más que estas rimas lozanas,
y en ellos tú tendrás un fulgor más brillante
que la piedra, ultrajada por el tiempo implacable.

Cuando guerras ruinosas derriben las estatuas
y las pugnas abatan bastiones y murallas,
ni aun la espada de Marte ni los bélicos fuegos
podrán quemar el vivo recuerdo de tus días.

Contra el odio y la muerte que dan todo al olvido
te alzarás; tu alabanza aún vivirá en los ojos
de las gentes futuras que pueblen este mundo

hasta que llegue el día de su hora fatal.
Así, hasta el día del juicio, en que también resurjas,
vivirás en mis versos y en los ojos amantes.

William Shakespeare (1564-1616)

Lugar de la obra

Es un escritor prolífico. Siempre escribiendo, ningún género se le resiste. Habrá algún escrito que otro que no quede reflejado en este estadillo porque no le ha parecido bien al autor. Hay muchas colaboraciones de prensa, en revistas no científicas, y en lugares que no es necesario mencionar para ampliar el curriculo. Así que vamos a poner las importantes de manera cronológica y más tarde las vamos a ordenar por géneros. Y eso sirve para poder datar fechas concretas de evolución en la poesía de Clementson.

A. Según su cronología

Año	Título	Género
1974	*Canto de la afirmación* (Razón de vida) Premio Polo de Medina. Murcia.	Poesía
1975	*Los argonautas y otros poemas*	Poesía
1979	*De la tierra, el mar y otros caminos* Accésit del Premio Adonais	Poesía
1980	*Nostalgia y presencia de Medina Azahara*	Ensayo
1982	*El fervor y la ceniza (1977-1981)*	Poesía
1986	*Ricardo Molina. Perfil de un poeta*	Ensayo
1986	*Las olas y los años (1961-1982)*	Poesía
1991	*Lamentos y añoranzas (Les Regrets)*	Traducción
1993	*Oda y cosmología para Pablo Neruda*	Poesía
1994	*Los templos serenos (Memoria de la luz) (1982-1990)*	Poesía
1995	*Archipiélagos (La sinfonía helénica)* Premio José Hierro	Poesía

1996	*El color y la forma*	Poesía
1996	*Laus Bética*	Poesía
1997	*Región luciente (Versos para una tauromaquia)*	Poesía
1999	*Antología Poética.* Sophia de Mello	Traducción
2002	*La selva oscura* Premio Juan de Mena. Córdoba.	Poesía
2003	*Figuras y mitos (Antología inédita, 1995-2000)*	Poesía
2004	*Góngora (Sombra y fulgor de un hombre)* En colaboración con Francisco Benítez	Teatro
2006	*Non omnis moriar*	Verso y prosa
2007	*Las razones del mar. Antología poética. (1974-2006)*	Poesía
2008	*Las olas y los años*	Poesía
2010	*Alma minha gentil* Premio Giovanni Pontiero. UB	Traducción
2011	*Esta luz de Sinera*	Traducción
2012	*Sinfonía Atlántica*	Traducción
2013	*Córdoba, ciudad de destino*	Poesía
2014	*Las rosas de la vida.* Antología de poesía francesa	Traducción
2014	*Los dioses desterrados.* Antología poética de Fernando Pessoa y sus heterónimos	Traducción
2015	*Donde nace el mar*	Poesía
2016	Manuel M.ª Barbosa du Bocage. *Sonetos, sátiras y epístolas*	Traducción
2017	*Retablo para una edad de plata*	Poesía
2017	*Pierre de Ronsard. Poesía I y II* Premio Mejor Traducción UNE	Traducción
2018	*La belleza es verdad*	Traducción
2018	*Rapsodia ibérica*	Poesía
2019	*Poesía francesa. Historia y antología de la Edad Media al siglo XX*	Traducción
2020	*Entre Dios y la nada. La poesía de Miguel de Unamuno*	Ensayo
2020	*Cisne andaluz.* Nueva antología poética en honor de Góngora	Antología
2022	*La música de Orfeo.* Una antología del espíritu griego	Antología

2022	*Cántico. Una brillante pléyade poética en la España de la postguerra*	Ensayo
2023	*La sonrisa del agua*	Poesía
2023	*El ruiseñor y la alondra.* Antología de la mejor poesía en lengua inglesa	Traducción

Los Cuadernos de Sandua (Carlos Beck = Carlos Clementson)

1996	Suerte de Varas. Homenaje a Gerardo Diego	Poesía
1997	Viernes Santo	
1997	Memoria y duelo. Homenaje a Manolete	
1998	Medina Azahara, sueño de Andalucía	
1999	Amarillo perfil de arquitectura	
2000	La intimidad del sueño. Antología poética de Luis Filipe Sarmento	Traducción
2001	Guadalquivir, rey de Andalucía	
2002	Albanio. De Andalucía para Luis Cernuda, 1902-2002	
2003	La mirada de Córdoba. Homenaje a Julio Romero de Torres	
2003	Ciudades españolas, patrimonio del hombre	
2004	Padre nuestro. Antología de la poesía religiosa	Antología
2004	Cisne andaluz. Homenaje a Góngora	
2005	Y el Verbo se hizo carne. Antología poética para la Navidad	Antología
2006	Ciudadano del mundo. De Córdoba para Don Juan Valera, 1905-2005	
2007	Stabat Mater. Versos de Pasión y Resurrección.	
2007	Del flamenco	
2007	También se muere el mar. Homenaje a Federico, 1936-2007	

Obras de otros autores en las que aparece

1983	82 años de poesía en Lorca	Antología
1984	Quince años de (joven) poesía en Córdoba (1968-1982)	Antología
1990	La poesía de Carlos Clementson	Selección
1992	Tres poemas	Selección
1995	Viana, patios de poesía	Antología
1999	Mezquita de Occidente	Antología
2001	Guadalquivir, rey de Andalucía	Antología
2002	Pleamar (De Andalucía para Rafael Alberti)	Antología
2002	Tras la espesa corteza de los días. Cien años de poesía en Murcia 1900-1999	Reportaje
2008	Buxía. Monográfico Carlos Clementson	Reportaje
2017	Homenaje a Ricardo Molina	Antología

Carlos Clementson no es un poeta instalado en una tendencia sino que, sin pertenecer a grupo organizado, solo se halla individualmente en una tradición que ahonda sus raíces en el clasicismo, sin ser un aticista, pues él no imita, crea. Es más, consigue pronto su estilo. Carlos también un poeta cuidadoso. Lleva hecho un cálculo para que, del modo que sea posible, publique cuanto ha escrito y le parece que pueda ingresar en su *hortus clausus*, es decir, en el mundo poético en el que se mueve. Pero no me apetece cerrar este apartado sin testimoniar que si la gran industria de la cultura, de los libros, del mundo de la investigación, se hubiese ocupado de él como se merece, estaría considerado de mejor modo. Sabiendo, eso sí, que al poeta no le apetece promocionarse. Pero el valor de su obra, poética por un lado, o traducida por otro, es lo suficientemente significativo para que la opinión pública de la cultura, universitaria o no, le tuviese en el candelero.

El crítico, poeta y profesor, Antonio Rodríguez Jiménez, expone su criterio con relación a la poesía de un grupo en el que se encuentra Carlos Clementson: «Los poetas diferenciales, como los estoicos antiguos, crean una poética del gran estilo, en un cuidadoso extremo de la expresión, en una búsqueda de una perfección acentuada. La obra de estos poetas —en algunos más que en otros— está emparentada con escritores del siglo XVII españoles y franceses esencialmente. Si no en la forma, al menos en el modo, en la manera, como puede verse en poetas como Álvarez Ortega, Ricardo Molina, José Lupiáñez, Antonio Carvajal, Fernando de Villena, Pedro Rodríguez Pacheco, Antonio Enrique, Enrique Morón, Carlos Clementson o Pablo García Baena, entre otros. A veces lo que cuenta no es la obra en sí, que es algo importantísimo, sino la reflexión sobre la naturaleza del arte» (Rodríguez, 2020: 32).

Para sorpresa del público que le sigue, su último libro, *La sonrisa del agua*, es una colección de haikus, «esa brevedad del verso que encierra tanta luminosidad», como escribe en la presentación el Rector Magnífico. Para Bernd Dietz, Carlos Clementson «es el mayor poeta vivo que trabaja en Córdoba, y una de las más elocuentes voces de su generación».

B. Según los géneros

El listado de la obra de Clementson de modo cronológico es simplemente una enumeración de sus obras publicadas que viene a decirnos el número que la compone. Esta clasificación no diacrónica sino temática es necesaria para entender la crítica y así transmitirlo, aunque todo, en general, menos un par de ensayos y los preámbulos precedentes a sus traducciones que ya iremos señalando, está escrito en verso, lo cual nos dice que lo suyo es la poesía. Mas también señalamos otras ocupaciones, antólogo por ejemplo, traductor, e incluso autor de una obra teatral, lo que abre el abanico de trabajos literarios hechos a su imagen y semejanza a los largo de sus años de profesor universitario. En su momento, entraremos en cada una de estas facetas para efectuar su necesario comentario.

POETA

01	Canto de la afirmación	1974
02	Los argonautas y otros poemas	1975
03	De la tierra del mar y otros caminos	1979
04	El fervor y la ceniza	1982
05	Oda y cosmología para Pablo Neruda	1993
06	Los templos serenos (Memoria de la luz) (1982-1890)	1994
07	Archipiélagos (La sinfonía helénica)	1995
08	El color y la forma	1996
09	Laus Bética	1996
10	Región luciente (Versos para una tauromaquia)	1997

Para su autor, Clementson es un poeta culturalista que se define por su «pasión por la palabra, incontenible embriaguez verbal. Toda su poesía es una invocación al entusiasmo, la nostalgia de un mundo mediterráneo y feliz» (García Martín, 1980: 65-66). A una de las preguntas del cuestionario a que somete a los poetas seleccionados, contesta que su afición a la poesía procede de su educación: «Gocé la fortuna de tener un excelente profesor de lenguas clásicas en mi bachillerato que me hizo descubrir y amar, como raramente se ha hecho en este país, a los trágicos griegos». Después descubre a Verne, Leopardi, Chénier, Shelley, Wordsworth y Keats: la admiración por John Keats obedece no solo al criterio que posee de la belleza que lo conduce hacia «una melancolía de lo inalcanzable» (Oliván, 2010: 11-14), sino a su condición de poeta de la naturaleza, a su dinámica de unión con las cosas: «Keats necesita del estímulo de la belleza proceda esta del paisaje, de una obra artística, o del amor» (Oliván, 2010: 11-14). Más tarde a Neruda, Góngora, los poetas de Cántico y a otros. Piensa «que la poesía es una hermosa tentativa de conocimiento, por la intuición y el temblor, de todas las hondas y secretas realidades que rodean o acompañan al hombre, a veces una casi religiosa aproximación al misterio, con frecuencia fracasada en sí misma, pero siempre incitante y gratificadora a quien a ella se acerque» (García Martín, 1980: 152).

02. *82 años de poesía en Lorca* 1983

Solo tres libros tenía publicados hasta esa fecha. Tuvo Carlos la delicadeza de permitirme publicar dos poemas inéditos que iban a pertenecer a un libro en formación, *La luz sobre las rocas*: «La adelfa» y «Últimas voluntades», que transcribo a continuación:

> A quien quiera escucharme en las sublimes
> esferas impasibles,
> como último deseo
> tan solo ruego
> continuar escuchando más allá, desde el silencio
> mineral de los muertos,
> este rumor salobre del viento
> entre las cañas,
> el resonar del mar en la escollera
> cercana a casa, los días de levante,
> la música del sol,
> quizá también el don
> de unas gotas de espuma entre los labios
> para no olvidar del todo
> el sabor del verano y la alegría
> que fuera nuestra un tiempo,
> y finalmente,
> como un vaso de luz para el camino,
> la memoria de un cielo
> en donde vibre
> la esquila del estío al caer la tarde.
> Dentro será el silencio,
> el espeso silencio de la profunda noche.
> Y una cigarra de oro me cantará en el pecho.

03   *Quince años de poesía (joven) en Córdoba (1968-1982)*   1984

Entiende el antólogo, Pedro Roso, que «si hablar de una poesía andaluza carece, como creo, de rigor, pretender afirmar la existencia de una poesía cordobesa de ascendiente andalusí, me parece simple y llanamente una torpeza, que no puedo entender, en el mejor de los casos, sino como efecto de un miope voluntarismo provinciano». De Carlos opina cosas lógicas —su punto de partida es siempre autobiográfico, el poema se funda en la propia experiencia—, y otras menos aceptables, como considerar *Canto de la afirmación* obra en la que aún no está definido el mundo poético de su autor. Lo demás es asimilable: «Clementson pertenece a esa vasta tradición de poetas que hacen de la búsqueda de la imagen un fin en sí mismo. Su culturalismo es ante todo fervor por la palabra. De ahí su esteticismo exacerbado, de ahí su barroquismo sensorial» (Roso, 1984: 47-49). Entiende que esa incontinencia verbal puede hurtar al poeta su autenticidad.

04   *La poesía de Carlos Clementson*   1990

El profesor de la UMU, F.º J. Díez de Revenga, prologa esta breve antología, en la que aparece "El desterrado del Océano (Retrato de poeta)" que ya conocemos. Cita un libro inédito, *Museo privado*, del que se selecciona "Lunario intemporal", dedicado al profesor Antonio de Hoyos. «Creador de una obra brillante y luminosa, Clementson realiza en sus libros creaciones que tienen su origen en una asumida creencia en su arte y en el destino de su poesía. Concebida por él como un método de descubrimiento, de análisis, de enriquecimiento y de afirmación de sí mismo, la poesía analiza también el mundo y la vida, la existencia, que tanta importancia tiene en su obra y en su tradición lírica […] Sensación, emoción y sentimiento son los tres polos que delimitan una poesía que está concebida como proceso de iluminación íntima y exterior del entorno […] Un tono de clasicidad en alusiones mitológicas quiere fundirse, a través de mitos eternos, con la naturaleza mediterránea representada en los árboles que igual que el ciprés contemplan el *mare nostrum*, como *columna azul de un templo ya abolido* […]. «La retórica límpida y clara de una poesía que permite encuadrar a Carlos Clementson en las más prestigiosas corrientes de la poesía española actual, que huyen del artificio de la retórica hueca y buscan en la autenticidad de los mundo poéticos y en la naturalidad de un mundo abierto y vital, la verdad de una creación artística altamente estimable» (Díez de Revenga,

1990: 7-19). Selecciono un fragmento del poema, *Elegía por un reino perdido*, por estar dedicado a José María Carrasco, pintor, familiar del poeta, hijo de Juan Carrasco y Pilar Gimeno, ya citados en la parte primera del libro:

A José María Carrasco,
siempre junto a nosotros. *In memoriam*

Si yo ahora te buscara entre los mirtos para
pedirte que nos fuéramos cerca del mar, tan solo
hallaría una sombra donde tu cuerpo estuvo,
donde tu áurea entereza rindiera al fin su frente
para dormir ya libre de azares y trabajos.
Si yo ahora te buscara donde tu nombre deja
caer desmayado al viento un eco del que fuiste,
tan solo encontraría una hierbas humildes,
la sombra de los pinos sobre el mármol, las cifras
tan breves, ay, que enmarcan tu juventud perfecta.
Do la armonía no existe poco duran los dioses.
Y, sin embargo, hay algo de ti que no ha partido
del todo de mi lado con quien tanto anduviste
en años más gozosos, pródigos de sí mismos,
en que era alegre el vino y altas eran las copas,
en que todas las barcas estaban en el puerto,
las muchachas tenían la edad de los almendros
en flor antes de Pascua,
y apenas si la vida no tenía aún veinte años.

(Fragmento)

05   *Tres poemas*   1992

Nuevamente vuelve a aparecer "El desterrado del océano (Retrato de poeta)", que, en realidad, es un muy buen poema. Pedro Roso que escribe unas líneas, "Desterrado del Océano", añade alguna que otra cualidad a lo que ya escribió en 1984. Estima que la trayectoria poética de Carlos ha estado marcada por la coherencia y la fidelidad, que se corresponden con la intensa sinceridad con que el poeta suele hablar de su propia obra. «Pero es en su decidida vocación de estilo donde la poesía de Clementson adquiere todo su significado. En sus versos y poemas largos, extensos, abiertos siempre a la inevitable sugerencia, al confesado atractivo, al indeclinable fervor por la palabra poética que, más allá de la anécdota que sustenta el poema, se convierte en el eje y motivo central, en la razón última que impulsa la escritura de quien, desterrado del océano, evoca a lo lejos caminos sobre la mar y el sueño» (Roso, 1992: 13-14).

06 *Viana, patios de poesía*   1995

Es un breve poemario en el que seis autores —Pablo García Baena, Mario López, Carlos Clementson, Juana Castro, Luis Jiménez Martos y Vicente Núñez— incorporan un poema dedicado a cada uno de los patios de Viana: «El patio cordobés, heredero de la tradición romana y árabe, tiene en el Palacio de Viana su mayor representación. En un solo espacio, Viana ofrece un recorrido histórico y sensorial por cinco siglos de historia que empieza en el patio de vecinos de origen medieval y continúa por el jardín – huerto de origen musulmán, pasando por los patios renacentistas como símbolos de poder, la sobriedad del Barroco cordobés o el refinamiento del Romántico. En total, el Palacio de Viana cuenta con doce patios y un jardín que lo convierten en uno de los mejores y más curiosos monumentos de Córdoba».

La sombra de Ricardo Molina vaga y discurre,
resurrecta, por los jardines de Viana.

PATIO DEL POZO

Espíritu impalpable, leve sombra, recuerdo
convocado por cuantos, tras mi ausencia, mis versos
leyeran y al leerlos mantuviéranme vivo,
asciendo desde el fondo de las quietas riberas
y sombrías moradas de los campos elíseos
a la luz y a la vida de mi tierra…
                                        ¡Qué clara
esta luz de la tarde y este sol y esta dicha
que me trae el aroma de los seres con vida!:
el chorro de la fuente, el geranio, la rosa
que siendo tan efímera sale siempre al encuentro
y siempre nos asalta al igual que la vida.

Oh qué fácil vivir después de tanta sombra
otra nueva existencia con el profundo anhelo
de quien va rescatando otra vez lo perdido,

colmando pecho, helado, de gracia y del efluvio
de esta tarde de mayo y este patio que es todo
como un inmenso[5] aroma, y así aspirar la vida
como cuando en la Sierra era gracia la vida.

Vida que hoy se resume en un soplo de brisa,
en esta hiedra fresca o el ciprés pensativo,
la cándida azalea o el jazmín delirante,
o[6] esas voces tan jóvenes que a mi lado transitan
siempre en flor, siempre frescas, lo mismo que la gloria
que antaño gocé apenas medio siglo con vida.

Y no hace falta más: ¡Qué fortuna la mía…!
Aquí en esta clausura se resuelven mis días
tan solo ya en fragancia y color perfumado
que el rocío bautiza y acaricia la brisa
bajo el clamor radiante de la luz sobre el muro.

¡Qué inocencia del mundo, qué pureza del verde
sobre el blanco extasiado de la cal bajo el cielo,
y esa limpia armonía
que, morada, la brisa pulsa en la buganvilla
abrazándose al pozo,
o en la albura novicia del jazmín desmayado,
la hiedra charolada de su verde profundo
o el díscolo geranio: todo el color del mundo
como cuando en Trassierra el río de los ángeles
un cántico entonaba a la luz y a la vida!

Qué embriaguez del sentido que se torna ya espíritu
por la limpia y profunda impresión de estos puros
seres elementales que en nosotros se infunden
y nos prestan su vívida condición de criaturas.

Todo es blanco, y es verde y es azul, y es un trino[7]
que surge de la tierra y en la tierra se esfuma.

---

5   *ardiente* aroma en *Viana…*
6   *a*, en *Viana* (parece duende de imprenta)
7   *vuelo* en *Viana*

Aquí el triste asfodelo no florece, perenne,
con su inerte mensaje de paz definitiva
tal se ofrece en las negras riberas de la Estigia,
sino el cambiante ciclo de la vida y la muerte
que luego resucita inmortal desde siempre
—marzo, abril, junio, octubre…— en su eterno retorno
y nuevo nos parece cada vez que germina.

Afuera rueda el mundo, pero este es mi mundo,
esta Arcadia doméstica enclaustrada en el ámbito
de mi Córdoba eterna suspendida en el tiempo.

Desde aquí aún puede verse la espadaña que al cielo
alza san Agustín, y escucharse el rumor
de estos barrios profundos,
aunque ya no repique su campana del Ángelus
Santa María de Gracia; y aquí están mis amigos,
Juan Bernier, y está Pablo, y mis años antiguos,
y la sombra del patio de mi casa, y el vino…
Sí, aún es Córdoba bella…
He vuelto al Paraíso.

(De El color y la forma, 1996: 81-83)

07   *Mezquita de Occidente*   1999

Mezquita de Occidente es el número 46 de los *Cuadernos de Sandua*. Son cuadernos obsequio de Caja Sur, que no llegan al resto de España. Por eso, extraigo un poema de Carlos para disfrutar de su lectura:

Espacio sagrado

Replican las columnas sus fustes infinitos;
dovelas se reflejan igual que en un espejo;
los arcos multiplican su inmenso laberinto,
los límites se funden: todo es uno y lo mismo:
metáfora o espejo de un infinito abismo
que en su *mihrab* vacío refleja la innombrable
plenitud abarcadora que todo lo contiene,
que es todo el universo y el ser de cada cosa,

que no ocupa lugar y llena todo el mundo.

08   *Guadalquivir, rey de Andalucía*   2001

Carlos participa en esta publicación con un poema, "Antepasados", inédito, que pertenece a *Ciudad de destino*.

09   *Pleamar* (De Andalucía para Rafael Alberti)   2002

Colabora en este homenaje a Alberti con tres poemas, "Cartel de toros", "Pleamar para Rafael" y "Mar de Alberti", que transcribo:

> No acaba el mar mientras tus versos sigan
> repitiendo tu mar recién nacido,
> No acaba el mar mientras los siete mares
> en tus azules restauren su destino.
> No acabarás mientras la vida en ellos
> y tú en sus aguas sintáis el mismo ritmo.
> Pues todo es mar desde el primer momento
> que vida y mar unieron su latido.
> La muerte solo es cambiar de forma
> para seguir andando otros caminos.

10   *Tras la espesa corteza de los días. Cien años de poesía en Murcia*   2002
     1900-1999

Esta antología solo contempla los libros publicados en Murcia entre esas fechas. Carlos solo publicó allí poemas de *Cantos de la afirmación*, de los que ya hay muestra para leer en este libro.

11   *Las razones del mar. Antología poética (1974-2006)*   2007

El poema seleccionado para su lectura es uno de los que testimonian mi intuición de que, en numerosas ocasiones, el poema de Carlos forma parte de la literatura del yo, séase o no página de un diario. El poeta es el "yo", Díez de Revenga, compañero suyo en la facultad, Murcia, su lugar de estudios, y evoca un pasado que será futuro cuando el poeta haya desaparecido:

TORRE DE LA CATEDRAL

A Francisco Javier Díez de Revenga,
que sabrá entender sus campanadas.

Jorge Guillén te escuchó
dando las doce del día.
Yo te escuché aquellos años
de juventud ya perdida
y ahora aún retorno a escuchar
–media centuria cumplida–
tus campanadas augustas
sin faltar nunca a su cita.

Cuando yo aquí ya no esté
y duerma ya en la otra orilla,
tú seguirás repitiendo,
siempre en perpetua vigilia,
ese eternal ritornelo
de tu corriente infinita;

y otros serán los que escuchen
bajo la luz de los días
–torre sonora de Murcia–
tu lenta voz pensativa,
tu grave lengua de bronce,
disuelta luego en la brisa,
por el azul proclamando
la plenitud de la vida.

07	Los dioses desterrados (Antología de Fernando Pessoa)	2015
08	Manuel María Barbosa du Bocage. Sonetos, sátiras y epístolas	2016
09	Pierre de Ronsard. Poesía I y II	2017
10	La belleza es verdad. Antología de poetas ingleses (Desde Shakespeare a Keats)	2017
11	Poesía francesa, I y II	2019
12	El ruiseñor y la alondra. Antología de la mejor poesía en lengua inglesa	2023

ENSAYISTA

01	Ricardo Molina. Perfil de un poeta	1986
02	Entre Dios y la nada. La poesía de Miguel de Unamuno	2020
03	Cántico. Una brillante pléyade poética en la España de la postguerra	2022

AUTOR TEATRAL

01	Góngora (Sombra y fulgor de un hombre) En colaboración con Francisco Benítez	2004

GLOSA. Revista de la UCO.
Colaboraciones de Carlos Clementson en ella:
1991: 13-27, nº 2. *Corona poética de una amiga, recogida en el huerto de Ronsard.* (Número homenaje a la profesora Ana Gil Robles: 1945-1983).
1992: 23-165, nº 3. *El agua sobre la piedra* (en torno a Joachim Du Bellay, más algunas versiones castellanas de *L'Olive* y *Las Antiquités de Rome*).
1993: 9-36, nº 4. *Diálogo de Príncipes (Una aproximación en verso castellano a la égloga cortesana del Renacimiento francés)*
1994: 23-52, nº 5. *Carles Riba: Elegías de Bierville.* Versión rítmica y edición castellana de Carlos Clementson.
1995: 9-46, nº 9. *Caracteres y estilo de Josep Pla.*

No quiero dejar de citar su participación en el libro homenaje a Juan Guirao García, su compañero de mesa en la facultad desde 1962. Su colaboración se titula *Recuerdos del Huerto de la Rueda.* Introdujo en ella poemas relacionados con dicho huerto, ya publicados, alguno de ellos recogidos en este libro. Hay, sin embargo un inédito:

Epístola póstuma a un viejo compañero de estudios

A Juan Guirao,
amigo desde mis mejores años universitarios entre Lorca y Murcia

Amigo Juan:
¿Cómo podría olvidarte a pesar de los años,
a pesar de esa larga distancia, que, no obstante,
nos unió, fraternales, al calor del recuerdo,
de aquellas alamedas de nuestra juventud
y aquel alto castillo presidiendo los días
que convivimos juntos en el regazo cálido
de esa noche ciudad que iluminó las horas
más puras y fragantes
de nuestra iniciación al jardín de la vida?

¿Cómo olvidar tu entrega, tu devoción sagrada
por la historia y las crónicas
de nuestra tierra, tu pasión juvenil
por Blas de Otero, por León Felipe y también
por Ramón Gómez de la Serna, tu mentor y maestro,
por Eliodoro Puche y por Sánchez Bautista,
tantas lectura juntas de poetas dilectos
en nuestra habitación del Cardenal Belluga,
que acrecieran la llama de nuestra vocación?

¿Cómo olvidar también
las radiantes palomas de José María Párraga,
tan luminoso amigo,
sobrevolando alegres
todas las azoteas y tejados de Murcia
por los años sesenta, y que aún aletean,
inmortales, felices, de todos los colores,
pintadas entre nubes, bajo el sol de los años?

(Fragmento, pág. 83)

Serían innúmeras las colaboraciones poéticas llevadas a cabo en múltiples revistas literarias españoles y extranjeras. Consideramos que es una labor que excede los objetivos propuestos, aunque al final haremos una aproximación sin que podamos agotar el venero.

Lugar de la poesía

Necesidad del lugar poético, la ruina y el metatexto

Humanamente hablando, y sin determinismo alguno, cada uno de nosotros pugna, en algún momento de nuestra vida, por nuestro lugar —nuestro sitio— que hace referencia a nuestra vida social —este es el lugar en el que vivo— y a nuestra privacidad como refugio de nuestra intimidad. Así que los lugares del hombre son los que necesita para su bienestar, para sus relaciones sociales, para referenciar su pasado. Son cosas que se observan desde la distancia y que habitan en la memoria. Son cosas que acompañan al ser humano mientras se va construyendo su biografía, autobiografía si se es escritor.

Todo espíritu busca su lugar que solo se consigue abandonando el no-lugar —*¡Qué duros estos destierros, / esta cárcel, estos hierros / en que el alma está metida!*— de su morada prestada, si se trata de una situación espiritual. En Carlos, uno de sus lugares (intelectuales) es la antigüedad como manifestación de una cultura que recrea con palabras mediterráneas, pues, en verdad solo le atrae el pensamiento estético a cuyo final está la realidad de la ciudad, el descubrimiento de la literatura y el arte, no mezclando, como era común, arqueología —la ruina— e historia como sucede en el romanticismo. Eso no quiere decir que la contemplación de la ruina —restos de un mundo desaparecido— como un objeto cultural no provoque un sentimiento de belleza, de armonía, de proporción, en su contemplación que se materializa en el poema, como se verá en algunos de los de Carlos. La ruina es una creación estética que impide la reconstrucción del original, quizá porque aquellas piedras vivas ya no tenían la utilidad para las que fueron creadas. La contemplación de la ruina no puede provocar una nostalgia infinita en el que la contempla ni en el que escribe sobre ella.

La visión del lugar que propone el poeta es la del hombre que camina, que conoce la ciudad porque la ha pateado, descubre sus secretos y devanea

—nuevo Azorín— por ella y recala a través de sus callejuelas casi monásticas, de sus recovecos que evocan una *ciudad muerta*, porque este es un modo de habitarla, de conocer su interior. Es obvio que, en todo ese recorrido, un lugar místico dispuesto paisajística y monumentalmente, sean las ruinas las que le permitan evocar el lugar a poco que lo abandone. Si deambular por un espacio concreto ayuda a descifrar el entorno que viene a provocar deseos de interpretar la mirada del hombre —su mano— que ha ubicado edificios, espacios abiertos, ornamentación, que acompañan nuestro desplazamiento y hace que nos identifiquemos con nuestro espacio – ciudad, lugar – ciudad, paisaje urbano. Porque la distribución de Córdoba, habiendo de todo, ruina romana, árabe, renacentista, e incluso pudiendo redefinirla como ciudad levítica, nada de este conglomerado desentona ni destaca una faceta sobre otra: Córdoba es el triunfo de la armonía. Pero Córdoba es el paradigma en un entorno que es así porque se ha ido haciendo a lo largo del tiempo y con la ocupación de un espacio, históricos ambos posiblemente por la esencia de sus habitantes.

Es poco probable hallar en su obra 'ruina' en el sentido romántico de decadencia, que se percibe como valor ambiental, lo que impide la restauración, como sucede en la Venecia de Barrès, aunque, en este sentido, la 'ruina' vive así «una agonía prolongada», en la que «la disgregación libera la belleza e imprevistas armonías que contenían sus antiguas perfecciones» (Hinterhäuser, 1980: 47). El tema 'Córdoba' enlaza con la mejor tradición, como la *Antiquités de Roma* (1550), de Du Bellay.

Libros de poesía publicados y antologías: su estructura y otras noticias

El examen de las publicaciones de Clementson Cerezo buscando un sistema que dé sentido a las mismas, no consideradas de manera independiente sino como un todo colectivo en el que se encuentra recogida, como si de capítulos se tratase, su obra completa, en alguna que otra ocasión, produce alteraciones en los ritmos de aparición pública que es lo que vamos a considerar. Carlos, además de ponerle fecha a los poemas que componen un libro cualquiera de los suyos, cada equis tiempo propone una antología, en realidad autoantología, que va recogiendo lo más significativo para él de ese periodo de tiempo.

01. *Canto de la afirmación*. Aparecido en 1974, posee bastantes poemas de años anteriores y los que añadió hasta 1973. Esto ni quita ni pone. Se juzga el libro y se especifica el dictamen anterior. Es mi opinión personal que Carlos quiere ver toda su obra poética publicada, menos lo que haya perdido o no considera correcta su publicación, y por eso la incluye en el lugar que puede.

Canto de la afirmación permite una serie de reflexiones que casi son válidas para el cómputo general de su poesía. *Canto de la afirmación* es, como mínimo, de 1969, premiado en 1970 y publicado en 1974. En la solapa de la portada, que se debe al pintor Párraga, se puede leer que el poeta, finalista del Premio Guipúzcoa de Poesía en 1966, nunca se dice con qué libro, se puede pensar que con el mismo premiado en Murcia, añadió poemas del periodo comprendido entre 1962 y 1968. Quizá añadiera también poemas de fechas posteriores a 1970. Si se observa bien y se establece comparación con sus libros posteriores, a pesar de lo que han dicho algunos críticos de *Canto de la afirmación*, todo está ya en ese libro. ¿Qué le puede afear? Pues una anécdota. Estuvo el libro sin aparecer al público al menos tres años largos como se ha dicho. Y Carlos aprovechó para añadir cuanto había escrito después. Eso es lo que puede despistar porque el conjunto, en apariencias, pierde su unidad. Carlos es un poeta abierto a todas las tendencias que contengan su ideal de vida. Y eso es lo que lo distingue de los de su época, incluidos los postrimeros poetas del post-Cántico. Porque cuando se desvía, o sea, cuando altera con fines poéticos el grado cero de la poesía, no está en un proceso de ruptura lingüístico-literaria, sino en la adopción de su estilo sin proceder al extrañamiento o a la desautomatización, o sea, su deseo es acceder a su ideología privada a través de la tradición clásica: «la retórica sería en cierto modo la fuente principal de esos procedimientos de desvío, consistiría en el arte o técnica que faculta al poeta para manipular en lenguaje de acuerdo con los propósitos estéticos de manera que resulte algo distinto del lenguaje común» (Frau, 2002: 294). La lectura de su obra testimonia el gran dominio del lenguaje, un lenguaje estético, ganador de la belleza que busca y encuentra. Además, es fiel a ese estilo, "su" estilo, a lo largo de su vida literaria. Bien puede ser que el rechazo a una época significada por unas transformaciones ganadas por la fealdad postsimbolista —desarrollo industrial y mal gusto— haga crear a los poetas universos elitistas, generar sueños irreales y volver su mirada a la Naturaleza, del mismo modo que otros poetas dirigen su mente a los antiguos métodos para hallar en ellos una solución a su angustia contemporánea (Brown, p. 69). Es decir, el ambiente clásico sirve para efectuar una transposición temporal que mantiene de este modo la vigencia del pasado clásico en este caso.

Así, la poesía sirve para explorar interiormente sensaciones intuitivas y dejarse llevar por una nostalgia de lo natural, no de lo ficticio. Y, en este ámbito, se comprueba, cómo Noailles descubre en su infancia lo bello, en su edén, las aguas del lago Lemon, los jardines de la Saboya. Sufre también la asfixia de las grandes ciudades, aunque el hombre sea incapaz de superarla. Pero, este *ennui*, que en este caso parece el del fin de siglo, es algo que se reproduce o sobresale de cuando en cuando, es decir, cuando se vuelve en cierto modo a la antigüedad considerada como un paraíso perdido (González, s/f: 75-77). Ese idealismo reflejo del mundo clásico da lugar a una *estética evocativa* caracterizada por lo racional, por el desarrollo de un lenguaje cuya base está enraizada en lo cultural armónico y en los modos sociales rituales basados en el mundo clásico. En ese espacio que ocupa 1836-1912, persiste un criterio artístico que desarrollan o en el que viven los grandes artistas más o menos conocidos —Lawrence Alma Tadema, por ejemplo— que se interesan profundamente por el latín y el griego, la antigüedad, la arqueología, y desde ahí crean y legan su obra. Bien que cada época añade sus características que permiten la incorporación del mundo griego idealizado, un clasicismo estetizante: «el ambiente es de interés por lo estético —pocas épocas tendrán un concepto de belleza tan desarrollado— y él comparte la sensibilidad del momento» (Villarrubia, s/f: 64), quizá porque la realidad se sirve de elementos clásicos y románticos dentro de un academicismo propio de la época. Quiere decir esto, que más o menos maquillado, desde el final del XVIII se mantiene ese espíritu clásico que, sin duda, da carácter a cada una de estas manifestaciones artísticas (pictóricas, arquitectónicas, escultóricas) entre las que destaca la literatura.

Podríamos hablar, y en ello estoy, de una tendencia clasicista, fuera de los géneros, que mantiene viva la llama de lo grecolatino, del humanismo, que se puede vislumbrar a lo largo de la historia, desde el final del barroco, asumida por el liberalismo literario de las Luces, que se consolida en el XIX y permanece aún en candelero. Raro puede parecer el gusto de Nietzsche por los clásicos: «En el fondo, son muy pocos los libros antiguos que han dejado una huella en mi vida; y entre estos no se encuentran precisamente los más célebres. Mi sentido de estilo, del epigrama como estilo, se despertó casi de pronto cuando entré en contacto con Salustio. [...]. Salustio consiguió que me descubriese a mí mismo con su estilo ceñido, riguroso, con su fondo dotado de mayor sustancia [...]. Igual me ocurrió en mi primer encuentro con Horacio. Con ningún otro poeta he experimentado hasta ahora el arrebato artístico que desde un primer momento me produjo una oda horaciana. Lo que se logra en ellas es algo que, en determinados idiomas, no se puede ni intentar.» (Nietzsche, 1999: 149-156). Era el espíritu de la época. O, quizás, «el método generacional aplicado al estudio de la literatura, de moda un tiempo, se encuentra hoy absolutamente desprestigiado» (García Martín, 1980: 7). Quiero decir que la trayectoria de Carlos como poeta no es algo único en la historia de la literatura, o una particularidad específicamente suya, sino que la presencia de los clásicos en los novelistas y/o poetas es algo común. Solo hay que leer a García Jurado (2005) que lleva ya más de veinticinco años reconstruyendo lo que él llama *historia no académica de la literatura española*: «las literaturas clásicas han disfrutado de lecturas tan intensas y variadas por parte de los autores modernos que estas bien podrían entenderse en términos de una historia no académica», como se puede leer hasta en la contraportada del libro de referencia. Considera el citado profesor que hay una erudición clásica en los escritos modernos: «los escritores modernos nos descubren que en sus textos el tesoro de sus lecturas, bien de aquello autores universales y de sobra conocidos, bien de los menos leídos e incluso olvidados, esos que se han quedado relegados el rincón de un anaquel y que pasan a engrosar la singular categoría de *raros*» (García Jurado, 2002: 21). El mismo García Jurado anda en la aventura de completar *La Historia de la literatura grecolatina durante la edad de plata de la cultura española (1868-1936)*. Y acaba de aparecer un libro de Luis Antonio de Villena titulado *Biblioteca de clásicos para el uso de los modernos*.

Pero, para que esa tendencia, ni el mismo Clementson ni nadie parezcan raros, si queremos conocer algo sobre el arte y la crítica del olvido, hemos de leer a Harald Weinrich (1999: 229-253) y su capítulo VII, «De la poesía del olvido»:

> Mais certaines,
> Moins captives du rytme et des harpes lointaines,
> S'en vont d'un pas subtil au lac enseveli
> Boire des lys l'eau dort le pur oubli.

Y si se está interesado en la elegía romana, léase a Paul Veyne (2006). Y si se plantea uno profundizar en la enseñanza, por ejemplo, de las *Odas* de Ronsard, léase al profesor Martínez Cuadrado (1994). Pero, si quiere leer a todo Ronsard en español, lea a Carlos Clementson que lo ha traducido en dos tomos.

AL REY ENRIQUE II
ODA II
Estrofa I

Como el que toma una copa,
gala y prez de su tesoro,
y va escanciando uno a uno
del vino que ríe en el oro,
así vertiendo el rocío
en que mi lengua se empapa
sobre el linaje VALOIS,
con mi dulce néctar sirvo
al más grande Rey que existe
tanto en armas como en leyes.

Y si se quiere saber *El lugar de Heráclito en la historia espiritual de Europa*, lea a Béla Hamvas (2017: 115-137). Y es que la literatura «actual recurre al pasado cultural que conduce al mundo interior». Lo que intuyó Carlos Clementson y ha llevado a cabo. Pone en marcha, es verdad, su retórica —*persuasio*— ideológica y, sobre el ámbito de esa tradición, el poeta «proyecta sus propias experiencias y emociones y reflexiona sobre la condición humana» (Rodríguez Pequeño, 2008: 331).

Sin ese fondo clásico, sin esa filia hacia el mundo grecolatino y la belleza que derrama, ¿podría haberse escrito *Le Cimetière Marin*? Veamos la traducción de Carlos:

Techo tranquilo,   surcado de palomas,
que entre los pinos   palpita y entre tumbas.
El Mediodía   justo arma de fuegos
el mar, el mar   que siempre a empezar vuelve,
¡Qué recompensa,   después de un pensamiento,
mirar en paz   tal calma de los dioses!

¡Qué labor pura   consume de relámpagos
tanto diamante   de imperceptible espuma,
y qué honda paz   parece concebirse!
Cuando se posa   el sol sobre el abismo
¡oh puras obras   de una eterna causa!,
el Tiempo brilla   y ciencia se hace el Sueño.

(Clementson. *Las rosas de la vida*. Madrid. Eneida. 2014: 749. Fragmento)

Sin ese amor por la tierra en el exilio, sin la elegía barroco-latina, ¿se hubiera podido leer *Las elegías de Bierville*?

V

¡Ciérrate, cúpula verde sobre mi frente, translúcida!
 Aguas de curso discreto, brisa que apenas si eres
un transcurrir del silencio, imitad esa manera sencilla
 con que mi sangre se olvida en este instante y yo *sé*.
El interminable sueño del mundo una a una suaviza
 sus olas en torno del jardín melancólico.
Dentro de mi alma ya en paz soy el náufrago que en la isla profunda
 en que renace el mar, reconoce de pronto una patria
anterior; y no se sorprende por ello; el crepúsculo
 hace más puro el sendero –¡oh pueril!, ¡oh real!–
que lo ha vuelto a tomar, envejecido y desnudo, pero más impaciente
 a cada paso que da, y aminorando su paso
porque desea la noche, y llegar junto a la esposa secreta
 cual si un fulgor lo esperara siempre inminente y nostálgico,
y, del misterio, uno al otro, ser como un don amoroso
 –¡noche con gozo en los ojos, noche más allá de la noche!–

(Clementson. *Esta luz de Sinera*. Madrid. Eneida. 2011. 471. Fragmento).

«Clarín aprehende el sentido humano de los clásicos y reitera en sus estudios críticos y en su literatura el concepto de Protágoras que juzga al hombre como la medida de todas las cosas, con lo que todo fluye, y la verdad es incoercible y diferente para cada persona» (Gabino s/f: 82).

¿Y qué voy a decir de *La muerte de Virgilio*, de Hermann Broch, que no esté dicho ya?: «… el poder poético de la muerte se había revelado muy pronto como el más fuerte, conquistándose paso a paso un derecho de ciudadanía, que luego en la *Eneida* se había tornado pleno derecho de la dominación, siguiendo el sentido de los dioses: la dominación fragorosa, sangrienta, amenazadora, inmutable del destino, la señoría de la muerte que todo lo supera, que por eso mismo se supera a sí misma y se aniquila a sí misma» (Broch, 2007[2]: 93).

Es decir, el agua sigue su cauce y eso será siempre así, si no se la desvía, como se intenta, al provocar la ruptura de Europa, cuna de esa civilización que nos ha durado mil años. Legislando como se legisla últimamente es sencillo comprender que una educación cuyo sistema enseña a pensar, va a ser perseguido por esta nueva inquisición. Porque el político ha suplantado o se ha apropiado de un poder que no le corresponde para construir un mundo a imagen y seme-janza de las multinacionales o de quienes quieren hacer del mundo una clase dirigente y el resto más o menos semejantes a esclavos, a los que solo les van a proporcionar lo que llaman un estado del bienestar. Por ello, el estilo poético de Carlos no es espontáneo o adquirido por estudio, sino algo que, situado en el panorama de las letras, manifiesta una forma peculiar, un tipo de estilo pro-pio del poeta cordobés. Por ello, el estilo poético de Carlos no es algo pasado de época, sino vitalista y moderno con sabor añejo porque nosotros hablamos en la posmodernidad del pensamiento literario antiguo —la literatura de la tradición, del canon, de la mímesis— y de la reconstrucción de ese mismo pensamiento literario en el Humanismo, aun el de ahora. A esa tradición, se le añade el espíritu estético —el don de la belleza— de ese humanismo refor-mado, rehecho, por las innovaciones italianas, si se nos permite referirnos a las repúblicas de este modo, francesas, inglesas, hispanas, portuguesas, gallegas y catalanas, mas su propia tradición, análisis y estudio, y bajo esta capa se halla la poética de Clementson, de la que ya se hablará. Otra cosa es la imagen de esa obra producto de la ideología y postura del poeta ante la vida.

02. *Los argonautas y otros poemas*. Recoge poemas de 1974-1975 y aparece en este último año. En el metatexto de la solapa de este libro, finalista del Premio Adonais, se afirma que ha publicado un anterior libro citado y otro desconoci-do para mí que se titula *Necesidad de la poesía* (Murcia, 1974), que no hemos localizado y creemos utilizados sus poemas para otros libros posteriores. Toda esta información sin comprobación posterior lleva al lector a la búsqueda de unos libros que no existen, lo que no es bueno para el análisis de sus obras, por la pérdida de tiempo que supone hacer ese ejercicio de investigación.

03. *De la tierra, del mar y otros caminos*. Con poemas del bienio 1976-1978. En este libro solo se citan como publicados *Canto* y *Argonautas*.

04. *El fervor y la ceniza*. Contiene poemas escritos entre 1977 y 1981 que apa-recen en 1982. Pero anuncia su ensayo autobiográfico *La luz, la tierra, y el mar de Lorca y el Sureste en mis versos. (Memoria y poesía)*, que no ha aparecido con tal título y que creo desparramado a lo largo de su obra, y la publicación de su primera autoantología, *Las olas y los años* (1986).

05. *Las olas y los años.* Es una autoantología que aparece en 1986. Recoge poemas de los años 1961 al 1982. Lo componen siete poemas de *Canto…* (1961-1974); treinta de *Los argonautas…* (1974-1975); nueve de *De la tierra…* (1976-1978); cinco de *El fervor…* (1977-1981). Hasta aquí todo en orden. Y entonces surge la sorpresa porque añade doce poemas de un libro que, si antologa, es porque está publicado, que tituló en su día *La luz sobre las rocas* (1981-1982), compuesto por quince poemas que habrá que ver si no aparece más tarde. Es un libro al que no tengo acceso ni localizo, ni figura entre su obra poética. Se puede pensar que era un libro en composición, que aprovechó para dar a conocer lo último que había escrito. Un creador literario utiliza el producto de su creación para construir —reconstruir— un nuevo texto, iniciativa a la que quizá le faltó indicar al lector la procedencia de estos poemas o de ese libro o advertir su posible utilización. El poema más conocido, que aparecerá después en otros libros, primero en *82 años de poesía en Lorca*, como ya se ha dicho, es

La adelfa

    Como la adelfa, oh sí, como la adelfa
    mecida frente al mar, sin vanos sueños
    de eternidad,
          tan solo contemplando
    el desierto del agua, la luz pura
    bañada por el sol. Sobre la arena.
    Dejándote mecer por el levante,
    dejándote llevar,
          solo escuchando
    la música del mar entre los pinos
    rumorosos del azul,
          tan solo oyendo
    el latido del mar como la vida,
    la luz del existir, su privilegio,
    sin pregonar por qué,
          como la adelfa.

Con esta letra se compuso una canción por el compositor cordobés Ramón Medina Hidalgo (1920-2021), interpretada por el tenor Pablo García López, que se puede localizar en YouTube, <youtube.com/watch?v=8Nj8lSSQKvA&t=58s>), adaptada por parte de Carlos Domínguez-Nieto, director de la orquesta de Córdoba.

Con la publicación de *Las olas…*, comienza su etapa de autoantólogo. Por eso, advertimos que en ninguna de sus otras antologías aparecen nunca poemas de la obra que dedica a Neruda, tal vez porque parece un libro circunstancial, a pesar de ser compuesto para esta efeméride. Carlos hace de antólogo de sí mismo y tampoco podemos aseverar que cuanto aparece en este último libro sea una selección de sus mejores poemas. Sirven de exposición de cuáles son sus preferencias cuanto tiene tantos años en concreto, es decir, varía no su criterio, sino su emotividad, su estado de ánimo. Hay que esperar para racionalizar todo ello a la aparición del siguiente libro que, aunque parezca un libro nuevo, es el anterior.

Hay una declaración pública de Carlos hecha a Díez de Revenga por la que hace saber que, desde 1982, tras *El fervor…*, lleva tres libros en la mano, *Memoria de la luz*, *Museo privado* y *La selva oscura*, 6000 versos, aunque es posible que «todo aparezca bajo el título general de *Los templos serenos*.» Hoy ya sabemos que con todo ese material fue nutriendo los libros que fue publicando.

LOS TEMPLOS SERENOS
(Diálogo conmigo mismo)

A Juan Bernier,
con el que tantas veces departiera de estas cosas.
In memoriam

Claros, calmos, severos, serán así tus días
como las lentas ondas de esta hermosa mañana
o la canción del agua que mana entre las guijas,
si los dejas pasar sin aflicción ni angustia,
sin grosera ambición o inciertas esperanzas.

Sin ambición ni orgullo, discreto, humilde y sabio,
consciente de la estricta dimensión de tus gestos
en tiempo y en espacio,
confuso afán y honores
depondrás
junto al miedo
hacia dioses primitivos y oscuros,
pues, tranquilos,
en su región luciente ellos no curan
de nuestra inanidad.
Y estamos solos.

Como la hoja de hierba sin nombre entre los campos
que esmalta primavera y consume el estío,
concertarás tu alma al orden de las cosas
sencillas bajo el sol,
como esa hoja de hierba
conforme con su mínima y discreta aventura
de hierba transitoria, mas calmada de luz.

Sin gran amor, sin odios ni pasiones estériles;
sin lujuriosa insania o certidumbres crédulas
que el alma te fatiguen o conturben el sueño,
sin temor ni fortuna ni miedo a los naufragios,
sonreirás a la lucha, la gloria y sus tesoros,
sin honor y sin gloria, tan solo cultivando
las rosas matinales del íntimo jardín.

Habrás de acostumbrarte a olvidar lo perdido.
A no llorar los dones que hurtárate la suerte.
No a perdonar, tan solo a desdeñar la afrenta.
Piadoso con los otros, no sufrirás no obstante
sus torpes compañías ni su revuelto afán.
El premio de tus obras serán tus obras mismas
Y la verdad del sabio tu goce más secreto.

Con las manos vacías llegaste a este banquete.
No pidas más de aquello que te sirvió el copero
ni envidies otra túnica que la que lleves puesta,
por más que ni la púrpura o el oro la engalanen.

Sin levantar los brazos a aquellos inmortales
que tranquilos discurren por su quietud sin mancha,
ni bañar con la sangre sus fúnebres altares;
en vanas convicciones ni idólatras prejuicios,
tranquilo, alegre y en paz, tan solo un noble gesto
de humilde aceptación será el laurel
que ceñirá tu sien, aquí en la tierra.
Pues, tras arduos trabajos, al fin has comprendido
que ligeros de ropa cruzaremos la orilla
y la última ola
                    nos cogerá desnudos.

                    (CCC. *De Los templos serenos*, 1994: 74-76)

El mismo Díez de Revenga (29-30), entiende que en *Las olas y los años* hay un extenso poema autobiográfico —autobiografía espiritual— «trazado sobre la base de los pilares —*vivants piliers*— sólidos: las olas y los años, la naturaleza y el tiempo». Mas Díez de Revenga, en lugar de hablar de autopréstamo, expone que Clementson «al hacer el recuento de su poesía y volver a publicar los poemas de sus libros anteriores ha querido también ofrecernos las primicias, los frutos adelantados de su próximo libro, que se titulará *La luz sobre las rocas*» y que luego no se publicará. Cuando el citado profesor de la UMU le pregunta qué lleva entre manos, Carlos contesta que «llevo tres libros en la mano», como ya hemos anticipado: *Memoria de la luz*, *Museo privado* y *La Selva oscura*. Más tarde, los proyectos, y con ellos los títulos, van cambiando.

Ya señalamos al comienzo la realidad de algo que, por repetitivo y utilizado en varios lugares distintos, calificamos de autopréstamo. Al ser tan repetitivo, pensamos que, en realidad, se trataría de una mala planificación que lo obligaba a rectificar las publicaciones que el poeta tenía previsto para que toda su obra, antes o después, aparezca publicada. En este sentido, Carlos Clementson podía haber hecho público unos originales que más tarde introducirá en un nuevo libro. No se trata de una tesis doctoral, no se trata de saltarse las normas editoriales, ni tampoco de publicar lo mismo en lugares diferentes, dos o más, ni un intento de presentar como nuevo algo antes publicado de modo previo (Mendicoa, 2021). Aquí no hay robo —plagio— porque el robo y su autor son el mismo. Un creador literario utiliza un producto de su creación para construir —reconstruir— un nuevo texto en el que quizás solo falta advertir que tales poemas han sido utilizados con anterioridad. Solo que en este caso, el espacio en el que debe considerarse como no apropiado es el primero. No pasa desapercibido esto para el poeta, pero lo que nosotros consideramos autoplagio según la terminología aceptada, para él es «un panorama antológico de su poesía». Cuestión solventada. Porque al parecer solo afecta a los derechos de autor.

06. *Oda y cosmología para Pablo Neruda*. Este libro, escrito entre 1986 y 1987, publicado en 1993, fue finalista en la modalidad de poesía en los Premios América de la Comisión Murciana del Quinto Centenario del Descubrimiento de América. No sé si ahora, con el popularismo y el rechazo de la «Madre Patria» por lo mal que lo hizo según comentan sus mandatarios, algunos de cuyos nombres mejor silenciarlos, se hubiera celebrado esa efeméride. Le prologa el libro Victorino Polo al que los versos de Clementson «le plantean un grave

problema de inteligencia crítica de simple aceptación lectora». Sucede que los versos de Clementson Cerezo, clásicos, casi no placen si se comparan con los de Neruda, a pesar de lo cual comunica a los lectores que, cuando acaben de leer a Clementson, se darán cuenta del inmenso homenaje que el poeta cordobés ha dedicado al poeta chileno. Bien: cosas de la crítica.

> Convaleciente, el joven abrió el libro que amigas
> manos depositaran, pletórico, en las suyas.
>
> Fue el sol contra los ojos. Como un deslumbramiento,
> ingenuo, si queréis; como es el hombre: adánica
> criatura ante el misterio solar del universo.
> Y era el verbo fundando de nuevo el tiempo, el mundo;
> y el mundo iba saliendo, aún fresco de rocío,
> de entre sus versos grávidos como un sol de su abismo:
> un orbe recién hecho, más ancho y transparente,
> como recién nacido, de nuevo, del silencio.
>
> Primero fue la arcilla, moldeándose a sí misma
> en formas de impaciencia; como un olor de espesas
> fragancias y resinas; un proceder de lentos
> ríos sacerdotales, ritualmente fluyendo
> como salmos de agua, entre mansiones húmeda,
> a lentos pasos verdes:
>
> (Fragmento)

07. *Los templos serenos*, de 1994, se subtitula *Memoria de la luz* y recoge poemas aparecidos entre 1982 y 1990. Aunque Carlos estima que es un conjuro a la sombra y que se hable de una luz y un espacio que puede ser el del sureste, en realidad, es una variación del proyecto existente en la página 146 de *Las olas…*, un poema titulado *Los templos serenos*. *Los templos…*, como libro, es algo muy hermoso, lo suficientemente bueno y bien escrito como para consagrar a un poeta. Pero, hoy, cuando los buenos libros de poesía apenas llegan a los mil versos, cada uno de los de Carlos casi alcanza las doscientas páginas, mucho para una poesía comercial o dirigida por las editoriales que van a la caza de la publicación de los premios de poesía locales. Y Carlos no transita ese camino, bueno para nosotros que así podemos leer poemas tiernos, emocionales, que hablen de una vida idealizada que posiblemente nunca existió pero que

hubiera debido vivirse aún en estos tiempos de cólera, de amenazas de bombas, de cacareo de gallinas. Aunque tampoco me gusta eso de poemas liberales de Carlos, que dijo el periodista andaluz Jesús Cabrera con motivo de un recital que tuvo lugar en el Círculo Liberal de Andalucía.

Divide Carlos el libro en tres partes:

I. *La Luz sobre las rocas*, es decir, la última parte del libro no publicado o en ciernes, quizá porque se le quedó fuera por falta de espacio los otros dos, o porque aún no lo tenía estructurado.

II. La sangre iluminada

III. El sol bajo las aguas

Aquí están todos los poemas aparecidos como publicados en *Las olas…*: los doce que comprenden la última parte del libro anterior, esa autoantología, la primera en la que damos noticia. Carlos está haciendo su catarsis: se está explicando sus problemas íntimos provocados por la ausencia (la soledad como presencia de la pérdida), el olvido, la ruina (los recuerdos como ruina), el constante acudir al pasado, a la muerte. Y en este más que hermoso libro está todo Carlos, su madre, su infancia, su luz (la del sureste), sus rocas (las de la campiña cordobesa —Villa del Río— y el campo de Lorca). Carlos está escribiendo su vida con su poesía, pero, cuando desea hablar claro y tendido, en un ejercicio de intercambio/interconexión genérica, expone su todo, su Estrella, su Maribel, en esa prosa aguda que huye de lo profesoral. Y todo va quedando en el papel, que comparte con los lectores que le acompañamos en su tragedia, porque no pueden abandonar el lugar que ocupa en la vida espiritual, en la intimidad del poeta, cosa que repito algunas veces para que puede ser considerada en cada uno de estos momentos. El poeta se redime con su pathos.

HOGAR DE LA MEMORIA

Acércate a la lumbre. No tengas miedo. Pasa.
Franquea el umbral del día y entra en ti mismo.

Escucha:
afuera el viento arrastra anónimos despojos,
papeles, algas secas sobre las dunas. Lejos
quedan las puras aguas, el mar de ayer. Contempla
romper la espuma túrbida sobre la arena; el viento
monótono y mojado sonando entre las cañas

y la humedad trepando por las viejas paredes
como un musgo amarillo o una lenta congoja.

Vuelve al lugar de entonces. Cierra la puerta. Acorda
tu corazón al pálpito secreto de las cosas
que tu reino ensancharon con su cordial latido
e hiciéronte más rico, más humilde y más sabio.

He aquí los viejos libros, tu lámpara, los remos
que antaño fatigaron el torso de las aguas
y hoy empuñan tus hijos con inocente empeño:
la vida reiterándose en su eterno retorno.

Acércate a la lumbre. No tengas miedo. Quédate:
hace frío esta tarde y no hay nadie en la playa.
Ya te has quedado solo como siempre, y el viento
corre como las horas sin saber dónde, a dónde
caer, por fin, rendido y encontrar su reposo.

Mira pasar las nubes tras el cristal, las olas
por siempre reiterándose con el gesto impasible
con que los días restauran su esplendor abolido,
con que la misma vida se repite en tus ojos.

Acércate a ti mismo. Entra en tu pecho. Aspira
el vago aroma antiguo de la leña en otoño
que, ileso, te devuelve el ardor de otras horas
más cálidas y vivas. Acércate a la lumbre.
No tengas miedo. Escarba, remueve en la ceniza.

Recuerda aquella música… aquel fulgor, tu casa…
Nada está muerto. Nunca muere nada del todo
mientras la vida aliente en quien feliz fue un día;
mientras la voz lo pueda resucitar cantando.

Un ascua aún arde, pura, en el fondo de tus años.

(CCC. De *Los templos serenos*, 1994: 95-96).

Se cree que el autoantólogo realiza un esfuerzo que «se revela como una profunda búsqueda de la propia subjetividad gracias a la creatividad» (Barraca,

2021: 444) del poeta. Si lo literario se plantea preguntas en torno al sujeto autor, es el propio autor el que trata de comprenderse mientras hace que su literatura, su poesía, entre en los terrenos de lo autobiográfico en los que no rastrea sus orígenes, sino la existencia que en ellos se basaba la que vivió. Posiblemente, y entrando en territorio de la conjetura psicológica, tampoco busca una identidad que siempre ha tenido en sus coordenadas espacio-temporales porque prácticamente la experiencia es real e incide en su poesía y vida: «A todas luces es evidente que el espacio físico ejerce sobre el individuo que lo habita una influencia nada desdeñable y que esta debe ser tenida muy en cuenta a la hora de explicar muchas de sus vivencias, así como las razones de algunos de sus comportamientos. Tendrá ello mucho que ver con esa necesidad primaria del ser humano de sentirse en relación armónica consigo mismo y con su entorno» (Bueno, 1993: 19). No se trata de analizar su estilo, su simbología o su filosofía de vida, no, se trata de un autoexamen liberador de la problemática existencial que el poeta va indicando para que sepa qué pensaba a los tantos años de edad, del que irá desprendiéndose lo que antes eran motivos y ahora heridas del tiempo. No había necesidad de sentirse culpable de nada. Cada esquirla del tiempo se refleja en su lenguaje, más que en su simbología u otros elementos retóricos que la hacen peculiar. Aunque se refiera a Borges, vamos a transferir a Carlos este aserto: «El sujeto y sus avatares creativos más hondos, la compleja lianza del binomio identidad-alteridad, la persona y la relación, el yo y el otro, sobre la base de la humana vocación a la originalidad, se han convertido en el vértice de una reflexión que ha cobrado un peso innegable» (Barraca, 2021: 443-444).

Estas autoantologías de Carlos, según la clasificación de Ruiz Casanova (2007), tienen la categoría de panorámica, antología de un solo autor editada, en este caso en formato de autoantología. Nadie mejor que el autoantólogo para efectuar "su" propia selección porque conoce toda su obra, porque también se le presupone criterio crítico y su poética propia. ¿Puede haber algún sentido promocional? No es no. Digo que no en Carlos Clementson Cerezo. Creo, por no decir que estoy convencido, que quiere dejar publicada la mayor parte de su obra original, cuya lectura parezca una lectura de sí mismo, en forma de autobiografía no narrativa como ya hemos anticipado.

Hablar de que si autoplagio —autopréstamo—, como hemos hecho antes y dejado aclarado, que si autobiografía, que si sentido promocional, se debe a que hablamos de poesía, y, en ocasiones, hemos de trasladar conceptos o criterios de la narratología para adaptarlos a nuestra necesidad crítica y racional, no especulativa. En verdad, lo que hace es extraer un poema de un libro ya publicado y colocarlo en otro. En eso es recurrente. Si Carlos hubiese buscado ese aspecto no tanto promocional como exhibidor de su propio yo lírico, hubieran aparecido sus *Obras Completas*, o hubiera salido de Córdoba, en la vida y poesía es un binomio igualado: no hay una por encima de la otra. Así que es más cómodo y sencillo publicar varias antologías de autor, como comprobaremos después, eso sí, sin tener conocimiento del alcance de su difusión (Ruiz Casanova, 2018). Hay quien quiere ver en estos poetas que se autoantologizan como una cara B de su propia personalidad, sobre todo si eligen sus poemas menos conocidos, una boutade en mi opinión. A todo esto no juega Carlos.

El poeta de Córdoba pasa por todas las fases que podemos observar con relación a la antología: es antologado, porque figura en varias de ellas, alguna buena. Es antólogo, porque él mismo ha hecho antologías temáticas. Y su faceta de autoantólogo acabamos de verla. Si habláramos de nuevo de autoplagio, ¿qué diríamos de *Figuras y mitos*?

08. *Archipiélagos* (la sinfonía helénica) es Premio «José Hierro» de Poesía. 1995. Este libro solo, unitario, independiente, podría ser un digno premio Nacional de Poesía. Es la recreación de la belleza griega, una belleza viva, expuesta en pocas palabras, cuya contemplación aletea sobre la luz y sobre el agua, que reverbera y refresca aun con los ojos cerrados. Acabó este libro en octubre de 1993, fecha que cierra el libro.

ESPÓRADAS

Las islas… son las islas en la ilustre mañana.
La luz las ilumina y glaucas y doradas
flotar parecen libres entre el azul y el cielo,
grandes rosas de fuego ardiendo sobre el mar.

CÍCLADAS

Miradlas cómo ríen, triscan, brincan, se agrupan
salpicando de espumas las luz fresca del alba:
escolta fulgurante de delfines sagrados,
sínguenle al dios las islas danzando sobre el mar.

«El poema de Clementson que lleva el número 14 y el título *Cícladas* es un canto a una naturaleza en plenitud, llena de vida y alegría, una naturaleza personificada, bendita, cautivadora, que anima a la sonrisa, a la danza y, sobre todo, a lo sagrado. El poeta exhorta a contemplarlas, quiere que lo hagamos en el mejor momento, al alba; al alba, quizá, de la vida, para que así podamos gozar de su frescura y compartir, sobre todo, su danza, una danza, sin duda, sagrada.» (Moya del Baño, 2021: 101-123). La belleza del poema llevó a la profesora a analizar el poema y su situación en la poesía latina.

CLARIDADES DEL EGEO

Empapado de azul está el recuerdo,
de un azul sin edad, como esta mar
que es igual que mi mar, y cuyas olas
con remoto rumor sobre otras playas
me entonaron los ritmos que aquí os cuento.
Hijo soy de esta luz y de estos cielos.

DAFNE

Contempla cómo late, tras tan larga carrera,
su blando pecho esquivo
antes de hacerse inmóvil perfume perdurable.
Amante, estás a tiempo. Es tu ocasión postrera:
a este laurel que —exhausto— detiénese un instante
aún le palpita virgen y rojo el corazón.

09. *Figuras y mitos*. Antología inédita (1995-2000). Entiendo que se trata de una antología de inéditos. La primera parte queda ocupada por trece poemas extraídos —tomas o préstamos— de *Ciudad de destino,* que se publica en 2013. La segunda parte la forman siete poemas de *Retablo para una edad de plata,* que se publica en 2017. La tercera queda ocupada por un poema tomado de *Rapsodia ibérica,* que se publica en 2018. Y la cuarta y última, *Azul y sus mitos*, de la que es posible que hablara en 2018, pero que no he visto publicada, aunque en *La música de Orfeo* sí hay un apartado en su introducción titulado «Del azul y sus mitos (La llamada de Grecia)».

LA VISITA DE VIRGILIO

Ha llegado de lejos; lentamente, en silencio,
como si aposentárase en su propia morada
se ha sentado a mi lado bajo el porche, a la sombra,
y ha respirado hondo el aire luminoso
de la tarde de mayo, embriagada de todos
los nupciales perfumes que brotan de la tierra.

Son profundos sus ojos bajo la noble frente,
y su voz es tranquila; una dorada calma
infunden sus palabras cuando nombran el álamo
musical en el viento, el desmayado sauce
que refresca el arroyo, la parra y sus racimos;
y un aire de serena pureza se propaga
por todo cuanto mira; la espiga que verdece,
la lenta encina grávida, la sombra transparente
del ramo que meciendo va el oro pensativo
de Minerva en su fruto baja la mansa brisa,
y los montes lejanos que guardan la campiña.

[Este poema aparece completo en *La música de Orfeo* (2022: 35-36)].

Aunque no es el momento de perder el hilo de la letanía que se esboza frente a la poesía de Carlos, sí voy a señalar un excurso que, quizá forzando la marcha, resume de modo concreto y válido el escrito del poeta. Cuando Carlos, en 1996, se ocupa de *Número de Venus*, de José Lupiáñez, define la poesía de índole nazarí y a su grupo exponiendo que la cultura, el amor, la nostalgia, la preocupación por los asuntos eternos, la fastuosidad expresiva no exenta de un cierto regusto arcaizante y el sentimiento de la naturaleza son constantes temáticas que aparecen en los versos de Lupiáñez, da la sensación de que está hablando de sí mismo, que ha sido "tocado" por la gracia de ese poeta. Comenta que su primer libro, *Ladrón de fuego*, ofrece un concepto de la poesía puramente meridional, en la mejor estética del barroquismo nazarí, doliente sentimiento de la hermosa y huyente fugacidad de las cosas.

Escritura

Ahora estoy sin moverme, ya ni escribo este verso;
mi mano no discurre sobre el papel en blanco,
mi mano está muy quieta, posada en este flanco
de la hoja impoluta; yo tan solo converso…

Converso con el hombre que siempre va contigo
y te acompaña siempre en lo bueno y lo malo,
con quien también compartes un extraño regalo
y es mucho más que amante y es mucho más que amigo.

Ese que está sentado frente a mí en esta sala
y observa que no escribo y entiende lo que pienso:
ese de allí, en el fondo del azogue infinito.

¿Qué fue de aquel poema? ¿Quién me presta una escala?
La tarde se ha marchado dejándonos su incienso,
y yo sigo en tus ojos, leyendo lo no escrito…

(José Lupiáñez. *Las formas del enigma*. 2021: 30)

10. *El color y la forma*. 1996. La lectura de la solapa de la portada no facilita una información que puede resumir el contenido del libro. «El color y la forma se constituye en una apasionada meditación sobre el arte en general y en particular virtualidad catártica y liberadora, capaz de substraernos (sic) del turbio flujo de los días y elevarnos a una más íntima región de plenitud, de idealidad y sosiego». Viene a ser otro tipo de *laus* o elogio sobre amigos, muchos de ellos cordobeses, destacados artistas y escritores, con lo que forma parte del encomio de la ciudad. Carlos busca, anhela, quiere y consigue exaltar su Córdoba de siempre, su ciudad, espacio ideal. Y para ello, alaba, canta, engrandece no solo a la ciudad sino a los hombres y mujeres destacados por la misma. Gorgias de Leontinos, al hacer el Encomio de Helena, mujer vituperada, señala el camino: con sus mismas palabras quiero justificar este modo de honrar a la patria de uno. «Buen orden para una ciudad es el valor de sus ciudadanos, para un cuerpo la belleza, para un alma la sabiduría, para una acción la virtud, para una palabra la verdad. Lo contrario de esto es desorden. Hombre y mujer y palabra y obra y ciudad y acción, es preciso que lo digno de elogio se honre con elogio y que lo indigno se cubra de vituperio, pues tan erróneo y necio es vituperar

lo elogiable como elogiar lo vituperable.» «Por otra parte, los pintores, cuando a partir de muchos colores y cuerpos han logrado representar con perfección un solo cuerpo y figura, deleitan la vista, y la creación de estatuas humanas y la producción de imágenes divinas proporcionan dulce espectáculo a los ojos. Así hay cosas que por su naturaleza causan dolor a la vista, otras despiertan su deseo, y hay muchas que en muchos producen deseo y anhelo de muchas obras y personas». Obviamente estoy tergiversando el sentido primigenio de las palabras de Gorgias, pero si él defiende a Helena con estos argumentos, a mi me place mostrar el objetivo del poeta cuando, para acrecentar el valor de una ciudad, elogia el de sus ciudadanos ilustres, esos que los ayuntamientos ponían en unas lápidas en el Salón de Plenos u otro lugar especial, para que los ciudadanos, al verlos recordados por sus virtudes, o lo que fuere, se animaran a hacer cosas excelsas por su ciudad. El poema elegido para su lectura apareció el año 1995 en un cuaderno titulado, *Viana, patios de poesía*. El poema de Carlos estaba dedicado al Patio del Pozo. El eterno auto-préstamo.

11. *Laus Bética*. Es el número nueve de los que forman *Los Cuadernos de San-dua* que él mismo dirigía para CajaSur bajo el seudónimo de Carlos Beck. En la solapa, seguramente escrita por el mismo Carlos, se manifiesta que *Laus Bé-tica* es «una exaltación esplendente y reflexiva de los valores estéticos y morales de la Andalucía eterna», a cuyas provincias elogia. Puede parecer un localismo, mas, como es el caso de Córdoba, una ciudad que tiene tantos hombres egregios, edificios para la memoria, historia y tradición, obviamente cualquier elogio que se le haga tiene la cualidad de ser veraz. Son diecisiete los poemas que lo componen, de los cuales ya hemos leído alguno en este libro. Vamos a reproducir un poema de los que sin duda poseen un carácter biográfico: el interior de las personas también tiene biografía:

CAMARADA DE INFANCIA

El mar es como un viejo camarada de infancia
Tomás Morales

Hoy te he vuelto a escuchar junto al oído
de mi niño anterior, cuando en tu seno
la existencia era un sol recién nacido
en los brazos del ser, antes del tiempo.
Tu caricia ancestral de aguas y céfiros

resonantes de franca risa fresca
se quebraba en mi pecho, amor purísimo
y violento a la par, león sonoro
de inocentes melenas en el viento.
Y en tu inmenso rumor, dulce y salvaje,
con unción, mucho amor, quizá cansado
mas joven otra vez, la frente apoyo
en tu pecho inmortal, oh padre eterno,
madre o diosa, dios mar, infancia prístina,
o país primordial, muerte imposible;
camarada de ayer, augusto y mozo,
ardiente eternidad de agua sin culpa,
dicha eterna del mar.

(CCC. De *Laus Bética*, 1996: 37)

12. *Región luciente* (Versos para una tauromaquia)   1997

No es ajena a la poesía la fiesta de los toros, tan trágica y tan cercana a la *meditatio mortis* por el infeliz final de muchos de los toreros, algunos profundamente toreros. Es un libro bellísimo no solo por los escritos de que se acompaña, sino por las ilustraciones que aporta de diferentes autores, de las que ya hemos contemplado una al comienzo de este libro. El escrito de Matías Prats es una reliquia, así como la semblanza que hace de Carlos. Se refiere a sus *constantes poéticas*, «unas líneas de fuerza que se repiten constantemente a modo de parámetros o ejes cristalinos de su obra. La primera de ellas, la más notoria también es el acendrado humanismo en que se inspira, humanismo que quiere decir vida, dinámica de los sentidos, fuego del corazón y elevación del alma; inmersión en la luz» (Prats, 1997: 7-25). Es un libro no solo hábil para el aficionado a los toros sino para los poetas, para los aficionados a la tauromaquia y para los lugares del toro. Son 38 los capítulos y casi otros tantos poemas. Podemos también gozar de su prosa con la lectura de los tres últimos capítulos, "Apéndice para aficionados".

NATURAL Y DE PECHO

Nada acaso más normal
que un buen pase natural:
Leve la tela se ofrece
al bruto que la obedece

y persigue codicioso
sin poderla cornear
para al final recogerlo,
y de atrás hacia adelante,
mandando en su recorrido,
bajo un clamor expectante,
llevando al toro derecho
vaciar el pase de pecho
con arte, mando y donaire,
dejándolo al fin corrido
y en vano embistiendo al aire.

(CCC. De *Región luciente*, 1999: 83).

13. *La selva oscura*. Leí por vez primera *La selva oscura* en 2002. Hay que ocuparse en primer lugar de la ilustración que muestra al Dante en la selva oscura de su travesía por el Infierno. Inmediatamente, el lector intenta trasponer o trasladar esta simbología a su lectura, pues representa el paso por la selva oscura en el infierno personal del poeta, pero resulta que no hay nada de ello. Virgilio no va a salvar a Carlos, sino que el poeta cordobés, por medio de propia poesía, es el que va a salir de tan desagradable lugar. Sin embargo, en su interior no se contempla elemento semejante alguno. Son versos de búsqueda, pues hay un bosque de preguntas y dudas sin respuesta a la altura de sus cincuenta y seis años. Es que la vida es así, pregunta sin respuesta, quizá porque la comunicación es espiritual y el espíritu humano queda encarcelado por el cuerpo e impide la comunicación. Preguntas sin respuestas que calmen el ansia y alumbren la senda por donde se camina, a través de esa selva oscura, hacia el río sin retorno. Así era la antigüedad clásica porque el humanismo cristiano busca la solución de la problemática de otro modo, es decir, a través de la doctrina cristiana. Son múltiples y variadas las cuestiones que plantea este libro tan íntimo que pasea por la vida y la explica, hundida en la duda, más en la duda que en la pregunta, porque el libro, el poeta, va bordeando los límites de la vida, dado que el poeta se siente ser humano y, sin quejarse, ha gastado ya muchas etapas, recorriendo la misma selva oscura de la que el poeta debe salir, para evitar el daño que provoca y produce la duda, la pregunta, la escasa luz que se vislumbra junto al celemín evangélico. Porque la única cura que en realidad tiene un proceso de este tipo es salir de uno mismo, dejando ya su casa sosegada. Claro que uno puede marcarse el farol de decir que lo interesante es

el faro de Dios que ilumina la noche oscura, para que el poeta, el nuevo Dante, no se salga del camino de la búsqueda y recale en la adelfa o en el ciprés. Es Dios el fin, pero, ahora mismo, el poeta profundo, que ya se autorretrató en su momento, ha quedado en la duda escéptica porque solo es cuestión de fe. Pero es que siempre anda dando vueltas al mismo círculo.

MEMORIAL DE VIDA

En muerte y con dolor nació al dolor.
Probó la soledad de los caminos,
el vino amigo, el ansia de estar vivo.
Probó la fe, la angustia y el amor.

Probó la carne, pues, esa divina
medicina del alma y los radiantes
alimentos del día: la luz más limpia
y hermosa del vivir probó y gozó.

Pensó que la congoja de sus actos
juveniles, dormida, yacería
con sus ropas de ayer.

Desnuda el alma
y el pensamiento en paz —siendo aún de noche—
descendió hacia la costa. El mar ardía
con extraña pasión.

Una ola inmensa
lo ciñó en su afán, y en el abrazo,
con el golpe de mar, la antigua herida
de su pecho se abrió. Desde la arena
lo arrastró la pleamar.

Soplaba el viento
la pujanza del ser, y en la resaca
el aliento de Dios.
Y amanecía.

(CCC. De *La selva oscura*, 2001: 43)

Si el amor no eres Tú…

Heme aquí ante tu trono y tu instancia suprema,
cifra de Eternidad, realidad sola
donde el Deseo no existe. Acto de gloria,
Dios a quien invoqué en momentos tristes
de exilio y abandono, de soledad implacable
de español sin remedio;
refugio del creyente y también del incrédulo,
pues *tu nombre*
más vasto que los templos, las estrellas, los mares,
cabe en el desconsuelo del hombre que está solo.[8]

(De *La selva oscura* 2001: 95). Fragmento

Un problema para el resumen, la comprensión y/o la interpretación no solo del texto, sino del intratexto, es la desmesurada longitud de los poemas, de algunos de ellos, no porque esa virtud no sea virtud, sino porque en un libro como este, apenas queda espacio para explicar las cosas incluso de modo escueto. Aun así, diremos que el «Tratado de la dignidad del hombre», *De dignitate hominis,* es simple y llanamente la efusión de un humanista que aún ve al hombre como un ser desamparado: «hablo del hombre», expone Carlos. Pero, es una conversación, es la confesión de un hombre del final de siglo que no posee la fiebre del *mal du siécle*, como los del xix. Porque, olvidado de mediadores —Unamuno, Dámaso Alonso— y otras retóricas, llega al rostro de Dios.

En situación anímica compleja, semejante también por problemas infantiles que cobran actualidad cuando menos deben, Hermann Broch expone su proceso en una *Autobiografía psíquica,* que alguna que otra ayuda le proporcionó. Son problemas no literarios que se convierten en literarios por la influencia que sobre el escritor, el poeta, tienen y se hallan en casi toda la producción poética en este caso a lo largo de casi toda la vida. Ajenos a la polémica o expectación de si Hermann Broch escribió o no escribió un diario y a la sorpresa de su aparición y publicación, vengo a comprender que «el autor escribió estas reflexiones no para contar su vida, sino para nombrar y conjurar a los demonios que lo perseguían, sometiendo su vida a un análisis en términos freudianos» (Kalàsz, 2004). Carlos arrastra esa problemática ya conocida que aún lo

---

8   Estos versos en cursiva pertenecen al poema *Lázaro* de Luis Cernuda.

persigue. Quizá no crea propicio el uso de la psicología / psiquiatría porque quizás quiere hacerlo a través de la fe. Pero, la verdad es que lo que sirvió a Unamuno no vale para él. Debe preparar ese voluminoso volumen inédito para que conozcamos el proceso interior de un hombre poeta y se comprenda los pasos conseguidos y que brote de él ese canto sencillo que es dejarse llevar de la mano del Padre.

14. *Non omnis moriar*

En 1894, la Real Academia de Bellas Artes de San Fernando convocó un concurso de una composición pictórica de gran formato que representase una alegoría de las Artes y las letras de España (Clementson/Lope, 1971: 5-9), con el título de "La cultura española a través de los tiempos". El pintor José Garnelo y Alda concurrió a la misma. Todo esto se cuenta en la *Introducción a un espacio con figuras* que el poeta resuelve en prosa y en verso. En Montilla se conserva un boceto acuarelado del mismo. Figuran en el libro el cuadro premiado, del que se presenta un fragmento, y otros detalles que hacen referencia a los poemas hechos para los personajes que aparecen en la escena. Obviamente pertenece al encomio de personajes de la ciudad, de la cultura, en una magnífica panorámica que recopila personajes que aparecen el ese cuadro que se asemeja a la Academia de Atenas.

SOMBRA DE LUCANO

Tan solo cinco lustros para toda una vida.
¿Joven sucumbe, pues, el que los dioses aman?
Mas él poco creyera en tales dioses
sino solo en el Hado y lo Divino
y en abstractas creaciones de su espíritu
que en su verbo tenaz forma cobraban.

El poder cinco lustros —¿una vida?–
te concede, pero tu nombre aún vive
a despecho de envidias de colegas,
amigos de las Musas, cual de Marco.

El poder helo ahí, absurdo y trágico,
caprichoso y mudable como el viento.
El Mal ya sabes qué semblante tiene.

¿Acaso es Dios Nerón para así tanto
daño causarnos y asolar a Roma,
aunque él divino créase, y piadoso
al llorar tras tu muerte, que él ordena?

Mejor caer, la espada en una mano,
desangrado en los campos de Farsalia.

(De *Non omnis moriar*, 2006: 22)

Se mantenía como sombra de un gran nombre, dijo Lucano de Pompeyo. Es ingenioso sin duda este pensamiento del cordobés emparentado con los Séneca (Martínez, 2020). La *Farsalia* o Guerra Civil narra la lucha de César y Pompeyo que gana el primero. El poema finaliza tras la batalla de Munda (45 d. C.). Lucano (Corduba 65 a. C.-Roma 39 a. C.) quiso escribir una epopeya histórica según la antigua tradición romana, apuesta al modelo implantado por Virgilio. Hay en el libro, entre otras muchas cosas que no son del caso, dos aspectos interesantes o curiosos: el uno, reflejar la vicisitudes personales del autor (carácter autobiográfico), el otro, el elogio o exaltación de los pompeyanos. Lucano se burla del tirano Nerón lo que facilita pensar en su visión anti-imperial, cosa que le trae graves consecuencias, su propio suicidio al formar parte de una conspiración en contra del tirano. Y este es el momento que recoge la ilustración y la reflexión del poeta. Características del poema es la independencia del autor que no reconoce la intervención divina en el curso de los acontecimientos históricos porque deja las cosas en manos de la Fortuna. Parece ser que es un poema sin héroes, además de sin dioses. César no es el héroe de la Farsalia. Hay quien desliza que es un sujeto abstracto, la libertad, el héroe de la epopeya (Mariner, 1971: 133-159). Y esto es lo que Carlos quiere destacar con su poema. Parece ser que es obra precursora del neoclasicismo latino. Lucano aparece en la Divina Comedia. Carlos se detiene, dada la edad del suicidio del poeta, en la brevedad de la vida y en el axioma solo mueren jóvenes los amados por los dioses. Este poema es un elogio para otro poeta cordobés, dentro del *elogium hominis*. Más que representación de las fuentes pictóricas, el poema no sigue ni tema ni estructura, sino que es una reflexión del poeta mediante la cual extrae el pensamiento e interpretación que nos hace llegar y, por todo ello, es, en cierto modo, obra rompedora de moldes anteriores y racionalista, característica de Lucano. Poco tiene que ver la ékfrasis con el escrito de Carlos.

Manolo Romero opina así de este libro: «Este poema debería salir de este libro y divulgarse en los manuales de literatura como ejemplo de creación y para disfrute de los lectores. Carlos Clementson es un escritor de raza y un poeta de muchos veneros, salobres algunos, que vienen de atravesar vetas clásicas, románticas y retóricas, pero otros de aguas frescas, recién llovidas, oxigenadas y enriquecidas de gracia verbal, de ingenio y de nobleza. La persona buena de Carlos Clementson da gracias a la vida porque le ha dado a Horacio, a Séneca, a Lucano, a Maimónides, a lbn Hazm, a Averroes, a Garcilaso, Góngora, Cervantes, Lope, al Inca Garcilaso de la Vega… y les evoca como hace un torero cuando abre su maletín de estampas y reliquias antes de ir a la plaza. Da gracias a la vida porque le ha dado libros con los que alimentarse y dar sentido a la vida misma y habla entusiasmado de sus maestros, no como lo hacen los nietos de sus abuelos, sino como hablan los abuelos de sus nietos. Carlos Clementson nos contagia su bonhomía, discretamente nos ilustra y nos entretiene con su elocuencia» (Romero, 2006: 104).

15. *Las razones del mar.* Antología poética (1974-1006). 2007. La lectura de este libro es realmente interesante porque viene precedido de un prólogo, «Acercamiento a la poesía de Carlos Clementson», firmado por el profesor de la UCO Pedro Ruiz Pérez, modelo de concisión y modo de resumir la poesía desde siempre y centrar la presencia de Carlos en la actual. El irracional, a veces, paso del tiempo ha permitido que el legado romántico de la poesía casi desaparezca o quede en su superficie, es decir, sea superficial. Queda entonces la noción confesionalista de la poesía y su relación con lo sublime, en la que el poeta parece un iluminado. Superar el academicismo supuso acabar con el sistema clásico. Así quedaba una tendencia al mundo interior que dejaba todo lo demás como prosaico a la ciencia o a la crítica. A pesar de ello y de la vanguardia, quedó una poesía arraigada en el sustrato clásico, enriquecida por las aportaciones románticas, «sobre todo las que liberaban al poeta de la servidumbre a un estrecho repertorio de temas y formas para ampliar el espacio de la subjetividad, del mundo y de la libertad creadora que establece el diálogo entre ambos. A mi juicio, a este reino pertenece la poesía de Carlos Clementson, y en su horizonte adquiere pleno sentido su escritura, impetuosa como un torrente y dilatada en todos los sentidos de la palabra, extendida como el mar erigido en imagen tutelar, metáfora y deseo de sus versos, por donde ha navegado, como Ulises, el impulso de los vientos más dispares, encerrado en el

saco entregado por los dioses tras la destrucción de Troya y abiertos para una navegación que es siempre un viaje de regreso» (Ruiz Pérez, 2007: 8).

Al tratarse de una antología, como siempre hacemos, anotamos de qué otros libros proceden los poemas: De *Canto*..., uno; de *Los argonautas*... tres; de *El fervor*..., uno; de *Los templos*, diez; de *Archipiélagos*, catorce; de *La selva oscura*, uno; de *Non omnis moriar*, uno. Los otros tres son inéditos y son los que introduce como novedad.

Este repaso al índice es interesante porque, si parece deslavazado, es un modo como otro para engrandecer su producción. La labor lectora de Carlos es ingente, la escritura no concibe el tiempo que el bolígrafo no se encuentra entre los dedos, y esa cabeza viva genera uno y otros proyecto o iniciativa sin haber acabado la anterior. Por ello, para que el lector sepa por dónde va, introduce poemas inéditos que, al aparecer después, en su lugar electo, pueden ser calificados como de autoplagio equivocadamente. Pero había que fijarse en eso para explicarlo.

16. *Córdoba, ciudad de destino*. Según Carlos, Ciudad de destino «supone un apasionado intento de aproximación a la historia espiritual de Córdoba desde sus mismos orígenes» (Clementson) hasta la integración cultural de la emigración en la que no muchos creen. Cae el poeta en el tópico "de las tres culturas" hermanadas, visión merecedora de nuevo análisis, no alojada en la tradición, que ni antes ni ahora es paradigma porque, para ello, habrá que conocer todas las historias particulares de aquellos antiguos y estos nuevos migrantes culturalmente opuestos o indiferentes a cualquier tipo de cultura: vienen como los ignorantes, primum vivere. Eso sí, Córdoba suscita un discurso poético, el elogium civitatis, aedificorum, monumentorum et hominum excellentium. Es una renovación estética pues todos estos elementos tienen una relación con la épica, con la memoria, con la ruina, en cierto modo opuesto a la fugacidad de la vida, porque la ruina es también belleza y la arqueología propicia la reconstrucción de un pasado que Carlos trata de un modo lírico, funeral casi, solemne, aunque parezca el culto a una época en cuyo sustrato se halla la clasicidad.

EL COLLAR DE LA PALOMA
(Homenaje a Ibn Hazm)

Pasó todo tan leve como un sueño,
y vino el caos; se rompió el espejo
en el que la ciudad se contemplaba
en su raro esplendor ensimismado.

Un viento del desierto, una terrible
asoladora plaga de langosta…
Córdoba se tendía a aquellas hordas,
y comenzó el saqueo y la matanza…

Dos meses duró el fuego y la anarquía,
y ardió mi hogar lo mismo que la urbe,
y con ella aquel ámbito de gozo,
y así tuve que huir hacia otras tierras.

Sin embargo te llevo aquí grabada
como a fuego en mi pecho, en la memoria
de lo que fue perfecto un día y toda
la hermosura feliz de mi universo.

No volverá a resistir tanta belleza…

Era hermosa la vida y refinada
igual que tú, e igual que un chal de seda
los suaves sentimientos, las corteses
maneras de gozar de un amor sabio.

Tú eres ya ahora toda mi ciudad,
mi morada, mi alcázar; eres tú ahora
lo único que tengo, hasta llamarte
con el nombre que tuvo ella en mis sueños
y su breve existir,
                cuando fue "Córdoba"
y su nombre llenaba el orbe todo
como llenas tú ya todos mis días.

Y como la ciudad, también tú vives
dentro de mí y en mí te llevo toda:

que si en mí hubiera algo a ti distinto
lo arrancaría con mis propias manos.

Pues que mi corazón lo abrí con un cuchillo,
te metí dentro de él, y cerré luego
mi pecho para que así quedaras
dentro de mí, sin habitar ya en otro
hasta la Resurrección y el día del Juicio.

Te digo la verdad aunque no lo creas:
morarás tú ya en él mi vida entera;
y al llegarme la hora de la muerte,
dentro del corazón como una antorcha
me alumbrarás las sombras del sepulcro.

(CCC. De *Córdoba, ciudad de destino*. 2013: 52-53)

17. *Donde nace el mar*. Es un vuelta a sus temas de siempre tras un tipo de poesía que tiene otra *objetualidad*. Carlos posee una particular poetología que radica en la comprensión e interpretación del poema, dado que la poesía crea variados y nuevos mundos que exigen explicaciones nuevas hallables en la misma composición poética.

Las nubes

Estas nubes blancas nos contemplan con nuestros ojos
de ayer y la misma ligereza casi animal de nuestros
cuerpos matinales. Han viajado mucho, y, sin embargo,
guardan aún algo de lluvia en su equipaje. Siempre son
generosas. Y dejan caer sobre tus labios la humedad
de esa música que solo saben instrumentar las últimas
hojas de los álamos cuando los hiere el sol y los afila el
viento aún fresco de Marzo. La leve música de la lluvia,
tan leve su cintura, tan frágil, tan pura, tan inerme y
desguanercida comol os primeros versos. A veces duele
escucharla. Porque ya no es nuestra aquella canción.

18. *Retablo para una edad de plata*. Volvemos a la exposición pública de estos nuestros escritores que son señeros en la franja que se inicia al final del 98 y concluyen antes de la generación del 36. Dominan los del 27, pero ese conjunto se denomina, desde Mainer (1987[4]), Edad de Plata. Retablo → reivindicación → angustia de la experiencia → encomio → dejarse llevar del canon. Se lo dedica a Mariano Baquero, su profesor en la UMU, pero el vicepresidente cuarto de la Diputación de Córdoba, Salvador Blanco, manifiesta que «es larga y fructífera la carrera literaria de Carlos, defensor de valores y tradiciones cordobesas», lo que me deja más tranquilo y añade un objetivo más. Lo prologa F.º J. Díez de Revenga y Torres, compañero de estudios en Murcia y de profesión más tarde. Se ha ocupado con acierto y en varias ocasiones de la poesía de Carlos. En este texto se dice que vida y literatura están en sintonía y que es un romanista de los de siempre que ha sabido asumir la huella de los clásicos, para después añadir que se ocupó de toda la literatura española, hasta de la poesía actual. Díez de Revenga entiende que el libro es un homenaje a los escritores que le han dejado mayor huella, desde Unamuno hasta Dámaso Alonso.

ESPAÑA DE AZORÍN

Hay un chopo de un verde
                tierno y adolescente
centrando la llanura;
                unas nubes ligeras
sobre el azul; serpea
                un camino a lo lejos,
y una sierra espumosa de plata gris limita
la hosca faz del planeta.
                (Tan solo un viento árido
bruñe estas soledades y afila el hueso duro,
secular, de esta tierra).
                Pero ¡cuántas
invisibles presencias!:
mar de cernida luz, la historia pesa, grávida,
igual que pesa el cielo sobre los hombros llenos
de tanta claridad.
                "Castilla, a nuestra Castilla,
la ha hecho la literatura".
                ¿También a España, a esta
tan clara España, la España de Azorín?

¿Quizá pasión de vida, o solo España escrita?
¿O bien, pasión escrita,

porque antes fue de vida?
Pero seguid leyendo:
Miradla cómo alienta,

igual que un chopo esbelto,
latiente aún en sus páginas, y cómo al sol destella,
mecida por el viento:

Oh, sí, España viva,
perenne España nuestra.

(CCC. De *Retablo para una Edad de Plata.* 2017: 69-70).

19. *Rapsodia ibérica.* La aparición de este libro permite, por parte del lector, una lectura política del mismo, sin que sea esa la *intentio auctoris*. Carlos entra en la política de modo lírico, es decir, de manera filológica, no porque quiera hacer política, que entonces lo haría de otro modo. *Rapsodia* es la manifestación de su fervor por las lenguas peninsulares que los nacionalistas maltratan como medio de exponer sus reivindicaciones, como medio de exponer el sometimiento y la humillación que, según ellos, reciben del gobierno central. La RAE define rapsodia como «Pasaje amplio de un poema épico, especialmente de alguno de los de Homero, compuesto de varios cantos.»

El ingenuismo intelectual procede de una bondad particular que se manifiesta quizá sin tener en cuenta la repercusión de lo que dice o se puede interpretar de otro modo, que, en este caso, parte del tópico de las tres culturas bien avenidas y hermanadas —judía, cristiana y musulmana— que acabó con la expulsión de los no cristianos, porque estos eran los malos, e incluso de los moriscos también, en otro ejercicio del poder sin sentido, si es que no hubiera habido otra razón política, como la seguridad de las fronteras marítimas, en lugar de pensar que buscaban quedarse con las riquezas de los expulsos.

Partiendo de *La balsa de piedra* de Saramago, solo se llega a la utopía y quizás a un rechazo por los ataques periféricos a los castellanos que no se combaten ideológicamente por mor de esa federación ibérica en la que no suena la rapsodia, sino la eliminación de la monarquía y la creación de otra problemática que no es el momento de analizar. Así que, entendemos perfectamente que suene la música en la celebración de la aceptación —lo que se busca es la unión— de las lenguas y culturas vernáculas, regionales ahora, ya antiguas como la catalana, la gallega, la portuguesa y demás —¿por qué no defienden el ladino?—, que es lo que aprendimos no tanto en el régimen franquista, porque mi profesor de románicas nos imbuía de que la imposición de la lengua no era sino una injerencia política que no tenía por qué. Lo explica todo Carlos según su criterio en su «Breve introducción al iberismo cultural de hoy. (A manera de prólogo)». Bien. De este modo hay que hacer una lectura de *La balsa de piedra* no política, sino lírica, utópica, cándida, para entender lo que Saramago buscaba, cual es la transmisión de la cultura personal de los habitantes de la Iberia —cosa que no existe—, sea la que sea. Como argumento, Clementson mira al pasado, iberismo del xix al xxi sin duda de carácter republicano socialista. Esa es la propuesta de *Rapsodia ibérica*. En un marco ideal, la unión de Portugal y España parece deseada porque se produce la unión espiritual de la Península. Así que Carlos procede a mostrarnos una lectura cordial de manifestaciones varias en las varias lenguas peninsulares, incluido «El rumbo norte». Ahora cobra sentido *La laus baeticae* con la inclusión de muchos de los poemas aparecido bajo este marbete anteriormente, sin que esto signifique un apoyo al nacionalismo andaluz, el de Blas Infante, aunque alguno piense que es un antinacionalismo (*El Plural Andalucía*, 2016).

Al leer el libro de Carlos, me fui directamente a hablar con Celso Emilio Ferreiro a través de su *Longa noite de pedra* (1969[4]). El prólogo lo escribe un gallego, Basilio Losada, insertado en Barcelona, y lo traduce al castellano, un libro de un gallego exiliado. Basilio Losada cree que uno de los tópicos de la poesía gallega es la resignada melancolía y el conformismo esteticista. Divaga por su poesía racionalmente hasta llegar a la quiebra que supone la guerra civil. Y se queja el prologuista cuando dice que los nuevos poetas escriben como si la guerra no hubiera tenido lugar, cosa que ya pasó con la destrucción de Troya. La formación liberal de Carlos le permite una ruptura. En definitiva, es interesante repasar con este motivo el prólogo porque resume el proceso de evolución tanto de la poesía gallega como de Celso Emilio Ferreiro, poesía que se basa en la referencialidad del contexto histórico.

LECTURA DE CELSO EMILIO FERREIRO DESDE LAS TORRES DE CÓRDOBA

> Suene por ti, Celso Emilio Ferreiro,
> suene la gaita y con ella el pandeiro.
> Rafael Alberti

> Tú has hecho que Galicia floreciera
> muy lejos de las lindes de Galicia;
> y aquí, junto a la orilla del gran río

del Sur, en este otro
valle que el Betis lento riega entre olivares,
al conjuro galaico de tu verbo
ha vuelto a germinar, en hondas noches
de cálida lectura silenciosa,
tu ancho valle aquel de Celanova
que florecía en tus versos con orballo
y acarició tus sienes cuando niño
con sombras de altos pájaros y vientos
cantando por tus bosques de alisos y de hayas,
de robles y abedules, que hoy alzan su verdura
extraña y sorprendida, entre estas palmas
y naranjos en flor, tan lejos de tu tierra.
Al hilo de tus páginas,
aquí, en estas orillas
volvieron a crecer como en tus versos
tus manzanos en flor entre mis sueños,
tu marítima vid y esas camelias
líricas y sutiles
de tus huertos más íntimos,
con aquellos acebos que te arrullan
y llenan de rumores tu armonioso
valle de petirrojos,
de reyezuelos, tórtolas, calandrias
en un ocaso lento de cantigas.

(CCC. De *Rapsodia ibérica*, 2018: 117-118)

El libro presenta un índice profuso, lo que indica lo numeroso de las aportaciones de otros libros de igual temática. La aportación portuguesa se denomina *Capital de las olas* y la componen diecinueve poemas; las *Palabras que lleva el Sar*, río cercano a las orillas de Rosalía de Castro, nueve; *Laus baeticae*, dieciséis, casi todo publicados antes; el *Rumbo Norte* o Euskadi lo componen cuatro poemas; *Claridad de Castilla*, doce poemas; el antiguo *reino de Murcia* figura aquí con dos poemas, uno habla de Francisco Sánchez Bautista, poeta amigo, y otro que le dedica al pintor Muñoz Barberán: «Piedras de Lorca»; Cataluña, siete poemas y el ejercicio poético del propio Carlos de escribir en catalán y traducir sus propios poemas:

PARAULES AL MIRALL / PALABRAS EN EL ESPEJO:

LLUM DE SINERA	LUZ DE SINERA
Salvador Espríu. *In memoriam*	A Salvador Espríu. *In memoriam*
(23-II-1985)	(23-II-1985)

I

Has franquejat les portes	Has franqueado las puertas
amb el fresc sabor	con el fresco sabor
de les velles paraules als llavis.	de las viejas palabras en los labios.
Ara, por fi, coneixes	Ahora por fin conoces
la veritable terra dels seus pares.	la verdadera tierra de sus padres.

II

Amb els ulls clausurats i el cor ja quiet,	Con los ojos cerrados mansamente
avui navegues per la mar fidel	ahora navegas por tu mar ya fiel
com un dofí de llum en l'ecalmada	como un delfín de luz en la encalmada
beatitut de l'eterna pau del son.	beatitud de la eterna paz del ser.
I s'esvaeix la por sota la nit	Y el temor se disuelve ante el antiguo
en la cendra del vell foc dels records.	rescoldo del ayer y su existir.
La veritat final ja resplandeix;	Y la verdad final esplende ya:
la mar ja no és la mar sinó la mort.	el mar ya no es el mar, sino el morir.

Concluye el libro con una referencia al mar que une los pueblos: su título es *Océanidas*. Después, otros poemas.

Siempre quedan cosas en el tintero. Siempre quedan matizaciones a efectuar que podrían ir en su lugar específico, pero que, en este caso, he eliminado a última hora de su lugar primitivo para poder exponerlas como conclusiones, al menos como algo que hay que exponer porque, sin duda, merece esa reflexión. Por ejemplo, queda la pregunta sin respuesta. He repasado la nómina completa de las colaboraciones poéticas en dos importantes revistas de literatura, *Barcarola* (1979), que aún se publica en digital, o *Poesía* (1979), de la Editora Nacional. En ninguna de ellas, aparece el nombre de Carlos Clementson que quizá le hubiera dado lustre. Si Carlos no ha "sonado" más quizá haya sido por "la ignorancia del oidor", tanto crítico arrimado solo a su grupo predilecto o a quien lo mantiene en candelero, tanto editor esperando la subvención de turno. De todos aquellos poetas de entonces, ¿qué se hizo? ¿Dónde son?

Es posible que el impulso que desde la periferia catalana se da al grupo de los "novísimos", si es que forman un grupo como *Cántico*, que sí lo era, hiciera proponer a esos poetas, no todos buenos poetas, mezcla de juventud y casi minoría de edad, como ejemplo a seguir, en desdoro de otros poetas de igual o superior categoría. En verdad, no todo es "novísimos", espadañas o cánticos. Esta renovación de la poesía que cristaliza hacia los años setenta era algo que necesariamente no había que forzar porque los poetas falangistas quedaban lejos, los de temática social se redujeron a dos (Otero y Celaya), admirados aún y entonces por su ideología, al menos aparecían como anti-franquistas. Los poetas que escriben entre 1940 y 1970 y no están ubicados en las generaciones a las que pertenecen y, si no están ubicados en ese parnaso con minúscula en el que se sitúa a los poetas periféricos, —Córdoba es periferia con relación a Madrid—, no existen. En verdad, lo de después, la experiencia o la sentimentalidad, parecen obtener apoyos. No todos ellos, la verdad, solo los considerados "jefes" que apoyan algo o qué. Por todo ello, expongo que la evolución de los poetas de los 70 no había que forzarla, era algo que se iba a hacer solo porque los españolitos ya pudieron formarse en la universidad. Lo que supusieron los "novísimos", para los que entonces escribían poesía y se decían internamente que lo que había no era lo que tenía que haber, fue el convencimiento de que era lo que había entonces valía según y cómo, por lo que parece ser que quedó el convencimiento de que, a partir de ellos, había que escribir como los "novísimos", cultamente, no de modo "culturalista". Así que, cuando comenzaron los poetas del grupo catalán Castellet-Batlló a imponerse, los poetas de la periferia dejaron de ser poetas nacionales para convertirse en poetas autonómicos. Lo que nosotros hubiéramos deseado para Carlos Clementson Cerezo, enorme poeta nacido para eso, a él lo hubiera convertido en un poeta excéntrico —fuera de su centro no solo personal sino geográfico—, porque su yo no es palaciego, sino que está más cerca de la sabiduría de Fabio en su campo de soledad, mustio collado, y quizá, como suele suceder, no se dio cuenta de la trascendencia de ese oficio tan grato.

Viene esto a la luz por un reciente escrito de Jaime Siles (2023: 71-105) que explica solo lo de los "novísimos" que a los que vivimos aquel boom que venía a decir que lo que se había escrito desde la posguerra no valía para nada, que los modelos del 27, vanguardia y 36 ya estaban demodée y que todo comenzó de nuevo con ellos, con el rollo catalán, que hizo olvidar a revistas que no debían haber aparecido y a otras, Espadaña, que, recibida con entusiasmo, a poco fueron enviadas al limbo de las cosas no oficiales. Siles afirma que el culturalismo que caracterizaba al grupo que no lo era «fue el modo de luchar contra un medio en el que hasta la vida, era algo que había que inventar». Según el mismo Siles, Carnero expone que «que el culturalismo es una forma de lealtad porque transcribe mis procesos mentales", pues casi todos los novísimos eran universitarios y utilizaban recursos que Cernuda y Caballero Bonald ya habían utilizado. Por eso, a diferencia de los grupos anteriores, su poesía no era evasiva: eran poetas cultos. De Cántico, Siles solo cita a dos poetas, García Baena y Ricardo Molina.

Carlos no era de Cántico ni *Cántico*, sino un poeta instalado en una realidad disfrazada de un aire clásico cuyo lenguaje, cuyo verso, cuya referencia inmediata, sin ser cultista, es algo que no es sino continuidad de una innovación, porque sugiere a través del aparato semántico —comprensión del lenguaje expresivo que adorna el mundo ficcional que es el lugar en el que se crea el símbolo que le da sentido al significado— que genera la forma de discurso poético que lo caracteriza. Por eso, su lenguaje es otro porque su tradición poética es diferente. El culturalismo no es la manifestación de su mundo, que se ha mantenido escondido a un público que, de haberlo leído, hubiera disfrutado con su facundia retórica.

Mejor que yo explica Rodríguez Jiménez (2020: 32-34), quien es nuestro poeta, cordobés y lorquino: «La poesía de Carlos Clementson gira en torno a dos polos: el himno y la elegía. Desde *Canto de la afirmación*, que se abre con la evocación de la muerte de su madre, su desvalimiento de criatura abocada al mundo y su encendido afán, también, de posesión de ese mundo arduo y gozoso a un tiempo, fascinante y hostil, hasta sus versos más recientes. Este poeta cordobés es un vitalista con una insoslayable conciencia del dolor, del suyo y del de los otros. En un principio cantó a su orfandad y soledad ante la existencia, al igual que a la pérdida de una concreta fundamentación religiosa y la búsqueda de otros más íntimos espirituales horizontes a través de una vaga religiosidad de signo individual. Cantó al amor, igualmente, como gozosa posesión y no como pérdida. Su primer libro recoge una década de experiencias vitales, inmediatas y punzantes. En este poemario aparecen ya algunos de los rasgos definidores de su poesía: el verso es largo, al igual que el propio poema, en donde se pone de manifiesto un deslumbramiento ante la belleza y su interés por la imagen. Aquí se anuncia ya la importancia que le dará a lo largo de toda su obra al propio lenguaje».

Lugar de la poesía circunstancial o poesía en torno a Córdoba

Tan conocida es la *Escuela de Arte Mateo Inurria de Córdoba* que sería imperdonable no hacer una referencia a ella por su promoción de los artistas cordobeses que acomete y por las magníficas exposiciones que organiza. Obviamente prima la pintura y las otras bellas artes, pero, en sus catálogos aparecen literatos que muestran su obra referida a los temas de la pintura o la escultura. Pues bien, con ella y con su Director, Miguel Clementson Lope, colabora en determinados proyectos de la referida escuela. En la mayoría de las ocasiones, la colaboración es lo suficientemente buena y bella, acogen los poemas una misma temática, que sería injusto hablar de poemas de circunstancias, si se le da el tomo despectivo de que a veces se la ha dotado.

1. 2010. *Imagen de Góngora*

Según su comisario, hacía años que venía acariciando este proyecto por lo laborioso de resultaba reunir un amplio compendio de imágenes inéditas del poeta. La mayoría de ellas han sido conformadas para esta ocasión. Miguel Clementson Lope ha hecho un trabajo excepcional, de enorme valía, para el que Carlos Clementson ha escrito una serie de textos interpretativos de vida y obra del poeta que, sin duda, hubieran dado lugar a componer un libro hecho para la ocasión.

Plaza de la Trinidad

Galatea se ha ido a vivir ya a su cueva
cerca del mar con Atis; Polifemo
a sus campos,
      y él se ha quedado solo,
con las puertas cerradas, *en soledad confusa*

y todo es ya naufragio: *pasos de un peregrino*
son errantes, que vuelve a su ciudad nativa
definitivamente
                              a vivir o a morir
junto a la fuente, el patio y las flores amigas.

En invierno hace frío, y apenas si el recuerdo
de sus áureas estrofas le templa el pecho y deja
un rescoldo del sacro fuego apolíneo para
sobrellevar la vida ya decaída; entonces
va juntando sus versos y vuelve, como un lampo
de plenitud, la antigua armonía perdida,
aquel tiempo luciente
cuando *era del año la estación florida,*
en que el mentido robador de Europa...
(–¿cómo era el comienzo...?)
                              en campos de zafiro...
y que él ahora congrega en su fría memoria
como toda su hacienda, como único tesoro,
cuando todo abolido yace ya entre las ruinas
de un pensamiento egregio:
Solo ya unos fragmentos
–celebración del mundo– brillando entre la sombra.

Mas todo son palabras, solo quedan las palabras
cuando todo ha pasado y todo se ha perdido,
unas cuantas palabras –diamantes y rubíes
sepultos entre escombros...–
                              Sin embargo, perduran.

2. 2013. *"Según su ser".* Julio Silva. Pinturas & Dibujos. Carlos Clementson Cerezo. Fragmento inicial. Catálogo de la exposición celebrada en Córdoba, Sala de Exposiciones Mateo Inurria, entre diciembre de 2012 a enero de 2013.

RECUERDO DE JULIO SILVA, CON FONDO DE MÚSICA DE TANGO

Recuerdo a Julio Silva desde Córdoba
y un espejo empañado por un tango
de los que hacen llorar; pero su música
no es la del tango aquel que en Murcia juntos

en el hall entonábamos del Arco
de San Juan, a la sombra de Cortázar.
Su Música, al pintar, canta distinta.
Cobra el mundo un color fuera del mundo
si en su pintura pienso y en su ínsula
que en Buenos Aires parte para Italia
tras pasar por París, en alto vuelo
de inocencia y de gracia y nubes altas
por un cielo de todos los colores.

3. 2020. *Figuras y formas.* Artistas de la Real Academia en la conmemoración de un boletín centenario (1922-1022)

El comisario es Miguel Clementson Lope. Es organizada por la Real Academia de Ciencias, Bellas Letras y Nobles Artes de Córdoba. Son muchos los cuadros y las esculturas que se exponen y muchos los que escriben textos, entre los que destacan Miguel Clementson Lope, Pablo García Baena y Carlos Clementson Cerezo. Son, al menos, 20 los artistas a los que dedica sus poemas, que casi superan la treintena.

LA CAÍDA DE ÍCARO
(Escultura de Juan Zafra)

Derrita el sol sus atrevidas alas,
que no podrá quitar al pensamiento
la gloria, con caer, de haber subido.
Conde de Villamediana

Ícaro aquí cayó, el joven animoso
que de volar al cielo tuvo el alto coraje;
aquí cayó su cuerpo, maltrecho su plumaje,
a todo audaz dejándolo de su suerte envidioso.

¡Oh afortunado empeño de un corazón glorioso
que tan gran fama extrae de tan leve desgracia!
¡Oh dichosa desgracia, colmada de ganancia
que al vencido lo vuelve del tiempo victorioso!

Un camino tan nuevo no espantó a su osadía.
El poder le faltó, mas no la valentía,
quemándose las alas en los rayos del sol.

Y murió persiguiendo la más alta aventura:
el cielo fue su meta, el mar su sepultura.
¿Hay más alto designio, o un sepulcro mejor?

Lugar de los considerandos autorales. Conclusiones

1. Resumiendo, pues, y a modo de lugar del receptor, intento consolidar una intuición mía que prácticamente está detenida por cuestiones terminológicas: aunque mi inocente afirmación de que la lectura de la sucesión de libros poéticos y antologías de Carlos publicados se pueden leer considerados como Diario, o sea, como manifestación de la literatura del yo, no parece del gusto de los grandes autores, lo que no me impide argumentar mi aserto porque, a mi entender, no contradice la teoría crítica ni hay que buscar recovecos para que encaje. Si hablamos de autoficción, vamos por buen camino porque no se propone como género o ideario de la posmodernidad, sino como estrategia discursiva trans-genérica y trans-histórica. Todo texto autoficcional debe reunir, según Jacques Lacarme (1994), un principio de identidad entre autor, narrador y personaje, identidad ratificada con el nombre propio. Lejaune, en su pacto narrativo (1973), indica la presencia del autor, narrador y personaje de igual nombre. O sea, que, como la autoficción es un subgénero literario del género novela, no necesitamos ocuparnos de esto puesto que nosotros hablamos de poesía. La noción de autoficción se ha impuesto con éxito en el género narrativo pero no ha sido aplicado al poético. Para determinar si existe autoficción en un texto poético, expone, con más autoridad que la mía, Laura Scarano, que es necesario «ver si el autor aparece como personaje en el mismo espacio en el que está la voz del yo lírico de forma ficcional y marcado nominalmente» (Scarano, 2010: 265). Así que Scarano ha dicho lo mismo que otros. Ferrari (2015) ve unos signos posibles; hay que restituir el vínculo obra – texto apoyándonos en marcas de texto: a) aparición explícita del nombre del autor; b) alusiones autobiográficas verificables; c) remisiones directas a la obra empírica; d) remisiones directas a las circunstancias de producción real del texto. Dichas marcas nos reenvían al contenido autoral. Pues muy bien: todos me dicen lo mismo. Y yo arguyo: ¿para qué sirve el contexto?

Leuci (2014) anuncia que desea solucionar el "viejo rótulo" de poesía auto-biográfica, tratado ya por Alberca (2007: 65) quien expone que para que esto suceda «tiene que percibir la historia como imposible o incompatible con esa información que facilita de antemano (1994: 181). Aviso, interrumpiendo mi correlato, que no voy a dilucidar en torno a la teoría, sino mostrarla, para que, el que lo desee pueda continuar con la disquisición. Quiero creer que inciden en esto por el peso específico de quien lo expone, por no decir que el yo poético se rige por los mismos dictados de los textos narrativos, sin necesidad de nombres y otros datos biográficos. Y todo por la veracidad de los textos (o de la consideración de los autores de poesía inferiores a los novelistas). Carlos va a la playa de la Cola en Calabardina en su infancia y juventud como se atestigua en los datos biográficos recogidos y publicados hasta por el autor, el poeta en este caso. Pero hay que poner su nombre. Esto es como un partido de fútbol que se pierde, debiéndose haber ganado, a causa de someterse a la táctica, cuando el juego libre, conducido por los jugadores en esos momentos de inspiración, debería ser la máxima táctica sometida a la técnica de los jugadores.

Según la bibliografía que se utiliza, el resultado puede ser uno u otro: «Por cierto que las tendencias estructuralistas de los años 70 y 80 habían convertido casi en dogma ciertas ideas como *la muerte del autor* y ciertas afirmaciones muy repetidas como que *el poema no habla sobre el mundo sino sobre sí mismo*, que el lenguaje poético es auto-referencial, que los poemas son composiciones con un grado de abstracción similar al de la música y que, por lo mismo, la creencia romántica de que el poeta se expresa a través de sus versos es un residuo de ingenuo biografismo» (Reisz, 2008: 98). Es posible que Carlos utilice el recurso renacentista y barroco conocido como "in figura". Los pintores aparecían en las esquinas de los cuadros travestidos en un personaje afín al tema (Amícola, 2008: 189), lo que a mí me parece un 'estrambote' o añadido que no solucionará teóricamente el tema, una cuestión que había tratado Todorov en 1978. Así que no hay que echar mano a la ambigüedad como clave de lectura, porque el tema es claro: Carlos se señala y proporciona datos autobiográficos —por ejemplo, los relacionados con su madre—, suficientes para saber que es él. Esto es una consecuencia de su pensamiento teórico, al menos así se desprende: «La categoría de poesía autobiográfica se torna un territorio confuso y problemático, ya que conlleva lastres 'biográficos' o genéticos, convirtiéndose entonces en una propuesta redundante para las posturas 'confesionales' del género, o. en el otro extremo, el sintagma se convierte en un oxímoron» (Leuci, 2017: 85-105). Pero, alguna que otra vez sucede que ese rechazo obedece al seguimiento de la teoría de un maestro o poco flexible, o poco dado a analizar las cosas caso por caso.

Vamos a ver si con esta lectura se puede considerar, a fuer de ser considerado un antiguo en cuanto a teoría posmoderna, al menos este medio poema, literatura del yo por medio de contexto de cuanto conocemos de la biografía del poeta: solo falta que aparezca su nombre:

MAR DE INFANCIA

Viejo Mediterráneo familiar de mi casa
Isla del Fraile, Calabardina, Cope,
Azules cresteras de Almenara,
solar acrópolis
           calcárea de Mojácar:
la realidad fue hermosa.
               Mis años deslumbrados
de azul y de inocencia,
de niño se escribieron sobre tu arena, antes
que en todas estas páginas
en tu azul y encrespada, salobre ortografía.

Yo sigo estando ahí, niño descalzo y solo
–pescador, niño amargo–,
a la dorada sombra de una torre de espumas,
devorada del viento, de sus pétreos panales
mordidos por el sol,
con mis ojos aún puros, palpitando
en la sangre encendida, bautismal, de los peces
que amanecía en mis manos,
frente a mi mar de entonces,
en el estremecimiento natal de la mañana.

                     (Torre de Cope, Águilas, 1974)
                (CCC. De *Las olas y los años*, 2008: 52)

Pozuelo propone usar en lugar de autoficción el concepto «figuraciones del yo» (2012), teoría que tampoco he visto utilizada como aparato crítico a pesar de su coherencia e inteligente disquisición. Bajo este rubro, Pozuelo Yvancos (2009) ya había analizado la poesía de Sánchez Rosillo, para el que reconocía elementos autobiográficos en su escrito, incluso la inclusión de su nombre en el poema que es lo más exigen los teóricos. Para Pozuelo es inseparable la figuración del hombre y del poeta.

Leuci parece solucionar el problema con la utilización del nombre propio que «que ha dado lugar a la creación de una disciplina concreta, la "onomástica poética" (Eugene Nicole, 1983). O sea, que largo nos llueve. Me da la sensación de que el narcisismo contemporáneo, que lleva al olvido de la realidad y a la ausencia de cualquier compromiso personal y social (Torre), ha aprovechado el gusto por lo abstruso y caótico «para hacer del hermetismo y de la palabrería el estandarte de su prestigio» (Martínez/Pujante, 2011: 261).

2. Helenidad, helenismo, o qué. Porque habría que hablar de un eje helénico-barroco. Porque Carlos inicia ahora mismo un nuevo camino cultivando el háiku. Pero todo esto solamente indica que el ámbito espacial de la poesía de Clementson se extiende desde la 'helenidad' hasta la tendencia clásica que igualmente llega hasta ahora. Parece ser que nadie se ha dado cuenta de que el 'paganismo' del grupo *Cántico* procede de la poesía elegíaca. No es una poesía de llanto por el pasado, sino que se caracteriza por un ritmo que recrea el de los poetas elegíacos romanos Tíbulo y Propercio, poesía no ciertamente luctuosa. Pero, pienso que ya es el momento de dejar de dar pinceladas y entender que es un poeta que se instala por decisión propia en una corriente cultural que posee unos valores literarios que son los suyos y una tradición en la que se mueve como pez en el agua. Pero, además, hay otra legendaria tradición judeo-arábiga que permanece en Córdoba no solo por los hombres que la crearon, sino por el paisaje mismo que persiste, pues ambos conforman una cultura que no debe perderse. Y algo de eso es lo que hallamos en Ricardo Molina y en Juan Bernier, dentro de una índole no religiosa, no laica, sino pagana, heredera directa de aquellos poetas anteriores a Cristo. Es un ideal de belleza pagano en cuanto a la urgencia de no limitar el hedonismo personal: no es una incapacidad de renunciar al placer. Pero sigo insistiendo en que todo es una postura estética más que moral. Es algo a mi entender que se encuentra en los poetas de medio siglo, uno de cuyos últimos allegado es Carlos, sin pertenecer a *Cántico*, sí teniendo amistad con todos ellos.

3. Entre unos aspectos menos perceptibles, sobresalen otros que casi adquieren categoría de tópico y vienen a definir su poesía. Serían opciones de investigación para otros trabajos, que este ha ya llegado a su culmen:

– llama la atención su predilección por la cultura grecolatina como modo de practicar un tipo de cultura, conocida desde siempre, que podríamos denominar mediterránea, porque Grecia era dueña del más tarde, tras el helenismo, *mare nostrum*, hasta su relevo por Roma y su anexión de Egipto. El helenismo, si helenismo es el amor por la cultura de la Hélade en general, no por la que se origina tras la muerte de Alejandro, «nos aporta la tradición de la imaginación inconsciente (Hillman, 2007: 17). Digamos que su helenismo, su paisaje preferido y los datos biográficos que aporta en sus poemas, constituyen los aspectos más notorios o notables de la poesía de Carlos; nótese que su poesía es un acontecimiento espacial pues la ubicamos casi siempre en un lugar al que vamos a llamar *ecopoético*;

DOLCE E CHIARA È LA NOTTE...
(Lunario temporal)

Per amica silencia lunae...
Virgilio

Dulce y clara es la noche como aquellas
otras de infancia junto al mar de agosto,
en las costas de Águilas.
Me asomo
al balcón y en un cielo diferente,
por el severo alcázar de la noche,
la luna, absorta y muda, va en silencio
llevando su luz clara de la mano,
la misma luz aquella que retorna
sesenta años después.

(Fragmento)

El poema continúa, se olvida «la escarpadura atroz de Cabo Cope», y ya estamos de nuevo en Córdoba, «donde esta noche ella bruñe y nimba». Observemos ahora con qué naturalidad Carlos se introduce en el poema, pues está hablando de sí, "haciendo" literatura del yo, evitando la primera persona porque el poeta habla con el abuelo y con él mismo (tú):

... vuelve la voz
de tu abuelo Alejandro desgranándote
la canción infantil *Luna, lunera,*

> *dame pan… porque soy pequeñito…* Y con sus notas
> te vuelve –oh sí– su voz y su memoria
> –la boina usada, la voz tranquila y buena,
> sus mágicas historias de otro tiempo–
> sentados él y tú sobre la arena
> bajo el silencio largo del verano,
> junto al murmulla leve de las olas
> dando contra la costa.

(CCC. De *Las olas y los años*, 2008: 58-59; fragmento de la parte final)

– llama la atención además, que el paisaje sobre el que descansa su poesía sea básicamente los lugares de residencia de su infancia y adolescencia, el mar de Calabardina y el mundo mítico del Huerto de la Rueda en Lorca, y básicamente Córdoba, como retablo ciudadano, artístico, religioso y literario. Carlos personifica ese paisaje y lo dota de caracteres trasvasados de otra época y lo recrea, convirtiéndolo así en un elemento singular de su poesía; aunque aparentemente su poesía no tiene nada que ver con las ciencias sociales, sí se relaciona con la antropología, porque lo permite la interdisciplinariedad o conexión genérica, dando lugar a lo que se conoce como antropología literaria, «un lenguaje nuevo en las ciencias humanas, capaz de desarrollar una ciencia expresiva» (Cárcamo, 2007: 7-23);

– llama la atención, fundamentalmente, conocer que en su poesía destacan aspectos biográficos que manifiestan sus propios sentimientos acerca de sucesos familiares de la infancia que han supuesto de algún modo un lastre afectivo, más o menos pesado, casi no cerrado aún. Me es común especificar que en la poesía existe un carácter biográfico, con un lenguaje velado, con un buen dominio del lenguaje, que muestra la interioridad del poeta, caracterizándola al tiempo por medio de imágenes creadas ad hoc, que le hace participar de las características de la literatura del yo, por lo que el escrito poético, a lo largo del tiempo, viene a conformar como un Diario —escritura del yo— de la intimidad del poeta, hábil en oscurecer sus interioridades para que el lector o receptor ponga su parte en la lectura si es inclinado a su búsqueda;

– finalmente, y parafraseando a una profesora de la Universidad de Córdoba, parece interesante y casi novedoso entender que tratar la poesía de Carlos a través de la etnoliteratura tiene cosas positivas porque se trata de «buscar en los textos la condición humana» porque, aunque afecta a la homogeneización de las personas, se actualizan las diferencias personales que nos individualizan: «En este punto, la literatura como experiencia imaginaria, reflejo de la realidad, no llega a ser en sí misma más allá de la mente de cada lector. En definitiva, el lector es consciente de lo que lee, literatura o etnografía, y parte de este saber a la hora de interpretar su lectura» (García del Villar, 2005: 57).

A pesar de todas estas implicaciones que relacionan su poesía, podemos considerarla como poesía de la experiencia, poesía no solo estética, pues persiste como vivencia del pasado, con lo que elabora una relación con la Cultura y con la Naturaleza. Y también se puede hallar en ella un canon clásico, no posmoderno, porque lo primero que se percibe es el mantenimiento del buen gusto, que le proporciona esa pátina que ilumina lo decadente en el manejo del lenguaje, preciosista, proustiano a veces. Eso no descarta que se haya confeccionado su propio canon, extraído de todo cuanto supone su acervo cultural, sus conocimientos profesionales, sus lecturas, su inclinación por lo clásico. Y, sobre todo, su amor por la poesía. Pero no se piense que lo suyo es una *imitatio* propia de quien traduce a la lengua castellana el latín o el griego. Es algo que siente y le hace crear un ámbito, un ambiente o un lugar que, siendo lo que es, parezca lo que no es: es un poema de ahora que parece un poema de otra época de las llamadas clásicas.

MORADA DEL ESTÍO

Casi desnuda estaba la casa del estío.
Desnudas sus paredes de sal,
     los firmes muros,
sus azoteas doradas de tanta claridad
y a punto de zarpar de tantas velas
tendidas al azul,
    allá donde el petrel rompe su grito
de yodo y tempestad,
      y las gaviotas firman
con sus plumas de luz su libertad en el viento.
Tan solo el mar, la arena, la espuma, el sol, las rocas,
alzaban bajo el cielo su limpia arquitectura
matinal.
    Cariátides de luz
apuntalaban

       sus vigas de cristal
                 mientras las horas
suspender simulaban
su alígera carrera en nuestros ojos.
Con un temblor de rocas,
           como recién creadas,
la enhiesta geología cesaba el oleaje
mineral de sus sierras,
su emocionad y puro espasmo cuaternario
a espaldas de la casa,
             sin allegarse al mar.

       (CCC. De *Los templos serenos*, 1994, 36-37, fragmento)

Lugar de la bibliografía consultada

Quizá sirva la bibliografía como test para considerar el grado de preparación intelectual del autor, determinar la ideología del mismo, calcular el proceso de puesta al día en cuanto a la teoría literaria, y, por supuesto, saber el grado de conocimiento de la biobibliografía del personaje objeto del análisis. Todas estas cosas pueden ser válidas para tratar de acertar la vinculación del autor del texto con la obra del poeta considerado, abriendo un camino para que se siga con el análisis de la misma de modo que se sitúe, en este caso, a Carlos Clementson Cerezo en el lugar que le corresponde dentro de la literatura de su época.

Obviamente la bibliografía es densa porque es la parte más densa del ensayo que están acabando de leer, que solo puede ser lo ameno que es un ensayo más o menos doctoral y doctrinal. ¿Hubiera podido componer un estudio basado en mi experiencia? De hacerlo, obviamente, por los medios académicos se me preguntaría en qué baso mis asertos. En este caso, es un ensayo no fundamentado en otros, sino que, afirmado algo basado en mi observación, he buscado dentro de mis conocimientos una *auctoritas* que afirme mi conclusión que, de este modo, no iba a ser rechazada. Y esa autoridad en la materia te conduce a otra y, como consecuencia, se produce el aumento de conocimientos. Tanto en Carlos Clementson como en mi mismo, hay algo que se aleja de lo normalizado, por lo que nuestra conducta literaria, él por su helenidad o helenismo, quizá sea desviada con relación al canon aceptado. Es lo mismo que le sucede a *Cántico* y a sus poetas frente a las revistas del régimen —*Garcilaso* y otras— o aparentemente situadas frente a él —*Espadaña*—, pareciendo *Cántico* estar dentro de la norma socializada y no ser desvío. Y eso, por mi parte, es un gozo. Las normas sociales en su lugar, el hecho literario dentro de donde su autor quiera o prefiera, pues se trata de normas intelectuales, culturales, poéticas.

Finalmente, considerar que el listado bibliográfico es una lista de libros especializados en la vida y obra del autor al que el crítico dedica sus desvelos. Es una bibliografía básica, a la que solo se le pueden añadir o libros desconocidos para el autor o los que posteriormente se dediquen al mismo personaje.

Creo también que, si no existiese internet, que facilita la investigación, el apartado dedicado a la bibliografía no estaría tan denostado como parece en la actualidad. Leer todo eso es un mérito.

Orden alfabético

A.A. Córdoba (2012), "Clementson revisa en verso la historia espiritual de Córdoba". *El Día de Córdoba*. 25 septiembre. <https://www.eldiadecordoba.es/ocio/Clementson-revisa-historia-espiritual-Cordoba_0_628137454.html> [consulta: 6 septiembre 2023].

Aizpún, Teresa (1997), "El genio romántico y la búsqueda de unidad". En Diego Romero de Solís y Juan Bosco Díaz Urmeneta (eds.), *La memoria romántica*. Sevilla: Universidad de Sevilla.

Albaladejo Mayordomo, Tomás (2007), "Traducción, discurso, sociedad". En Utrera Torremocha, M.ª Victoria y Manuel Romero Luque (eds.), *Estudios literarios in honorem Esteban Torre*. Sevilla: Universidad de Sevilla.

Alberca, Manuel (2007), *El pacto ambiguo. De la novela autobiográfica a la autoficción*. Madrid: Biblioteca Nueva.

Alberca, Manuel (2012), "Las novelas del yo". En Ana Casas (comp.). *La autoficción. Reflexiones teóricas*. Madrid: ARCO/LIBROS.

Alcoberro Pericay, Ramón (s/f.), "Nota sobre los no-lugares de Marc Augé". *Filosofía i pensament*. En línea: <alcoberro.info/nota-sobre-los-no-lugares-de-marc-auge.html> [consulta: 30 noviembre 2022].

Allier Montaño, Eugenia (2008), "*Les lieux de mémoire*: una propuesta historiográfica para el análisis de la memoria". *Historia y Grafía*, n.º 31. En línea: <https://www.redalyc.org/articulo.oa?id=58922941007> [consulta: 15 noviembre 2022].

Alonso Girgado, Luis (2007), "Acercamiento a la poesía de Carlos Clementson". En Carlos Clementson, *Las razones del mar*. A Coruña. Follas Novas edicións.

Alvarado Borgoño, Miguel (2014), "La antropología literaria. Apuntes teóricos sobre su poblada soledad y su historicidad". *Literatura y lingüística*, n.º 30. DOI: http://dx.doi.org/10.4067/S0716-58112014000200008

Álvarez Calleja, M.ª Antonia (1995), "Traducción literaria: creación vs. re-creación". *V encuentros complutenses en torno a la traducción*. Madrid: Editorial Complutense.

Álvarez Ramos, Eva M.ª (2015), *Culturalismo en la poesía española contemporánea: tradición clásica y posmodernidad*. [Tesis doctoral]. Universidad de Valladolid. En línea: <http://uvadoc.uva.es/handle/10324/20645> [consulta: 17 agosto 2023].

Álvarez Ramos, Eva M.ª (2018), "El concepto de la tradición clásica y su permanencia en la poesía contemporánea española (de 1950 a la actualidad)". *Dicenda*, n.º 36. DOI: http://dx.doi.org.105209/DICE.6213553

Amelang, James S. (2005), "Presentación". *Cultura Escrita & Sociedad*, n.º 1 (septiembre). Gijón: Trea.

Amícola, José (2008), Autoficción, una polémica literaria vista desde los márgenes. *Olivar*, año 9, vol. 12.

Amorós, Andrés (1988), *Introducción a la literatura*. Barcelona: Círculo de Lectores.

Antigüedad, M.ª Dolores y Aznar, Sagrario (1998), *El siglo XIX. El cauce de la memoria*. Madrid: Istmo.

Arduini, Stefano (2000), *Prolegómenos a una teoría general de las figuras*. Murcia: Universidad de Murcia.

Arendt, Hannah (2009[5]). *La condición humana*. Buenos Aires: Paidós.

Armas Vallina, Claudia (2020-2021), *Habitar la ruina. Ca'n Terra, un canto a la tierra*. [Trabajo Fin de Grado]. E. T. S. Arquitectura (Universidad Politécnica de Madrid). En línea: <https://oa.upm.es/68291/> [consulta: 15 agosto 2023].

Attwood, Silvia (2006), *Cuentos para morder la razón*. Centro Cultural Borges 20 julio. Mayo 18. En línea: <www.ccborges.org.ar> [consulta: 22 agosto 2023].

Augé, Marc (2017), *Los no lugares*. Barcelona: Gedisa.

Augusto, M. H. (1990), "O Indivíduo Na Teoria Social e Na Literatura: O Momento Contemporaneo". *Seminario Relaciones entre Historia y Literatura*. Madrid.

Badía Fumaz, Rocío (2018), "El autor en conflicto en las poéticas explícitas del siglo xx". *Dicenda*, n.º 36. DOI: https://doi.org/10.5209/DICE.62137

Badía Fumaz, Rocío (2018), "Las poéticas explícitas como género". *Rilce*, 34/2. DOI: https://doi.org/10.15581/008.34.2.607-28

Badía Fumaz, Rocío (2019), "Orígenes y evolución de la poética explícita: del manifiesto a la antología poética". *AnMal Electrónica 46* [consulta: 12 de septiembre 2023].

Badía Fumaz, Rocío (2020), "De la poética a la poética explícita; hacia un debate terminológico". *Tonos Digital*, 39 [consulta: 12 septiembre 2023].

Bagué Quilez, Luis (2004), "Entre clasicismo y vanguardia: el compromiso poético en los autores de los años ochenta". *Anales de Literatura Española*, n.º 17. En línea: <http://rua.ua.es/dspace/handle/10045/6772> [consulta: 27 noviembre 2022].

Ballestero, Manuel (1980), *Poesía y reflexión. La palabra en el tiempo*. Madrid: Taurus.

Baños García, Inés (2012), *Metahistoria y traducción. El caso de las Brigadas Internacionales*. [Trabajo de Fin de Grado]. Universidad de Salamanca.

Barraca Maitral, Javier (2021), "La filosofía en torno al sujeto en la autoantología poética de Borges". *Bajo Palabra*. IIª época, n.º 27. DOI: https://doi.org/10.15366/bp2021.27.023

Barthes, Roland (1971), Prefacio. *Sade, Loyola, Fourier*. Paris: Seuil.

Barthes, Roland (1975), *Roland Barthes par Roland Barthes*. Paris. Seuil.

Barthes, Roland (1980), *La Chambre Claire. Note sur la photographie*. Paris: Gallimard.

Bautista Naranjo, Esther (ed.) (2021), *Identidad y alteridad en la literatura y las artes. Nuevos estudios sobre imagología*. Granada: Comares.

Beltrán, Luis (2004), *Estética y literatura*. Madrid: Marenostrum.

Bermejo Larrea, Esperanza (2012), (Esperanza Bermejo Larrea, coord). Présentation. *Regards sur le locus horribilis : Manifestations littéraires des espace hostiles*. Zaragoza. Prensas de la Universidad de Zaragoza.

Bleiberg, Alicia (trad.) (2009), René Char. *Común presencia*. Edición bilingüe. Madrid: Alianza.

Bloom, Harold (1995), *El canon occidental. La escuela y los libros de todas las épocas*. Barcelona: Anagrama.

Bohórquez, Douglas (1997), "Julia Kristeva: teoría, proceso e interpretación del sentido". *Signa. Revista de la Asociación Española de Semiótica*, n.º 6.

Bolaño Sandoval, Alberto (2011), "Cómo leer y por qué el canon occidental de Harold Bloom". *Amauta*, n.º 17 (enero-junio).

Bourdieu, Pierre (1999), *Las condiciones sociales de la circulación de ideas. Intelectuales, política y poder*. Buenos Aires: AUDEBA.

Bourdieu, Pierre (2011[5]), *Las reglas del arte. Génesis y estructura del campo literario.* Barcelona: Anagrama.

Bravo, Nassim (2021), "La búsqueda del Yo y el desarrollo de la personalidad en el 'diario de Gilleleje' de Søren Kierkegaard". *Veritas*, n.º 49.

Brey, Antoni; Innerarity, Daniel y Mayos, Gonçal (2009), *La sociedad de la ignorancia.* Barcelona: Zaro Factory, S. L.

Broch, Hermann (2007[2]), *La muerte de Virgilio.* A. Gregory (trad.). Madrid: Alianza.

Broch, Hermann (2008), *Autobiografía psíquica.* Buenos Aires: Losada.

Brown, Peter (s/f), "Los últimos helenos: filosofía y paganismo". Álbum. *Letras Artes*, n.º 25, p. 69.

Bruner, Jerome (2004), *Realidad mental y mundos posibles. Los actos de la imaginación que dan sentido a la experiencia.* Barcelona: Gedisa.

Bubnova, Tatiana (2014), "La poesía de Efrén Hernández: visión autoscópica de la vida y la experiencia espiritual". *Acta Poética*, vol. 35, n.º 2 (julio/ diciembre).

Bueno, Antonio (1997), "¿Existe la traducción femenina?" En Nieves Ibeas y M.ª Ángeles Millán (eds), *La conjura del olvido.* Barcelona: Icaria.

Bueno García, Antonio (1993), "La influencia de los espacios cerrados en las escrituras del yo". En José Romera *et alii* (eds.), *Escritura autobiográfica.* Madrid: Visor.

Bueno Martínez, Gustavo (s/f), "Espacio antropológico". *Diccionario Filosófico. IV Antropología.* En línea: <https://www.filosofia.org/filomat/df244. htm> [consulta: 19 noviembre 2022].

Burguete Ors, Berta (2023), "La poética de la intimidad como clave de la tardomodernidad". *Revista de Antropología Social*, n.º 32.

Caballé, Anna (1987), "Figuras de la autobiografía". *Revista de Occidente*, n.º 74-75.

Caballero Bonald, José Manuel (2000[2]), *Diario de Argónida.* Barcelona: Tusquets.

Cabo Aseguinolaza, Fernando y Villar, María do Cebreiro Rábade (2006), *Manual de teoría de la literatura.* Madrid: Castalia.

Calvino, Italo (2009), *Por qué leer los clásicos.* Madrid: Siruela.

Candia Castro, Ximena (2018), "¿Imitación o creación?: la traducción como acto de escritura". *FILHA* revista digital n.º 18.

Carbajosa, Natalia (2015), "Noticias de Kathleen Raine". *Jot Down.* En línea: <jotdown.es/2015/03/noticias-de-Kathleen-Raine/> [consulta: 26 octubre 2022].

Cárcamo Landero, Solange (2007), "La antropología literaria: lenguaje intercultural de las ciencias humanas". *Estudios filológicos*, n.º 42.

Carnero, Guillermo (2009), *El grupo Cántico de Córdoba. Un episodio clave de la historia de la poesía española de posguerra*. Madrid: Visor Libros.

Caro Valverde, M.ª Teresa (1999), *La escritura del otro*. Murcia: Universidad de Murcia.

Caro Valverde, M.ª Teresa (2004), *Teoría de la pasión literaria al hilo de La Celestina*. Murcia: Universidad de Murcia.

Caro Valverde, M.ª Teresa (2014), "El mar, absoluto literario. La influencia del romanticismo alemán en la Renaixença". *SIGNA*, n.º 23.

Casas, Ana (comp.) (2012), *La autoficción. Reflexiones teóricas*. Madrid: ARCO/LIBROS.

Casas, Antonio M. (1971), *El arte de hoy y de ayer*. Barcelona: Labor.

Castillo Ceballos, Gerardo (2016), "¿Vivimos en la sociedad del conocimiento o de la ignorancia?" *ECD Confidencial Digital*. 27-07-16. En línea: <elconfidencialdigital.com/opinion/gerardo-castillo-ceballos-/vivimos-sociedad-conocimiento-ignorancia/20160726134751108449.html> [consulta: 16 octubre 2022].

Catelli, Nora (1991), *El espacio autobiográfico*. Barcelona: Lumen.

Ceja, Valy (2020), "Un topos literar dihotomic: laus Italiae. *Quaestiones Romanicae* VIII. En línea: <https://www.ceeol.com/search/article-detail?id=969348> [consulta: 23 octubre 2022].

Certeau, Michel de (2000), *La invención de lo cotidiano I. Artes de hacer*. México: Cultura libre.

Char, René (2007), *Común presencia*. Alicia Bleiberg (trad.). Madrid: Alianza.

Cheng, François (s/f), "Cinco meditaciones sobre la belleza". Álbum. *Artes-Letras*, n.º 90.

Ciordia, Martín José y Vedda, Miguel (comp.) (2014), *Placeres de la melancolía. Reflexiones sobre literatura y tristeza*. Buenos Aires: Gorla.

Ciornai, Selma (s/f), "Mitología personal: una contribución importante a la teoría y práctica gestáltica". *Zimentarri*. En línea: <https://www.zimentarri.eus/system/files/3-mitologia_personal_una_contribucion_importante_a_la_teoria_y_practica_gestaltica.pdf> [consulta: 22 agosto 2023].

Clancier, Anne (1976), *Psicoanálisis, Literatura, Crítica*. Madrid: Cátedra.

Clementson Cerezo, Carlos (1982), "Lorca y el Sureste en mi obra". Lorca, *II Ciclo de temas lorquinos*. Caja de Ahorros de Alicante y Murcia.

CLEMENTSON CEREZO, Carlos (1996), "Número de Venus. La poesía de José Lupiañez rebosa sensualidad, esteticismo y fastuosidad expresiva". *Diario de Córdoba*. 16 abril.

CLEMENTSON CEREZO, Carlos (2001), *Retablo poético para el Dolor de Nuestra Señora*. Lorca, Paso Azul.

CLEMENTSON CEREZO, Carlos (2023), Recuerdos del Huerto de la Rueda. *Amicitiae lectio. Homenaje a Juan Guirao García.* José Luis Molina y Juan Grima Cervantes (coords.). Las Alparatas/Mojácar: Arráez Editores.

CLEMENTSON CEREZO, Carlos. ˙Las obras de CCC se encuentran citadas en el espacio correspondiente del libro˙.

COLOMER, José Luis (1991), "Traducción y recepción: la lectura europea de la picaresca en 'Il Picariglio Castigliano' de Barezzo Barezzi (1622)". *Revista de literatura*. Tomo LIII, n.º 106.

COLONNA, Vincent (2012), "Cuatro propuestas y tres deserciones (Tipología de la autoficción". En Ana Casas (ed.), *La autoficción. Reflexiones teóricas*. Madrid: Arco/Libro.

CURTIUS, Ernst Robert (1995⁵). *Literatura europea y edad media latina*. México: FCE.

DIETZ, Bernd (2021), "Clementson". *La Voz de Córdoba*. 28 de agosto. En línea: <lavozdecordoba.es/tu-voz/subidos-en-los-hombros-de-gigantes/2021/08/28/clementson> [consulta: 8 de noviembre 2022].

DIETZ, Bernd (2023), "Lo cierto sobre Carlos Clementson". En Carlos Clementson. *La sonrisa del agua*. Córdoba: UCOPress Editorial Universidad de Córdoba.

DÍEZ DE REVENGA, Francisco Javier (1987), "Naturaleza y tiempo en la poesía de Carlos Clementson". *Monteagudo*, n.º 29.

DOMÍNGUEZ, Santos (2007), "Presencia de René Char". *Encuentros de lecturas*. 7 julio. En línea: <encuentrosconlasletras.blogspot.com/2007/07/presencia-de-ren-char.html> [consulta: 26 agosto 2023].

DOS SANTOS, F.ª Eugenia y ALVARADO Esteban (2012), "Traducción literaria y sus implicaciones en la construcción de la cultura". *Núcleo*, n.º 29.

DUBNER, Carlos (1980), *Un poeta místico de Persia*. Buenos Aires: ADAX.

DURÁN LÓPEZ, Fernando (2002), "La autobiografía como fuente histórica: problemas teóricos y metodológicos". *Memoria y civilización*, vol. 5.

DYSERINCK, Hugo (2016), "Imagología comparada". Rosa Teresa Fries (trad.). *1616*. En línea: <https://revistas.usal.es/index.php/1616_Anuario_Literatura_Comp/article/view/15984/16462> [consulta: 13 noviembre 2022].

Eco, Umberto (2004), *Apocalípticos e integrados*. Barcelona: DeBolsillo.

Even-Zohar, Itamar (1999), "La posición de la literatura traducida en el polisistema literario". En Monserrat Iglesias Santos (comp.), *Teoría de los polisistemas*. Madrid: Arco/Libros.

Feinstein, David; Krippner, Stanley y Hernández Tavares, Carlos A. (trad.) (2012), *Mitología personal. Historias de nuestro pasado. Una inspiración para el futuro*. Bloomington: AuthorHouse.

Ferrari, Marta Beatriz (2015), "La operatividad del concepto de autoficción en lírica (Una experiencia de investigación)". *Cuadernos de investigación de la literatura hispánica*, n.º 40. En línea: <core.ac.uk/reader/323242170.pdf#related-papers> [consulta: 2 agosto 2023].

Ferrater Mora, José (2007), "Unamuno y la idea de la ficción. Unamuno, voz y obra literaria". *Razón y verdad y otros ensayos*. Sevilla: Renacimiento.

Ferreiro, Celso Emilio (1969), *Longa noite de pedra / Larga noche de piedra*. Barcelona: Ediciones Saturno.

Flores Gómez, M.ª Esperanza (1988), "Coincidencia y distorsión (encabalgamiento) de la unidad rítmica verso y las unidades sintácticas". *Estudios Clásicos*, tomo 30, n.º 34. En línea: <http://interclassica.um.es/index.php/interclassica/investigacion/hemeroteca/e/estudios_clasicos/numero_94_1988/coincidencia_y_distorsion_encabalgamiento_de_la_unidad_ritmica_verso_y_las_unidades_sintacticas> [consulta: 30 noviembre 2023].

Fondevila, Fabiana (2019), "¿Qué es la mitología personal?". En línea: <fabianafondevila.com/que-es-la-mitologia-personal/> [consulta: 19 agosto 2023].

Frau, Juan (2002), *La teoría literaria de León Felipe*. Sevilla: Servicio de Publicaciones de la Universidad de Sevilla.

Gabino, Juan Pedro (S/a), "Un paraíso sin manzanas: Clarín ante la sensualidad helénica". Álbum. *Letras-Artes*, n.º 29, p. 82.

Gadamer, Hans-George (2006), *Estética y hermenéutica*. Madrid: Tecnos/Alianza.

García Berrio, Antonio y Hernández Fernández, Teresa (1988), *La poética: tradición y modernidad*. Madrid: Síntesis.

García del Villar Balón, Reyes (2005), "Los métodos de la antropología y la literatura". *RDTP*, LX, 1. DOI: https://doi.org/10.3989/rdtp.2005.v60.i1.114

García Jurado, Francisco (2005), *El arte de leer. Antología de la literatura latina en los autores del siglo XIX*. Madrid: Liceus.

García Jurado, Francisco *et alii* (2010), *La historia de la literatura grecolatina durante la edad de plata de la cultura española (1868-1936)*. Málaga: Universidad de Málaga.

García López, Isaura Cecilia (2015), "Apuntes para una antropología del espacio. Consideraciones desde la geografía clásica a la geografía cultural". *Revista de Antropología Cultural*, UJA, n.º 15. En línea: <https://revistaselectronicas.ujaen.es/index.php/rae/article/view/2626> [consulta: 20 noviembre de 2022].

García Martín, José Luis (1980), *Las voces y los ecos*. Madrid: Júcar.

Garmendia, Ignacio F. (2022), "Las piedras vivas". *Diario de Sevilla*, 19 mayo. En línea: <https://www.diariodesevilla.es/ocio/ruinas-manuel-gregorio-gonzalez_0_1684633601.html> [consulta: 30 julio 2023].

Giné, Marta (2017), "La relación entre creación y traducción de obras literarias: confluencias". *Çèdille*, n.º 13. En línea: <http://cedille.webs.ull.es/13/33gine.pdf> [consulta: 20 diciembre 2022].

Gómez Redondo, Fernando (2008), *Manual de crítica literaria contemporánea*. Madrid: Castalia.

González, Fredy (2005), "¿Qué es un paradigma? Análisis teórico, conceptual y psicolingüístico del término". *Investigación y Postgrado*, vol. 20, n.º 1.

González, Juan Manuel (S/a), "Noailles, o la nostalgia de la Naturaleza". Álbum. *Artes/letras*. n.º 19.

González Cruz, Luis Miguel (2018), "El problema de la verosimilitud en mi obra. Compromiso contra ficción". *Monteagudo*, 3ª época, n.º 23. En línea: <https://revistas.um.es/monteagudo/article/view/351841/252061> [consulta: 15 agosto 2023].

González Gómez, Ana *et alii* (eds.) (2016), "*Mors certa, hora incerta*. Tradiciones, representaciones y educación ante la muerte". *Muerte, historia y educación*. Salamanca: FharenHouse.

Gregorio González, Manuel (2022), *Las ruinas. Una historia cultural*. Sevilla: ATHENAICA ediciones.

Guillén, Esperanza (2007), *Retratos del genio. El culto a la personalidad artística en el siglo XIX*. Madrid: Cátedra.

Hamvas, Béla (2017), *La melancolía de las obras tardías*. Barcelona: Ediciones del Subsuelo.

Hamvas, Béla (2022), *La obra de una vida*. Barcelona: Ediciones del Subsuelo.

Highet, Gilbert (1996), Tomo I y II. *La tradición clásica. Influencias griegas y romanas en la literatura occidental*. México: FCE.

HIGUERO, F.º Javier (2023), "Discursividad intempestiva en las argumentaciones deconstructoras de Derrida". En Antonio Román Román y Helena Talaya Mauro (eds.), *Actas seleccionadas del 41 Congreso Internacional Spanish Professionals in América (ALDEEU)*, n.º 22. Ourense 2022.

HILLMAN, James (2007), *Pan y la pesadilla*. Girona: Atalanta.

HINTERHÄUSER, Hans (1980), "Ciudades muertas". *Fin de siglo. Figuras y mitos*. Madrid: Taurus.

ISER, Wolfgang (1987), "El proceso de lectura: enfoque fenomenológico". En José A. Mayoral (comp.), *Estética de la recepción*. Madrid: Arco/Libros.

JORDÁN SALINAS, M.ª Jimena *et alii* (2020), "Paisaje urbano histórico: aprendiendo de una ciudad paisaje, Segovia". *EURE*, vol. 46, n.º 137.

JOUANNAIS, Jean-Yves (2017), *El uso de las ruinas. Retratos obsidionales*. Barcelona: Acantilado.

KALÀSZ, Claudia (2004), "Doktor Broch y Don Quiluanjote". *Revista de libros*. 1 de febrero.

KEATS, Jonh (2010), *Belleza y verdad*. Valencia. Pre-Textos.

KOHAN, Silvia Adela (2000), *De la autobiografía a la ficción*. Barcelona: Grafein Ediciones.

KORSTANJE, Maximiliano E. (2006), "El viaje: una crítica al concepto de 'no lugares' en Marc Augé". *Athenea Digital*, n.º 9 (septiembre). En línea: <http://antalya.nab.es/athenea/nuk9/korstanjeM.pdf> [consulta: 31 julio 2023].

LACONE-LABARTHE, Philippe y NANCY, Jean-Luc (2012), *El absoluto literario. Teoría de la literatura del romanticismo alemán*. Buenos Aires: Eterna Cadencia Editora. En línea: <es.scrib.com/document/262298514/Nancy-Labarthe-El-Absoluto-Literario-Teoria-de-la-literatura-del-romanticismo-aleman-pdf> [consulta: 29 noviembre 2022].

LEJEUNE, Philippe (1991), "El pacto autobiográfico". *Anthropos* n.º 29 extra: Autobiografía y sus problemas teóricos.

LEÓN CASERO, Jorge (2013), Jacques Derrida. *Philosophia. Enciclopedia filosófica on line*. En línea: <http://www.philosophia.info/archivo/2013/voces/derrida/Derrida.html> [consulta: 31 octubre 2022].

LEUCI, Verónica (2015), "Autoficción, poesía y nombre propio: un debate con puertas abiertas". *Recial*, vol. 6 n.º 7. DOI: https://doi.org/10.53971/2718.658x.v6.n7.11895

LEUCI, Verónica (2017), "Oficio de falsario: Jon Jauristi y la poesía autoficcional". *Impossibilia. Revista Internacional de Estudios Literarios*, n.º 13.

LEVERTOV, Denise (2017), "La biografía y el poema". *Pausa versal. Ensayos escogidos.* Madrid: Vaso Roto.

LIEURY, Alain (1980), *La mèmoire.* Bruxelles: Pierre Mandargue.

LIZARDO, Gonzalo (2012), "Poética explícita y poética implícita". *Ficcionario de teoría literaria.* En línea: <http//www.tonosdigital.es/ojs/index.php/tonos/article/view/2552> [consulta: 12 de septiembre 2023].

LÓPEZ-BARALT, Luce (2020), *La cima del éxtasis.* Madrid: Trotta.

LÓPEZ MARTÍNEZ, María Isabel (2008), *El tópico literario: teoría y crítica.* Madrid: Arco/Libro.

LUENGO, Ana (2010), "El poeta en el espejo: de la creación de un personaje poeta a la autoficción en la poesía". En Vera Toro, Ana Luego y Sabine Schlickers (eds.), *La obsesión del yo. La auto(r)ficción en la literatura española y latinoamericana.* Berlin: Vervuert.

LUPIAÑEZ, José (2021), *Las formas del enigma.* Barcelona: Carena.

LUQUE, Rosa (2015), "Carlos Clementson, poeta y profesor de la UCO". *Diario Córdoba.* En línea: <http://www.diariocordoba.com/cordoba-ciudad-2015/03/08/carlos-clementson-poeta-profesor-uco-37093803.html> [consulta: 15 octubre 2022].

LYOTARD, Jean-François (1987), *La condición postmoderna. Informe sobre el saber.* Madrid: Cátedra [REI Argentina, 1991²].

MAINGUENEAU, Dominique (2015), "Escritor e imagen de autor". *Tropelías* n.º 24. En línea: <papiro.unizar.es/ojs/index.php/tropelias/article/view/1139> [consulta: 21 agosto 2023].

MAINER, José Carlos (1987⁴). *La edad de plata (1902-1939). Ensayo de interpretación de su proceso cultural.* Madrid: Cátedra.

MALDONADO, Lorena G. (2017), "Casadas con el trabajo sucio de los escritores". *elespañol.com.* En línea: <https://www.elespanol.com/cultura/libros/20170306/198730702_0.html> [consulta: 2 noviembre 2022.

MANGIERI, Rocco (2000), *Las fronteras del texto. Miradas semióticas y objetos significantes.* Murcia: Universidad de Murcia.

MANSILLA TORRES, Sergio (2021), "La creación poética como crítica". *Estudios filológicos,* n.º 67. Valdivia.

MARINER BIGORRA, Sebastián (1971), "La 'Farsalia, poema sin dioses', ¿también sin héroes?". *Estudios clásicos,* tomo 15, n.º 62. En línea: <https://www.cervantesvirtual.com/obra/la-farsalia-poema-sin-dioses-tambin-sin-hroes-0/> [consulta: 11 noviembre 2022].

Martín-Estudillo, Luis (2007), *La mirada elíptica: el trasfondo barroco de la poesía española contemporánea*. Madrid: Visor Libros.

Martínez, María José (2020), "El clan de los Anneo, de Séneca a Lucano". En línea: <https://cadenaser.com/emisora/2020/11/03/radio_cordoba/1604410542_920623.html> [consulta: 11 noviembre 2022].

Martínez Arnaldos, Manuel (1973). "Configuraciones técnico-formales del autoplagio en la socioliteratura". *Anales*. Universidad de Murcia, vol. 31, n.os 1-4. En línea: <http://hdl.handle.net/10201/2858> [consulta: 1 septiembre 2023].

Martínez Arnaldos, Manuel y Pujante Segura, Carmen M.ª (2011), "Relatividad y relativismo posmoderno". *Monteagudo*. 3ª época, n.º 16.

Martínez Cuadrado, Jerónimo (1985), "El ideal de belleza en el clasicismo francés". *Anales de Filología Francesa*, n.º 1.

Martínez Cuadrado, Jerónimo (1994), *La antigüedad clásicas en* Les Odes *de Ronsard*, Murcia. Universidad de Murcia.

Maurer, Karl (1987), "Formas de leer". En Jose A. Mayoral (comp.), *Estética de la recepción*. Madrid: Arco/Libros.

Melchinger, Siegfried (1971), "La separación entre análisis y juicio". En Peter Hamm (ed.), *Crítica de la crítica*. Barcelona: Barral editores.

Mendicoa, Fernando (2021), "Autoplagio. Cuando la egolatría o la pereza destruye la moral". *MEER*. En línea: <meer.com/es/67106-autoplagio> [consulta: 30 noviembre 2022].

Molina, José Luis (2016), *Y ahora se me ocurre escribir sobre Germán Bleiberg*. Murcia: Diego Marín, librero-editor.

Molina Martínez, José Luis (pr.) (2023), José Hernández Ardieta. *Conflicto entre la razón y el dogma o memorias íntimas de una librepensador*. Murcia: Real Academia Alfonso X el Sabio.

Molina Martínez, José Luis (2024), "Cuando la poesía oculta otras ocupaciones intelectuales. El ensayo en la obra de Carlos Clementson". *Murgetana*, n.º 151.

Moll, Nora (2020), "Imagen del otro. La literatura y los estudios interculturales". En A. Gnisci (ed.), *Introducción a la literatura comparada*. Barcelona: Crítica.

Molloy, Sylvia (2001), *Acto de presencia. La escritura autobiográfica en Hispanoamérica*. México: El Colegio de México/FCE.

Mora, Vicente Luis (2014), *La literatura egódica. El sujeto narrativo a través del espejo*. Valladolid: Universidad de Valladolid.

MORA, Vicente Luis (2021), "Poetas viéndose pensar: supuestos de *frontalidad* metacognitiva en poesía española contemporánea". *Revista de Literatura*, vol. LXXXIII, núm. 166 (julio-diciembre). DOI: https://doi.org/10.3989/revliteratura.2021.013

MOYA DEL BAÑO, Francisca (2021), "Las 'Cícladas' en la poesía latina". *Fortvnatae* n.º 34. DOI: https://doi.org/10.25145/j.fortunat.2021.34.06

MUÑOZ-ALONSO LÓPEZ, Gemma (2011), *Estructura, metodología y escritura del Trabajo de Fin de Máster*. Madrid: Escolar y Mayo editores.

NIETZSCHE, Friedrich (1999), "Lo que debo a los antiguos". *El ocaso de los ídolos*. Arganda del Rey: Edimat libros.

NICOLÁS, Domingo (2008), "Entrevista a CCC", *BUXÍA. Arte y Pensamiento*, n.º 6.

NICOLE, Eugène (1983), "L'onomastique litteraire". *Poètique*, n.º 54.

NORA, Pierre (1984). "Entre memoria e historia: la problemática de los lugares". *Les lieux de la mèmoire. 1; La Republique*. Paris: Gallimard. En línea: <www.cholonautas.edu.pe/>.

NORA, Pierre (2008), *Les lieux de la mèmoire*. Montevideo: Trilce.

OLIVÁN, Lorenzo (2010), "Prólogo" a John Keats. *Belleza y verdad*. Valencia: Pre-Textos.

PAGEAUX, Daniel-Henri (2018), *El campo de la imagología: de la imaginación a lo imaginario*. P. Aullón de Haro (ed.). Madrid: Instituto Juan Andrés de de Comparatística y Globalización (Biblioteca humanismoeuropa.org).

PARAÍSO, Isabel (1995), *Literatura y Psicología*. Madrid: Síntesis.

PEÑA HERRERA, Bernardo (2022), *Necesidad psicológica del mito*. [Tesis doctoral]. Universidad de Salamanca.

PÉREZ GRAS, M.ª Laura (2016), "Imagología: la evolución de la disciplina y sus posibles aportes a los estudios literarios actuales". *Enfoques*, vol. XXVII, n.º 1.

PONCE, Néstor (2018), "Memoria, olvidos, representaciones". En M.ª A. Gencilla Durán *et al.* (coords.), *Memoria de la ficción, ficción de la memoria: entre el ritual y la crítica*. Lyon: Université Limière Lyon 2. alter/nativas

POPPER, Karl (2001), "El conocimiento de la ignorancia". *Polis. Revista Latinoamericana*. En línea: <https://journals.openedition.org/polis/8267> [consulta: 16 octubre 2022].

POZUELO YVANCOS, José María (2009), *Poéticas de poetas. Teoría, crítica y poesía*. Madrid: Biblioteca Nueva.

Pozuelo Yvancos, José María (2012), *De la autobiografía: teoría*. Madrid: Crítica.

Pozuelo Yvancos, José María (2012a), "Figuración del yo" frente a autoficción. En Ana Casas (comp.), *La autoficción. Reflexiones teóricas*. Madrid: Arco/Libros.

Prats, Matías (1997), "Junturas calidad. Semblanza de un poeta". En Carlos Clementson. *Región luciente (Versos para una tauromaquia)*. Córdoba: Diputación de Córdoba.

Pujante Segura, Carmen M.ª (2011), "Formas intergenéricas para eras interhistóricas: géneros breves y discursos digitales en la postmodernidad del siglo XXI". En Ana L. Baquero Escudero *et alii* (eds.), *La interconexión genérica en la tradición narrativa*. Murcia: edit.um

Quilis, Antonio (1978⁴). *Métrica española*. Madrid: Alcalá.

Raine, Kathleen (2015), *Utilidad de la belleza*. Madrid: Vaso Roto.

Ramírez Gómez, Carmen (1990). "¿La postmodernidad, un nuevo protocolo en el discurso de las artes?". En José Antonio Hernández Guerrero (ed.), *Teoría del Arte y Teoría de la Literatura*. Cádiz: Universidad de Cádiz.

Read, Herbert (1962). *Arte, poesía, anarquismo*. Buenos Aires.

Reisz, Susana (2008), "Nuevas calas en la enunciación poética". *INTI*, n.º 67-68. En línea: <https:digitalcommons.providence,edu.inti/vol.1/iss67/77> [consulta: 2 septiembre 2023].

Riba, Carles (1968⁶⁰), *Elegíes de Bierville*. Barcelona: Editions 62.

Rivas Sanz, Juan Luis, de las (2013), "Hacia la ciudad paisaje. Regeneración de la forma urbana desde la naturaleza". *Urban*, n.º 5. En línea: <polired.upm.es/index.php/urban/article/view/2067> [consulta: 21 agosto 2023].

Rodríguez Jiménez, Antonio (2020). *Los límites de la singularidad. Una mirada crítica a la poesía española de los siglos XX y XXI*. Barcelona: Carena.

Rodríguez Olalla, Jesús *et alii* (2012), "El deseo y el poder: problemas del discurso de la medicina basada en la evidencia aplicado a la enfermedad mental". *Revista de la Asociación Española de Neuropsiquiatría*, vol. 32, n.º 114 (abril/junio). DOI: https://dx.doi.org/10.4321/S0211-57352012000200007

Rodríguez Pequeño, Mercedes (2008), "Literatura, historia y tradición cultural". En Isabel Morales y Fátima Coca (eds.), *Estudios de teoría literaria como experiencia vital*. Cádiz: Universidad de Cádiz.

Roso, Pedro (1984), *Quince años de (joven) poesía en Córdoba (1968-1982)*. Córdoba: Diputación de Córdoba.

Roso, Pedro (1992). "Carlos Clementson. Tres poemas". *Cuadernos de la Posada*. Córdoba: Ayuntamiento de Córdoba.

Ruiz Casanova, Juan Francisco (2007), *Anthologos: poéticas de la antología poética*. Madrid: Cátedra.

Ruiz Casanova, Juan Francisco (2018), "Representación de la poesía de Andrés Sánchez Robayna en sus últimas antologías (2012 y 2016)". *Tropelías* n.º 29.

Ruiz Pérez, Pedro (2007), "Acercamiento a la poesía de Carlos Clementson". En Carlos Clementson, *Las razones del mar*. Santiago de Compostela: Follas Novas Editions.

Ruiz Pérez, Pedro (2023), *Poesía, estética, ciudad. En torno a la poesía cordobesa del último medio siglo*. Córdoba: UCOPress Editorial Universidad de Córdoba/Cántico.

Ruiz Uribe, Martha Nélida (2011), Reseña de "Cultura y simulacro" de Jean Baudrillard. *Razón y palabra*, n.º 75.

Sancho Rocher, Laura (2015). "Prólogo". En Laura Sancho Rocher (coord., *La antigüedad como paradigma. Espejismos, mitos y silencios en el uso de la historia del mundo clásico por los modernos*. Zaragoza: Universidad de Zaragoza.

Sánchez Robayna, Andrés (1998). "Traducción y literatura". *Revista de Libros*. 1 febrero. En línea: <https://www.revistadelibros.com/la-traduccion-literaria/?print=pdf> [consulta: 30 agosto 2023].

Sardías Rossel, Gabriel (2009), "El discurso metacrítico: una necesidad epistemo-lógica de la nueva crítica literaria latinoamericana". *Espéculo*, n.º 42. En línea: <http://www.ucar.es/info/especulo/numero42/dismeta.html> [consulta: 19 noviembre 2022].

Sauer, Carl Ortwin (1925), "The morphology of landscape". *Geography 2*. University California. [Traducido por el profesor Guillermo Castro con el título de "La morfología del paisaje"].

Savoia, Liliana (2016), "Metaliteratura". *LAOTRA*. En línea: <https://www.laotrarevista.com/2016/09/metaliteratura/> [consulta: 3 septiembre 2023].

Scarano, Laura (2011), "Metapoeta: el autor en el poema". *Boletín Hispanico Helvético. Historia, teoría(s), prácticas culturales*, n.º 17-18.

Siles, Jaime (2018), Entrevista. *Revista Mansabora*. 17 mayo. En línea: <Revista25vdef> [consulta: 3 septiembre 2023].

Siles, Jaime (2023), "El cambio de paradigma poético en la segunda mitad de los años sesenta". *Revista de Occidente*, n.º 508 (septiembre).

Sokal, Alan y Bricmont, Jean (1999), *Imposturas intelectuales*. Barcelona: Paidós.

Steiner, George (1969), *Extraterritorial. Ensayos sobre literatura y la revolución científica*. Madrid: Siruela.

Steiner, George (1981), *Después de Babel. Aspectos del lenguaje y la traducción*. México: FCE.

Todorov, Tzvetan (2008), *El miedo a los bárbaros*. Barcelona: Galaxia Gutenberg/Círculo de Lectores.

Torre, Esteban (2010), *Visión de la realidad y relativismo posmoderno (perspectiva teórico-literaria)*. Madrid: Arco/Libros

Toury, Gideon (1999), "La naturaleza y el papel de las normas en la traducción". En Iglesias Santos, Monserrat (comp.), *Teoría de los polisistemas*. Madrid: Arco/Libros.

Toynbee, Arnord J. (1985), *Ciudades de destino (De Atenas a Nueva York)*. Madrid: SARPE.

Valencia Grajales, José Fernando y Marín Galeano, Maida Soraya (2017), "El panóptico más allá de vigilar y castigar". *Kavilando*, vol. 9, n.º 22 (junio/ diciembre). En línea: <kavilando.org/revista/index.php/kavilando/article/ wiew/237> [consulta: 4 agosto 2023].

Valesio, Rafael Paolo y Díaz, José (1996), *Literatura y traducción: caminos actuales*. Santander: Universidad Menéndez Pelayo.

Vásquez Rodríguez, Gilberto D. (2014), "Condición de verdad y ficción (Literaturas del recuerdo y autoficción)". En Ana Casas (ed.), *El yo fabulado. Nuevas aproximaciones críticas a la autoficción*. Madrid: Iberoamericana/ Vervuert.

Vera Méndez, Juan Domingo (2005), "Sobre la forma antológica y el canon literario". *Espéculo*, 30. En línea: <www.ucm.es/info/especulo/numero30/ autocanon.html> [consulta: 30 marzo 2019].

Verdrá Barbará, Blanca (2010), *La antropología victoriana y el estudio de la religión griega*. [Tesis doctoral]. Universidad de Santiago de Compostela. 17 diciembre.

Veyne, Paul (2006), *La elegía erótica romana. El amor, la poesía y el occidente*. México: FCE.

Vessel, Jorge (2022), "El traductor como autor". *Temporales*. En línea: <https:// wp.nyu.edu/gsas-revistatemporales/el-traductor-como-autor/> [consulta: 23 noviembre 2022].

Vigna, Gaetano Antonio (2017), "Ese yo que yo no soy: autobiografemas en *Tiempo de inocencia* de Carme Riera". *OGIGIA*, n.º 22.

VIGNA, Gaetano Antonio (2018), "El peso de mis autobiografemas. Construcción de la Identidad en *El mundo* de J. J. Millas". *Tonos Digital. Revista de estudios Filológicos*, n.º 35.

VILLENA, Luis Antonio de (2022), *Biblioteca de clásicos para el uso de modernos.* Madrid: Kairós.

VOGL, Joseph (2018), "Poetología del saber". *Theory Now: Journal of literature, critique and thought*, vol. 1, n.º 1 (julio-diciembre).

WEINRICH, Harald (1999), *Leteo. Arte y crítica del olvido*. Madrid: Siruela.

WÖLFFLIN, Heinrich (1986), *Renacimiento y Barroco*. Madrid: Alberto Corazón.

ZAMORA MUÑOZ, María Fernanda (2018), "La literatura en el espacio antropológico". *Literatura y teorías del lenguaje 1*. En línea: <https://mafezamora. wordpress.com/la-literatura-en-el-espacio-antropologico/> [consulta: 19 noviembre 2022].

Mi gratitud a todos cuantos de una u otra manera han colaborado para que la publicación de este libro sea una realidad: Carlos Clementson Cerezo, Miguel Carlos Clementson Lope, Juan Roberto Gillman Mellado, Elena Cobos, Gabriel Duque Moreno, Mercedes Tirado Pastor, Fernando Lara, Sonia Peinado, destacando el interés, buen hacer y trabajo real de Bernd Dietz y Elisa Borsari.

«Huerto de la Rueda», Santa Quiteria, Lorca

Playa cercana a la casa familiar en Calabardina. Al fondo, cabo Cope

Huerto de la Rueda. Acuarela. 1964
José Antonio Ruiz Martínez (IZMA)
Imagen cedida por su autor